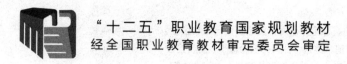

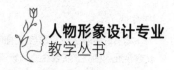人物形象设计专业 教学丛书

美容企业管理与营销

第三版

王铮 刘卉 主编
孙勤 何玉 副主编

MEIRONG QIYE
GUANLI YU YINGXIAO

化学工业出版社

·北京·

内容简介

本书从美容企业管理与营销的实际工作出发，按照美容行业与企业、美容企业的创立、美容企业市场营销、美容企业人力资源管理、美容企业质量管理、美容企业财务管理、美容企业文化与形象管理七个模块内容，将能力培养与知识学习相结合，通过十八个单元的学习，使学习者明确每个单元的学习要点、学习难点，并结合重点案例，进行案例讨论和分析。在完成学习总结与反馈的同时，让学习者能够深入浅出地了解、掌握、运用美容企业管理与营销的知识、技能与方法，对实际工作起到积极的指导作用。

本书可以作为人物形象设计、美容美体艺术等专业的教材，也适合美容行业中的医学美容、生活美容机构及相关社会劳动培训机构作为培训教材使用。

图书在版编目（CIP）数据

美容企业管理与营销/王铮，刘卉主编．—3版．—北京：化学工业出版社，2022.3（2024.4重印）
  ISBN 978-7-122-40455-8

Ⅰ．①美⋯　Ⅱ．①王⋯②刘⋯　Ⅲ．①美容-服务业-商业管理②美容-服务业-市场营销学　Ⅳ．①F719.9

中国版本图书馆CIP数据核字（2022）第023092号

责任编辑：李彦玲
文字编辑：李　曦
责任校对：王　静
装帧设计：王晓宇

出版发行：化学工业出版社
　　　　　（北京市东城区青年湖南街13号　邮政编码100011）
印　　装：三河市延风印装有限公司
787mm×1092mm　1/16　印张13½　字数332千字
2024年4月北京第3版第3次印刷

购书咨询：010-64518888
售后服务：010-64518899
网　　址：http://www.cip.com.cn

凡购买本书，如有缺损质量问题，本社销售中心负责调换。

定　价：49.80元　　　　　　　　　　　　版权所有　违者必究

前言 第3版

从广泛意义上来说,隶属于第三产业链的美容行业,在欧美等许多发达国家通过多年的积累和发展,已经上升为艺术设计领域里不可忽视的部分。我国的美容行业也从最早的单一行业领域,扩充到包括护肤、美甲、化妆造型、色彩设计、形象设计、化妆品等的综合产业范畴;尽管时间发展较短,但呈现出积极的发展态势。尤其是伴随着我国经济的不断发展,特别是在全球经济一体化背景下,我国人民物质生活水平的不断提高和对文化生活需求的不断增长,我国美容行业得以迅速发展。在行业发展过程中,美容行业为满足人民物质生活与文化生活的需求作出了巨大的贡献。

尽管美容行业在解决就业、改善民生上发挥巨大作用,在国民经济和人民生活中地位越来越重;但行业规模扩大的同时,对技术水平、专业度、职业素养等的要求越来越高,企业经营呈现出特色化、连锁化和信息化发展的趋向。行业起步晚,底子薄,国家与行业规范性指导文件、配套政策与法规都较为薄弱,造成美容行业的从业者尤其是管理者的管理营销水平处于较低的层次,并随着时间的推移,产生了较为严重的后果。一方面,行业市场化程度高,受外部经济环境、文化导向的影响较大。另一方面,美容院基层管理者受限于管理与营销知识与技能不够,行业与企业的发展水平得不到提升和质的飞跃;行业与企业的良性发展受管理人才、管理水平的制约,在管理与运营水平上乏力,直接影响到行业企业的质量与规模,限制了美容产业的发展。我们认为,美容企业管理与营销知识,以及技能的培养,对美容行业发展有巨大的应用价值和现实意义。尤其是在解决美容企业管理与良性发展,提升行业的内涵形象、水平层次等重大问题上,对实践的指导运用价值巨大。

《美容企业管理与营销》是化学工业出版社的人物形象设计专业系列教材中的一本,此为第三版,其第二版经全国职业教育教材审定委员会审定,被甄选为"十二五"职业教育国家规划教材。伴随着时间推移和行业升级，我们在前两版的基础上完善了编写团队，编写了第三版。修订时围绕党的二十大中关于发展职业教育、培养高技能人才的精神，坚持立德树人、德技并修、面向实战、强化能力，融入课程思政，突出课程育人的特色。编写团队由院校与企业的专家共同组成。主编为江苏开放大学（江苏城市职业学院）艺术学院王铮，北京电子科技职业学院刘卉；副主编为南京宝丽来化妆品连锁有限公司孙勤，江苏开放大学（江苏城市职业学院）艺术学院何玉；编写人员还包括江苏开放大学（江苏城市职业学院）艺术学院夏雪敏、马文猛，江苏联合职业技术学院戴国红，江苏卫生健康职业学院康复学院彭展展等。本书还特地邀请教育部职业院校艺术设计类专业教学指导委员会副主任、浙江纺织服装职业技术学院设计学院院长罗润来教授担任主审。此外，教育部美发美容职业教育教学指导委员会顾晓然，江苏省美发美容协会王建、羊建国，山东中医药高等专科学校申芳芳及国内美业知名企业家王春、高文红、金玉春、顾炜恩、黎娟等也对本书提出宝贵意见和建议。

在本书完成之际，我们虽多次修改，但依然心存遗憾。由于水平有限，时间仓促，部分知识内容不够深入，也存在一定疏漏，敬请各位专家与读者批评指正。

编者
2022 年 3 月

目录 CONTENTS

模块一　美容行业与企业　1

单元1　了解美容行业　/2
一、美容行业的发展历史与现状　/2
二、美容行业的主要特点　/4
三、美容行业的发展趋势与
　　发展空间　/5

单元2　认识美容企业　/7
一、美容企业的定位与特点　/7
二、美容企业的法律类型　/9
三、美容企业经营与管理　/9

单元3　美容企业的发展战略　/13
一、美容企业总体战略规划　/13
二、美容企业连锁经营战略　/18

模块二　美容企业的创立　23

单元4　美容企业筹建与企划　/24
一、美容企业开业的企划　/24
二、美容企业的市场调查、选址、
　　定位　/28
三、美容企业创立的相关政策　/31
四、美容企业的创立手续及
　　相关事务办理　/37

单元5　美容企业运营与风险管理　/38
一、美容企业经营管理策略　/38
二、美容企业的风险管理　/47

模块三　美容企业市场营销　　53

单元6　美容企业市场营销策略 /55
　一、市场营销的概念与内涵 /55
　二、市场营销策划的概念与内涵 /56
　三、美容企业的市场营销环境 /57
　四、美容企业的市场定位 /58
　五、美容企业的服务力与销售力 /60
　六、美容企业应该避免的
　　　经营策略 /61
单元7　美容企业市场营销方案
　　　　制订 /63
　一、美容企业市场营销的新趋势 /63
　二、顾客的美容心理与美容需求 /65
　三、美容企业市场营销策划的
　　　内容 /66
　四、美容企业营销策划的
　　　一般思路 /68
　五、常见的美容院终端促销
　　　创意方案 /69
单元8　美容企业市场营销执行流程 /73
　一、美容企业目标市场细分 /73
　二、美容企业市场营销的
　　　执行内容 /77
　三、美容企业市场营销的
　　　执行步骤 /78
　四、美容企业互联网流量营销
　　　模式 /81

模块四　美容企业人力资源管理　　83

单元9　美容企业员工招聘与培训 /85
　一、美容企业员工招聘 /85
　二、美容企业员工培训 /88
单元10　美容企业绩效与考核 /92
　一、美容企业绩效考核的原则 /93
　二、美容企业绩效考核的
　　　类型和内容 /93
　三、美容企业绩效考核工作程序 /95
　四、美容企业绩效考核方法 /95
　五、美容企业绩效考核的反馈 /96
单元11　美容企业员工人力资源
　　　　配置 /99
　一、美容企业员工薪酬管理 /99
　二、美容企业员工激励策略 /102
　三、美容企业员工流失原因与
　　　对策 /106

模块五　美容企业质量管理　113

单元12　美容企业质量管理体系　/115
一、质量管理体系的相关概念　/115
二、美容企业质量管理体系的建立　/116
三、美容企业质量管理体系的运行与评价　/119

单元13　美容企业服务规范与卫生管理　/123
一、美容企业服务规范管理　/123
二、美容企业卫生管理　/138

单元14　美容企业客情管理　/141
一、美容企业顾客管理与沟通　/141
二、美容企业顾客的开发与维护　/148

模块六　美容企业财务管理　155

单元15　美容企业日常财务管理　/156
一、美容企业财务管理原则　/156
二、美容企业财务管理制度　/157
三、美容企业财务报表范例　/160

单元16　美容企业运营财务管理　/165
一、美容企业利润与分配管理　/165
二、美容企业资金筹集　/169
三、美容企业成本费用管理　/173
四、美容企业采购及存货管理　/174
五、美容企业财务分析　/176

模块七　美容企业文化与形象管理　180

单元17　美容企业文化管理　/182
一、企业文化的内容　/182
二、企业文化的体系　/184
三、企业文化的建设　/187
四、美容连锁企业文化建设　/189
五、企业文化的变革与创新　/191

单元18　美容企业形象建设　/196
一、企业形象的内涵　/196
二、企业形象识别系统　/198
三、美容企业形象设计　/201

参考文献　208

模块一 美容行业与企业

学习时间:6课时

学习目标

1. 了解美容行业的发展历史和现状。
2. 了解美容企业的特点。
3. 掌握美容企业经营与管理的概念和内涵。

电子课件

课程思政目标

在了解美容行业发展历史和现状的基础上,引导学生深刻体会到伴随社会经济与文化发展,人们对美好生活的向往与追求,对行业发展的积极意义;通过对企业目标的设定、企业类型的选择、企业战略规划的介绍,引导学生理解行业从业人员在行业发展过程中从无到有、艰苦奋斗、不懈努力的精神;通过对法律学习、生活美容与医学美容的比较等,了解遵守国家法律法规、行业规范与标准的重要意义。

学习方式

由教师引导学生学习美容行业的发展历史和现状、美容企业的特点和美容企业经营与管理的意义。

学习情境

多媒体教室或专业实训室,有网络环境。

学习准备

首次课程设置学习小组,每组 4~6 人,便于集中授课和分组讨论。

单元 1　了解美容行业

学习要点　美容行业的发展历史与现状；美容行业的主要特点；美容行业的发展趋势与发展空间。

学习难点　美容行业主力消费群体变迁与个性化服务；美容行业与互联网发展趋势。

一、美容行业的发展历史与现状

美容有着悠久的历史。根据记载，殷商时期人们已用燕地红蓝花叶捣汁凝脂来饰面；春秋时期，周、郑之女用白粉敷面，用青黑颜料画眉；汉代以后，开始出现"妆点""妆饰"等词；到了唐代，出现了面膜美容。在古埃及，公元前 5000 年，妇女使用黑色粉末来描眉和染眉，用铅来画眼线，用绿孔雀石来画眼影。而美容行业则是随着第一次现代工业文明的建立、完善而产生和发展壮大起来的。

我国美容行业起步于 20 世纪 80 年代初，在改革开放和国内经济快速发展的大背景下，人们对生活品质的追求逐步常态化、优质化，生活服务业蓬勃发展，给美容化妆品行业带来了重要的发展机遇。美容行业不仅涵盖了"美甲美发、保健美容、医疗美容、形象设计"等服务产业，同时也关联着"专业美容产品研发、生产"等上游生产产业、配套专业系统的美容教育培训产业，而经营模式也从最初的小规模作坊式，逐步成长为具备品牌意识和科学经营理念的现代化企业。

现代美容行业结合了传统抗衰老美容技艺和现代产品技术，呈现更为专业细致的服务业态，满足人们对健康美的需求，极大提升了国民的生活品质与健康水平，它也是国民经济中的第三产业中不可忽略的重要组成部分。

在丰富多样、充满活力的现代经济中，美容行业具备一定规模和产业链条，已经成长为继房地产、汽车、电子通信、旅游之后的我国居民第五大消费热点。

据统计［商务部服务贸易和商贸服务业司《中国美容美发行业发展报告》（2017年度）］：全国美容美发行业活动单位数共计33.1万家，专业美容企业（含美甲、美体）数量为14.9万家，专业美发企业数量为18.2万家；营业面积共计19万平方米；从业人员总数为140.9万人，其中，专业美容企业（含美甲、美体）从业人数为76.7万人，专业美发企业从业人数为64.2万人；营业收入3129.3亿元。行业空间广阔。

我国现代美容行业的发展基本分成以下几个时期。

1. 面部美容时期

从20世纪80年代末开始，十几年的时间，美容服务的需求仅仅是面部皮肤护理，包括面部清洁、滋润、按摩、敷膜等，美容师借助手工、滋养化妆品就可以满足消费者的需求。消费者对美容的认知是模糊的，他们感觉新鲜好奇。

这一时期的美容院起步低，缺乏规范化管理，尚不能称之为行业。没有服务标准，没有专业标准，没有专业培训，从业人员的素质也是参差不齐。也正因为如此，整个社会对这个新兴的产业带着审视的目光。

在这个阶段的初始创业人员中，有一部分有识之士，在经营实践中逐步整理规范，率先设置经营标准，为现代美容的持续发展奠定了基础。

2. SPA养生时期

2000年以后，信息时代来临，香氛疗法、SPA养生应运而生，"精油养生""身体护理""五感疗法"等成为流行语。人们开始注重健康，体会到美容服务带来的身心享受，美容的内涵更加深入和丰富。美容养生项目结合中外美容养生经验、五行经络学、芳香疗法等更为专业的美容健康课程，提升了行业专业高度和服务能力。美容成为高品质生活的标志。

美容院开始升级为SPA会所，将场景氛围营造、接待咨询流程、专业项目推介等作为从业人员的必修内容。美容教育的兴起，对规范运营及从业人员素质的提高给予了重大支持。美容行业开始关注品牌建设和企业化运营，该阶段是建立社会对美容行业正确认知的关键时段，美容院和SPA会所数量快速增长。

3. 医学美容时期

从2008年到2014年的近6年时间是大医美时期。随着美容观念的深化，消费者不再满足于见效较慢的传统美容方式，而是更加关注快速见效的整形美容。整形手术、注射美容、涉外医学美容、生物技术抗衰等项目呈井喷发展，这些项目往往价格高昂，只针对很少的高端消费者，导致美容院的高端消费者流向医疗整形机构。

医美初期，对美学认知的片面性、医学操作的不规范性、市场逐利的混乱，导致网红脸的审美疲劳、医学不可逆的伤害等问题产生。随着消费者逐步成熟，行业开始反思。符合自己个性特征的美学设计已经悄然产生，抗衰医美、让自己保持年轻态逐步成为医学美容主流。

4. 科技美肤时期

21世纪，现代生物科技的发展同样对美容养生行业起到了非常重要的影响作用。各类先进的仪器设备对皮肤衰老、问题肌肤、身体养护等问题的解决，相较于传统美容更为高效、便捷，相较于医学美容更为安全、可靠。

科技美肤以其不可替代的优势存在于生活美容和医学美容中间，在美容行业占据非常重要之地。

我国美容行业这四个重要时期，都有非常重要的优势沉淀和经营反思，形成了今天行业发展的勃勃生机。综合性的美容服务机构越来越多，专业提升、服务保障、优质品项成为优秀美容企业的共识。

美容行业的主要特点

1. 民营资本为主体，创业优势明显

美容行业整体属于小投资、大市场型服务行业。民营资本占主体，依赖市场化运作，主体经济为民营属性，按照市场机制自发自觉地配置资源，整个行业属于完全市场竞争状态。目前，我国的美容机构94.78%为民营资本，4.11%为外资或混合资本，注册资本在30万元以下的占72.31%。

美容行业是一个以女性就业为优势的行业，具有自主择业、自我发展的创业特色，大量吸纳城镇转移劳动力和待业者，是就业和创业发展的良好通道。行业进入门槛低、创业成本低、收入稳定、发展前景好，因此具有很强的创业发展优势。

2. 产业结构完整，产业链条清晰

近年来，我国美容行业的发展步入快速发展期，已经形成包括美容、美发、化妆品、美容器械、教育培训、专业媒体、专业展会等多个领域的综合性服务，产业结构完整，发展明晰，带动性强，经济运行稳定。

生活美容养生馆、医疗美容中心、化妆品体验店等作为服务销售渠道；美容器械、产品项目的生产商作为供应商；全国50余家专业媒体、每年110余场专业展会作为信息桥梁；大中专院校、职业教育机构作为专业人才储备基地。美容产业结构完整，产业链条清晰。

3. 教育培训支撑行业发展

之前我国美容美发机构中，从业人员拥有高中及中专学历的占50%，大专及以上学历的占15%，经过系统的专业培训者占53%。从业人员中近一半人员无专业教育经历，有医学背景者仅占8%。从业者受教育程度偏低，与美容行业的技术要求及人体卫生相关的服务性质要求有差距。

伴随着经济与文化的飞速发展，民间资本推动行业发展了各类培训和服务机构，人力资源与社会保障部门或国家也设立了美容美发类国家职业资格认证，各类教育培训机构为美容行业培养出大批具有专业理论和技能的美容师，成为我国美容行业的主体；同时，行业对系统规范的学历教育需求非常大，行业发展速度和人力资源素质需要更强的匹配度。

4. 行业发展环境越来越好

美容行业是完全市场竞争的成长型产业，产业延伸广阔，内涵丰富，供应弹性较大，发展前景光明。多年来，我国美容行业从过去的自发状态到现在的成长期自觉状态，从无到有、从有到飞速发展，已经成为我国居民继房地产、汽车、电子通信、旅游之后的又一消费热点，行业发展环境也逐步得到改善，在创造社会主义精神文明、解决全国就业问题、增加新的经济增

长点上发挥了重要的作用。

行业经营者素质和经营管理意识提升、行业形象和社会价值显现、社会认知和客户需求明确，一系列的进步和改变，让行业发展环境越来越好。

美容行业的特点使得该行业具备广阔的前景，对于伴随行业一起成长的企业和从业人员，市场充满机遇。

 美容行业的发展趋势与发展空间

1. 美容行业与互联网

随着互联网的发展和普及，信息来源更加快捷、广泛，特别是电子商务的普及，人们对美容养生的要求越来越多样化，服务标准也越来越高，促使美容行业进一步规范服务标准、提高服务质量、强化专业水平、提升从业人员职业素养，以应对市场需求，同时也加速业内对化妆品、美容仪器、美容教育、美容服务等产业一体化模式进行深入研究。美容是时尚行业，注定要紧跟时代的变化而改变。

电子商务使人们对美容、化妆品的知识越来越熟悉，人们通过网络能够迅速找到自己喜欢的优质的美容企业或护肤用品，这给现代美容行业带来新的冲击，也带来更大的发展空间。

2. 美容行业主力消费群体变迁与个性化服务

随着"个性美容"一词的出现，一个新的群体成为美容行业的消费主体，这是一个追求个性化的青年群体，无论在单位、家庭，还是在社会，他们都将逐渐扮演重要角色。他们思想活跃、个性张扬，给美容行业带来真正意义上的个性化需求与变革。同时，日、韩时尚潮流也在影响我国新生代的年轻群体，形成强大的个性化服务流派，引领个性化服务消费。

个性化服务是美容从业者专业知识、专业技能是否精湛的试金石。也就是说，美容消费者对美容从业人员的专业素质要求更高了，不仅仅满足于简单、复制性高的服务，而且希望得到专业、有效的关注和指导。

随着消费群体的变迁和个性化服务需求的凸显，美容从业者群体也将发生革命性的变革。同时，这种发展趋势使美容行业的发展空间变得不可估量。

3. 美容行业的核心项目升级

随着人们生活与工作压力的增大，健康越来越受到人们的关注，如何"养生"成为人们茶余饭后的核心话题。养生项目也应运而生，成为美容行业的主要业务之一。与此同时，现代科学技术快速发展的趋势，带动和影响美容行业核心项目升级，高科技美肤、高科技养生悄然进驻美容行业，使美容行业的发展空间更加广阔。更为重要的是，随着高科技美容养生技术的普及，大量受过医学美容专业教育的技能型人才涉足美容行业，他们将成为美容行业未来发展的生力军。

4. 品牌化、连锁化发展方向

品牌化、连锁化发展意味着企业具备规模化管理能力，从企业文化、服务定位、技术能力、规范流程等方面体现值得客户信任的实力。在获取社会资源和供应商资源方面均有明显优势，在行业发展到一定阶段，品牌化、连锁化是其必然的发展方向。

 案例讨论与分析：

请分组对所在当地的美容企业进行调研，了解企业发展的历史和未来规划、企业发展的优点和缺点，对照本单元的知识，各组进行分析、讨论和汇报。

 学习总结与反馈：

现代美容行业是在国民经济快速增长的大背景下发展起来的服务性产业，历经30多年的发展，已经形成了非常完备的产业链。行业发展方向清晰，拥有非常广阔的市场前景，希望更多的人能参与到行业发展大势中来。

单元 2 认识美容企业

| 学习要点 | 美容企业的定位与特点；美容企业的法律类型；美容企业经营与管理。 |

| 学习难点 | 生活美容与医疗美容的界限与联系；美容企业细分市场不同的经营目标和理念。 |

行业由企业组合而成。在美容行业，有众多个体经营户，也有众多管理机构健全的企业。我们这里主要研习企业特性。不同的企业经营性质不同，但都是围绕美容行业的发展而存在，不同的企业在行业中的定位与作用也各不相同。随着行业专业度和客户需求的进一步提升，企业目标的细分市场越来越明显。

一、美容企业的定位与特点

在美容行业，企业定位一般分为生活美容和医疗美容两大类，两者之间有共通之处，也有非常大的差异。

1. 生活美容和医疗美容的异同

（1）相同之处

① 生活美容和医疗美容是互相依存的关系，你中有我，我中有你。两者都是为了追求更美、更健康的生命品质。

② 生活美容和医疗美容都需要考虑审美因素，遵循医学生物原理，不违背医疗原则；围绕人体以医学理论、美学理论、心理学理论为基础开展客户服务。

（2）差异之处

① 定义不同：生活美容包括美容、美体、美甲、美发、形象设计等美容服务，是运用化妆

品、保健品和非医疗器械等非医疗手段,对人体所进行的如皮肤护理、按摩等带有保养或保健性的非侵入性的美容护理;医疗美容主要包括美容整形、侵入治疗(如注射、激光)等医疗服务,是运用手术、药物、医疗器械以及其他具有创伤性或者侵入性的医学技术方法,对人的容貌和人体各部位形态进行修复与再塑。

② 方法不同:生活美容的方法是利用符合国家标准的各类化妆品、保健品和非医疗用器材等开展各项美容服务;医疗美容的方法是利用符合国家标准的各类药物、各类手术(包括外科手术和激光治疗等),以及符合国家标准的各类医疗器械开展各项美容服务。

③ 从业人员资格不同:生活美容从业人员资格是具有相关学历教育中专以上学历,通过国家相应级别美容师资格考试,获得对应级别的美容师资格;医疗美容从业人员资格是具有相应临床医学学历,通过国家统一的执业医师考试,并取得临床执业医师资格,在此基础上还需要获得美容医疗主诊医师的资格。

生活美容和医疗美容的差异可参见表 1-1。

表 1-1 生活美容和医疗美容的差异

内容	生活美容	医疗美容
管理部门	市场监管、人社、卫生等部门	卫生行政部门
从业人员职称	职业资格证	医学技术职称
经营场所	美容 SPA 等	医疗机构
美容目的	生理环境的改变	病理、生理结构的改善
美容手段	非侵入式	侵入式
营业许可	营业执照	营利性医疗机构许可证
准入制度	社会就业培训	国家统一执业考试

2. 生活美容和医疗美容的特点

(1) 生活美容的特点

① 市场细分明显:生活美容的服务内容随着人们的需求不断完善、细分,主要包括美容、美体、美甲、美发、形象设计(化妆造型)等。

② 会员制管理模式:大部分采用会员制管理,考量客户习惯,为客户制订精细化的护理方案、配置合适的服务人员。客户每个月都会到店接受服务,跟门店的关系亲密,具备门店忠诚度,在品牌建设完整的情况下,更具备品牌忠诚度,可以终生追随。

③ 客户需求长期持续:生活美容中的项目均为常规保养类项目,客户在店内获得保养的同时,也获得了身心的放松减压,是日常生活需求。

④ 强调服务品质和细节:由于服务项目的特性,生活美容对氛围营造、环境设置、卫生细节、隐私保护、人员素养等有更高的要求。

(2) 医疗美容的特点

① 严谨规范的医疗服务程序:诊断、手术、设备、药物配置、医疗风险控制等,保障客户获得安全、低风险的医疗服务。

② 标准医疗配备及项目设置:严格遵守相关医疗机构规范与要求;严格消毒灭菌制度和无菌环境;医疗项目设置符合国家标准,很多医疗项目的实施有一定的不可逆性,审美确认必须

获得客户的充分认同。

③ 完备的客服体系：根据医疗本身的特性，客户对于项目需要更为全面的了解和专业的指导，术前咨询、术后护理及回访是常规医疗美容服务中非常重要的体系建设。

美容企业的法律类型

1. 小型美容企业的法律类型

（1）个人独资企业

个人独资企业是指由一个自然人投资，财产为投资者个人所有，并以其个人财产对企业债务承担无限责任的经营实体。

个人独资企业的法律地位集中表现为其不具有独立的法律人格，不具有法人地位，它是典型的非法人企业。

（2）合伙企业

合伙企业是指自然人、法人和其他组织依照《中华人民共和国合伙企业法》在我国境内设立的，由两个或两个以上的自然人通过订立合伙协议，共同出资经营、共负盈亏、共担风险的企业组织形式。

2. 大型美容企业的法律类型

大型美容企业的法律类型一般都以公司为主。

公司一般是指以营利为目的，从事商业经营活动或者因某些目的而成立的组织。根据现行《中华人民共和国公司法》的规定，其主要形式为有限责任公司和股份有限公司。此两类公司均为法人，投资者可受到有限责任保护。

美容企业经营与管理

依据美容企业服务性质，区别于其他行业，美容企业经营与管理有显著的行业特征。

1. 经营目标定位

企业初期建设，不论是生活美容还是医疗美容，都需要率先确定企业经营规模和发展路径。准备开什么样的店？店的形态、定位及经营方向是什么？目标客户群体、核心优势品项、盈利空间和外部资源等因素的完整考虑，确定了企业先天的经营优势和定位。在此基础上搭建经营框架，基础的经营框架包含以下几个部分。

（1）企业文化设立

确定企业的社会使命和价值观，传导企业目标和团队行为准则。企业文化是在经营过程中从服务标准到项目选择和员工训练的指导思想。

（2）品牌项目定位及宣传

依据目标客户群体，确定完整的项目设置，有拓客项目（非营利性广告类）、留客项目（优

美容企业管理与营销

势普及类项目)、特色项目(独有优势项目),定价符合国家规定和市场规律。

(3) 空间标准定位

有品牌和经营定位辨识度的VI形象展示,装修装饰符合场景和使用需求。

① 生活美容基本区域:门厅、前台区、咨询室、操作室、店长室、员工室。医疗美容基本区域:门厅、前台区、咨询室、护士台、院长室、专家科室、检验科、手术室等。必须提前了解国家卫健委执行的标准设置,并依据其执行。

② 空间两大结构元素包含硬件和软件。硬件包括:店址所在的商圈、交通、客户层次;装修风格、档次、特色;装饰画面、饰物的文化理念传递和协调性;设备配置齐全,保障专业舒适,符合消费需求。软件包括:店内气氛温馨愉悦,传递轻松减压的感受;接待礼仪主动、大方、热情,语言专业得体,流程严谨规范;员工职业化素养好、专业亲切;服务项目有特色、内容丰富,体现专业品质。

(4) 组织架构设立

人员管理结构是经营管理得以顺利实施的核心要素,不同类型的企业在组织架构体系上均会有所差异,美容院、医疗美容中心、美容品供应商由于经营性质和目标客户的不同,设立不同的组织架构。完善有序的组织架构可以提升企业经营效率,为扩大经营规模做保障。关于此内容,本书后文会有更为详细的解说。

2. 客户服务系统

客户服务系统是一个由人员、业务流程、技术和战略相协调的系统,它提供获取企业组织资源的正当渠道,通过一种互动的沟通方式来创造客户价值和企业价值。客户服务系统是围绕服务展开的,其核心理念是客户满意度和客户忠诚度,通过取得客户满意和忠诚来促进相互有利的交换,最终实现经营绩效改进。同时,客户服务系统可通过优质服务塑造和强化企业良好的公共形象,创造有利的舆论环境,并争取有利的政府政策,最终实现企业的长期发展。

美容客户对美和生命品质充满希望,具备积极人生态度。美容企业必须以服务取胜,最终目的在于创造客户并留住客户,以真诚、专业性打动客户的心,培养长期客户,这是谋求发展的长久之道。

(1) 客户需求

美容客户来到美容院,具备"功能"和"心理"两方面的需求。

① 功能性需求是显现的,如抗衰老保养、舒缓压力、美丽容颜等功能性需求,美容师可通过专业技能提供服务。在提供功能性服务时,要求服务程序周全、品料质价相当、操作技能优质高效。美容师的功能性服务是服务的基础,更是服务的必要因素。

② 心理性需求是隐性的,是一种期待和确信,包含了客户对身份定位、消费层次、档次匹配等需求,同时也期望获得更多关注和满足感。在硬件设施的配套下,服务流程的细节匹配,给人以美的享受,是服务的魅力因素,良好的心理服务会使服务的层次上升,也是客户满意度和忠诚度的核心因素。

(2) 客户服务全流程

该流程包括售前服务、售中服务及售后服务。

① 美容客户服务是个全程的系统工作,美容师在服务过程中需要用心加以实践,给客户以服务好感,留住客户。在服务过程中,美容师应以感恩的心态来尊重客户,以正确的礼仪来尊重客户,以记住对方姓名来尊重客户。要让客户在与美容师打交道的"全过程"中经历愉快的

人际交往。这种经历并不是客户进美容院才开始的,也不是客户走出美容院大门就结束的。

② 客户感受到售前、售中、售后三个环节的服务标准,是一个美容企业服务素养的重要呈现,也是建立客户满意度必须完成的全流程。根据有经验的管理者的总结,每位不满意的客户至少会告诉 11 个人;100 位不满意的客户中,约有 4 个人会抱怨,而大多的客户会默默转向其他美容院;争取一位新客户花费的成本是留住一位老顾客所需成本的 5 倍以上;对于抱怨的客户,如果能妥善处理,七成以上会留下来,并且信任度会明显提高。由此可见,经常听取客户的反馈意见,及时改变存在的不足,不断提高经营品质,是留住客户和美容院发展的基础。

(3) 客户信任度建设

信任是客户消费的前提,更是质量和服务的保障。

① 企业合法资格是信任度重要的条件,包括营业执照、卫生许可证、医疗机构执业许可证(医疗美容项目)等。

② 专业的环境和服务能够给予客户持续的信任。专业消毒设施和定期的灭菌消毒,卫生环境保障,毛巾、床罩等物品的品质及整洁,优质的技术服务和专业的美容知识,这些都构成信任要素。

③ 建立和维护客户档案。美容是一个长期保养的过程,客户第一次接受美容服务时,就应建立客户档案。通过档案可为客户提供如应季皮肤护理计划在内的全面、周到的系列服务,对客户情况进行查询、分析、归类,制订个性化客户服务计划,更精准地关爱客户,为客户解决问题。

④ 专业的检测和有效的解决方案。接待客户前,应进行科学的皮肤身体检测,根据检测结果帮客户选择适宜的项目,并选配适宜的居家保养品。皮肤检测是专业美容院的一项基本工作,既能体现美容院的专业性和权威性,又为客户提供最佳的美容护理疗程及产品搭配,达到理想的护理效果,提高客户满意度。

⑤ 重视"关键时刻"。客户光临美容院的一瞬间就是"关键时刻",虽然经过短暂的接触,但客户对服务质量甚至对产品质量也已有所了解。"关键时刻"存在于任何与客户打交道的时候,美容院文化、美容院形象、美容院信誉就在这许许多多的"关键时刻"中形成。

⑥ 客户异议处理。应站在客户立场上看问题,消除美容院与客户之间的信息不对称性,把客户期望和美容院实际给予的差距找出来,让员工清楚地了解客户心理落差,以找出服务盲点。员工要具备良好的职业道德素质,以适应不同层次的服务需求,为客户营造良好的服务环境。

(4) 会员制度建设

客户会员制是在客户维护过程中谋求固定的组织化,以确保固定客源的一种制度。常用方法包括一般会员制度、入场券会员制度、介绍卡会员制度、美容讨论会员制度等。组织方式各种各样,美容院应选择适合自身的组织方式。组织客户的方法不能局限于美容院的服务方面,还可以不定期地举办一些活动,如主题分享会、美容研讨会、服饰研究会等,以加强与客户思想、感情的交流。成为会员后的客户可享受到各类服务的附加值,从而形成更好的口碑效应,开拓新的客源。

3. 店务管理系统

店铺依据自己的经营特点,设立店务管理系统,保障一个门店能够正常规范运作。在岗位责任分配、各岗位工作流程和标准、制度考评保障、行为检查奖惩等方面进行细节落实。"员工制度"设立考勤、日常礼仪行为规范、管理流程及归属等;"环境标准"设立物品使用摆放标准、卫生检查标准、企划宣传品标准、设备维护标准等；"岗位职责"设立各岗位每月每周每日工作标准流程、责任承担等；"行政标准"设立货品采购保管、后勤保障、维修检修、员工生活等；"财务制度"是在企业统一的财务管理下，设立的门店执行标准；"店长手册"明确管理者责任及工作流程细则。

4. 项目服务流程

项目服务是每个客户到店实现功能性效果呈现的根本，体现门店的专业能力和客户体验感。项目服务流程设计是在专业效果的前提下，结合实践操作过程，给予客户最佳的体验效果。

基本的服务流程包括项目疗程及疗程效果设置、专业检测和项目评估、用品配置和使用方法、产品配置和用量、服务前中后的关键注意事项等。不同类别的项目需要量身定做特定的服务流程，才能获得核心效果呈现和客户认同。"面部护理项目"从皮肤检测到确认匹配的项目，从服务过程中的小面镜让客户感知效果对比到服务结束后提醒客户家居护理注意事项，保障项目服务过程中完整的专业说明。"身体护理项目"服务流程的设计，更重视客户隐私和心理放松部分的要求，将熏香、灯光、用品、音乐等共同结合到项目服务流程中，客户才能获得完整的体验感。

 案例讨论与分析：

> 结合单元 1 的调研结果，分组对调研的典型企业进行深入分析，对美容行业的企业类型、企业特点、优势和缺点进行充分讨论，最后进行汇报分享。

 学习总结与反馈：

> 在美容行业中首先要从专业领域与行业边界的角度，区分医学美容与生活美容，并根据美容企业的定位和特点，依据法律规定的美容企业类型，对美容企业细分市场不同的经营目标、经营理念有清晰的认知，才能够投身美容行业中，在创造美、实现美的大美业中有所作为。

单元 3　美容企业的发展战略

学习要点

美容企业总体战略规划；美容企业连锁经营战略。

学习难点

美容企业的连锁经营战略选择（企业连锁经营的基本形式；企业连锁经营的组织机构；企业连锁经营的管理系统）。

美容企业创立之后，在运营之初就应该考虑企业的管理战略问题了。提前做好战略规划，是一个企业长期稳定发展的必要条件。企业的目标是什么，要为什么人服务？企业如何占领市场，是靠"大而全"的全面服务，还是"小而精"的特色服务？企业要往哪儿走，发展方向是什么？连锁经营已经成为行业的基本趋势，自己要不要做，怎么做？这些问题就是企业的总体战略问题。

企业战略就是企业解决问题的一种思维，它是回答企业为什么存在、如何存在的思维体系。企业为什么存在，这是解决企业存在价值的问题，其表现形式就是企业使命和愿景。企业如何存在，这是解决企业竞争战略的问题，其表现形式就是企业层、职能层和业务层的战略。

 ## 美容企业总体战略规划

我们先思考这样的问题：一个企业创立之初，首先要考虑的是什么？

第一，要考虑往哪个方向走（愿景），如美容企业要考虑为什么人服务，客人都在什么地方，需要什么项目。

第二，要考虑用什么样的人，顾客更喜欢什么样的人来为其服务。

第三，要考虑如何凝聚这些人。

如果以上这三个问题解决了，那么企业基本的问题也就解决了。

向什么方向走，用什么样的人，凭什么凝聚人心，这就是企业管理的三大核心问题，是最基本也是最重要的，我们称之为战略管理的三个基本问题。也就是说，如果这三个问题不解决，战略管理就无从谈起。

因此，我们认为，战略管理应该是从企业全局的角度来分析，也就是必须涉及企业的三个基本问题：企业战略、企业文化和人力资源。

战略管理可以用一个形象的比喻来形容：登山比赛。

在登山比赛中，当你领着一群人朝山顶奔跑的时候，第一件事是你必须告诉跟随你的人，我们的目的地在哪里，到了那里能取得什么样的成果，队员会获得什么（愿景）。同时，你还要把握好方向的正确性，如果方向是错的，那么不管付出多少努力都是白费。你还要努力找到一个适合你的捷径（竞争战略），因为如果你穿的是跑鞋（资源），那么走山梯可能会快些，但如果你穿的是钉鞋，那么走山路肯定较适合你。这就是战略中的愿景、目标、资源和竞争战略的问题。

第二件事是你要确保你的队员在统一目标的前提下斗志昂扬、充满激情，至少不要搞窝里斗，不然可能会在半路散伙，那就谈不上能够到达终点。因此，你必须有一种办法来统一大家的价值观，否则就会出现内耗的问题。这就是企业文化的问题。

第三件事是你必须鼓励你的队员，到达山顶有什么奖励，然后你还要保证一路上给他们提供水和食物，不然有些人就不愿意或者支撑不到终点。因此，选择什么队员对你来说就更加重要。选对了人，可能半路上大家即使一直饿肚子也能斗志昂扬，但如果选错了人，那么半路上可能已经四分五裂。选对人，还要告诉他们如何多快好省地到达山顶，这样才可能让他们保持最佳状态。这就是人力资源的问题。

战略、文化与人力资源是战略管理的三大核心问题。关于文化与人力资源管理将在本书后面的模块中进行阐述，本单元只讲战略。

1. 企业总体战略规划

（1）战略经营单位

战略经营单位（Strategic Business Unit，SBU）就是企业为其专门制定经营战略的最小经营单位。它具有以下特征：①有自己的业务；②有共同的性质和要求；③掌握一定的资源，能够独立或有区别地开展业务活动；④有竞争对手；⑤有相应的管理班子从事经营战略的管理工作。

战略经营单位划定时应注意市场导向而不是产品导向，要切实可行而不要包罗万象。一项业务可以从三个方面进行界定，即要为之服务的顾客群、顾客需求和技术。

作为美容企业，首先应确定要为之服务的顾客群是高端、中端还是低端。通常高端顾客的服务项目要全，面部护理、身体护理、形象设计甚至水吧、餐吧等都要有，以便顾客能够得到全方位的服务。仪器选用上也要体现细致和周到，环境要温馨舒适、有品位。这类企业前期投资大，相对利润率也高，经营成功的投资回报率高。但由于资金投入很大，风险相应加大，一旦经营失败，损失也非比寻常。服务中端顾客的企业要做到有特色，最好能和竞争对手错位经营，避免恶性竞争。服务低端顾客的企业要在经济实惠方面下功夫。

（2）规划投资组合

确定公司战略业务单位的目的是赋予这些单位战略规划的目标和相应的资金。这些单位规划将被呈交公司，公司审核这些规划以决定应该建立、保留、收缩或放弃哪些战略业务单位，而这就需要对这些业务进行分析、分类。

目前有两种主要的投资组合评估模式：一种是"市场增长率/市场占有率"矩阵；另一种是在"市场增长率/市场占有率"矩阵基础上发展起来的，是通用电气公司提供的分析方法，也称为"战略业务规划网格（Strategic Business Planning Grid）"，简称 GE 法，这种方法认为，评估业务单位除上述两个要素外，还应考虑更多的因素。这些因素可分为两类：一是行业吸引力；二是业务单位的业务实力，即竞争能力。

（3）规划成长战略

投资组合战略决定的是现有的经营哪些需要发展、扩大，哪些应当收缩、放弃。与此同时，企业需要建立一些新的业务，代替被淘汰的业务，否则不能实现预定的利润目标。而建立新业务，首先要在现有业务范围内，寻找进一步发展的机会；其次分析建立和从事某些与目前业务有关的新业务的可能性；最后考虑开发与目前无关但是有较强吸引力的业务。这样，就形成了三种成长战略。

① 密集式成长战略：有以下几种类型。

一是市场渗透战略。其是指管理者设法在现有市场扩大现有产品的市场份额。

二是市场开发战略。管理者还要寻找现有产品可满足其需求的新市场。第一，公司要设法发现在当前销售领域中有哪些潜在顾客；第二，公司可在现有销售领域内寻找其他分销渠道；第三，公司还可考虑向新地区甚至国外销售。

三是产品开发战略。管理者应考虑新产品开发的可能性。例如，公司可开发产品新的性能，还可开发不同质量水平的产品，也可研制新产品。

② 多角化成长战略：如果在原来市场营销系统框架之内已经无法发展，或之外有更好的机会，可以考虑多角化成长战略。

一是同心多角化。面对新市场、新顾客，以原有技术、特长和经验为基础增加新业务。例如，公司可以以原有的技术知识为基础，开始从事新产品生产，这时它可能已充分意识到将进入一个新的市场，将对另一些不同的顾客进行推销。

二是水平多角化。针对现有市场和现有顾客，采用不同技术增加新业务。这些技术与企业现有能力没有多大关系。

三是综合多角化。企业以新业务进入新市场，新业务与企业现有技术、市场及业务没有联系。这种做法风险最大。

③ 一体化成长战略：如果所在行业有发展前途，在供产、产销方面实行合并更有效益，便可考虑采用一体化成长战略增加新业务。

一是后向一体化。收购兼并原材料供应商，拥有或控制其市场供应系统。

二是前向一体化。收购兼并批发商、零售商，自办商业贸易公司，通过增加销售力量来求发展；或将自己的产品向前延伸，从事原有用户经营的业务。

三是水平一体化。争取对同类企业的所有权或控制权，或实行各种形式的联合经营。比如，实施连锁经营战略，进行连锁经营。有关连锁经营的内容，本单元稍后还会展开阐述。

2. 美容企业战略规划

（1）美容企业的战略定位

我国的美容行业完全发展起来有 30 多年的时间，美容机构的开设很多是由消费者的需求不断引导出来的。消费者根据自己的身体需求选择美容院，而从业人员就可以根据自己的能力和市场需求的大小开设不同的美容院和服务项目。随着国内美容行业的发展，逐步出现的美容机构主要有五大类型：发廊型、治疗型、沙龙型、休闲型和享受型。

第一种是"发廊型"美容院，主要出现在我国美容业的初级阶段。它一般有两三张理发椅、一两张美容床，主要开设的服务项目有理发、洗脸和局部按摩等，我们称其为"美容美发"。这类美容院现在主要存在于二、三类市场和城市周边的小镇。

第二种是"治疗型"美容院，主要是中型美容机构。这类美容院比较普遍，主要针对消费者的皮肤问题提供解决方案，如各种治疗斑痕或其他问题皮肤的美容院或者是医院开设的美容项目（包括整形）。

第三种是大中型美容机构，有较高档的内部环境设施，如宽敞的空间、整洁的装潢、良好的卫生、优雅的环境；同时，美容师受过专业的美容知识培训，具备精湛的美容护理技术。整个环境、氛围、经营方式都比较好，并开设会员制服务。客人在这里不仅得到皮肤护理或其他的服务，还可以把这里当成舒缓紧张情绪的场所，我们一般称这类美容院为"沙龙型"美容院。这是现今在一、二类市场中存在最多的美容院，也是最受消费者和厂家青睐的主流美容院之一。这类美容院一般开设比较流行的服务项目而成为最为热门的美容机构。

第四种是"休闲型"美容院，设在一些保健和娱乐机构的内部，是该机构的一个附属服务项目。这类美容院虽然场地装潢精致，并提供配套的放松服务，但因为一般服务项目比较单一、项目设置较简单和收费偏高而较少有客人光顾。

第五种是"享受型"美容院。这类美容院场地宽大，至少有几千平方米，内部装潢高档、场面豪华、收费昂贵，不但设有女宾部，同时还开设刚开始流行的男士美容，服务项目齐全，并设有咖啡厅和酒吧，主要目的是吸引一批高消费者。

（2）美容企业的发展方向

随着社会环境的改变，美容院无论从规模层次还是从经营理念方面都有所提升。但消费需求是永无止境的，美容院的经营者应该敏锐地把握住这些不同的需求，站在消费者的角度，主动出击，依靠准确的经营定位与特色满足细分市场的需求。未来美容院的发展主流是怎样的呢？

① 复合型美容院：复合型美容院通常为超大型机构，投资额高，强调经营业态的衍生利益，为顾客提供"另类"便利。它是基于准确的顾客定位和需求分析，满足顾客与美满相关联的需求，以形成区别于同业美容院的经营形态。经营者应利用不同经营形态的集客力，帮助顾客创造来店的理由，即顾客在美容的同时常有额外或意想不到的收获，从而强化并提升顾客的流量。

② 会员制美容院：会员制美容院多为大型机构，走高端消费路线。随着收入丰厚的白领女性和拥有个人事业的成功女性不断增多，她们已逐渐成为美容院最具消费能力和最活跃的顾客。由于她们在职业场合的社会角色越来越重要，其对美容的需求也进入了更深的层次。针对该层面顾客的共同特征，可形成"会员制"的经营定位。这类顾客具有超前消费意识，注重消费的附加值。她们具有一定的美容知识，注重是否"值"或"超值"，可以理解收费中包含环境、服务的成分。这类美容企业对从业人员的要求极高，经营者必须在管理上下功夫。

③ 休闲式综合美容美体中心：该类型的美容院在单体经营规模上较会员制的要小，一般为中型美容机构，投资额适中，是大型城市美容院的主要业态，服务项目的类别也较少，强调特色，会透过一两个特色项目带动其他消费。此类型美容院对周围已有商业服务类配套设施有一定依赖性，不可独立生存，略受商圈的限制，但强调交通的便利性。其对美容美发师的形体礼仪、接待技巧、专业素养、沟通技术有较高要求。

④ 家庭式美容院：家庭式美容院指设于写字楼、住宅小区内，配有 2～4 张美容床，采用预约制的小型美容院，依靠口碑来拥有顾客。其员工应具备非常熟练的美容技术、手法，丰富的产品经验、美容知识，较好的顾客沟通能力，同时美容院应具备温馨亲切的家庭感觉和清新整洁的环境。它适合真正热爱美容事业、愿意与客人分享心得的资深美容师经营，能使顾客产生信赖感。

以上几类美容院代表着美容院未来发展的主流方向，它对美容从业人员提出了相当高的要求，这种方向预示着美容业将经历一场深层次的变革。

(3) 美容企业战略制定的几点建议

美容企业在制定战略规划时要根据所能筹集的资金额度和周围经济环境进行。企业资金的来源一般可分为自有资金、投资和借贷资金。美容企业的前期投入主要为房租、装修费用、仪器设备和产品的采购费、人员工资和流动资金等。要根据资金的情况来决定企业可以设置的项目，一般来说 100 平方米以下的面积适合做小型的生活美容企业，以单一特色和关联的项目为主体；100 平方米到 300 平方米的面积适合做中型的生活美容企业，可以开设面部皮肤护理、身体护理、SPA 等项目；300 平方米以上的面积适合做大型的综合性美容沙龙，为顾客提供全方位的服务，除皮肤护理、身体护理、SPA 等项目外，可设置光电中心、形象设计等项目，使顾客可以接受全面的服务。

举例：某美容有限公司（以下简称 A 公司）用 19 年的时间，从一个街头小店成长为大型的美容企业，这与 A 公司正确的营销战略密不可分。经过市场调研，A 公司选择了品牌化生存的道路，把创造品牌价值，向顾客提供个性化、专业化的品质服务作为营销工作的出发点和归宿。通过调研和市场细分，A 公司发现有一部分顾客群体非常重视所购买产品与服务的价值，不在乎产品和服务的价格，于是就明确了自己的客户对象——注重生活品质、注重产品和服务价值的高端消费群体。在产品定位上，A 公司采取了差异化、高附加值、区域领先和聚焦的策略，创立了全球第一家音乐 SPA，集中精力修炼服务品质，为顾客提供针对性的服务。由于有独特的经营战略，A 公司避免了同质化服务的恶性竞争。经过不断的努力，积累的顾客越来越多，企业的规模也越来越大。

美容行业属于第三产业，是一个以"服务性"为主导的行业。因此，美容院必须突出服务的重要性，而非沦落为单一销售产品的战场。目前，行业内各大美容化妆品品牌相互之间竞争激烈，导致市场可操作性空间越来越狭窄。美容院作为终端资源，成了专业美容化妆品品牌争夺的对象。美容院的经营者和从业者在这种市场的夹缝中求生存，单店投资盈利的增长性越来越差。

现阶段美容企业在市场中的定位应着重于两个方面的努力。

第一，美容企业应以优质的服务提升单店的销售力和平均销售额。优质的服务是美容企业延续生存的资本，服务质量的提升不仅可以带动单店的销售额，也可以提高美容师的销售力。服务与销售的关系是相辅相成、相互促进、缺一不可的。强化服务质量，也要强化销售力，这是美容企业在市场竞争中取胜的决定性因素。

第二，美容企业应以优质的服务提升单店的品牌知名度。一个企业的品牌知名度是通过在市场的实际操作中自然成长起来的（当然也可以通过人为的炒作来快速提升），尤其是对美容企业而言更是如此。美容院的品牌知名度是在长期为顾客提供服务的过程中，由顾客口碑相传，积累下来的市场基础。美容院在经营过程中，特别应注意企业的品牌建设，通过优质服务，全面提升美容院在当地区域市场的知名度。这个过程需要一定的时间，如果想快速提升知名度，可以考虑加盟已有的知名品牌，利用现有品牌的知名度提升自己。

二、美容企业连锁经营战略

连锁经营是指经营同类商品或服务的若干个门店，通过一定的联结纽带，按照一定的规则，组合成一个联合体，在整体规划下进行专业分工，并在此基础上实施集中化管理和标准化运作，最终使复杂的商业活动简单化，以提高经营效率、实现规模效益的一种经营方式。

企业实行连锁经营，不是为了连锁而连锁，也不是仅仅改变一下经营管理方式，而是以连锁经营为手段，大幅提升企业的竞争实力，逐步扩大经营商品的市场占有率，降低企业经营成本和费用，追求企业利益的最大化。所以，要制定连锁经营的发展战略，如发展多少连锁店，用几年时间，发展区域是本省还是全国；要明确提出连锁店要达到什么样的具体目标，如经营成本和费用是否降低，利润是否增长以及增长多少，管理手段和方式是否适应店内要求，未来的预期目标能否实现。无论是战略目标还是战术目标，都要有一个明确的出发点和归宿。

连锁经营的实质是将现代工业化基本原理运用到流通领域，它把复杂的商业活动分解为像工业生产流水线上那样相对简单的一个一个环节，提高经营效率，实现规模效益。其具体表现为以下五个方面。

一是经营理念的统一性。连锁企业的经营理念是该企业的经营宗旨、经营哲学和中长期战略，是其经营方式、经营构想等经营活动的依据。连锁企业的经营理念着眼于消费者，从消费者的立场出发来发展企业。

二是企业识别系统的统一性。连锁店要在多店中建立统一的企业形象，给公众一个直观印象，有利于消费者认同该企业，对企业产生依赖感。

三是商品及服务的统一性。所经营的商品要按照消费者需求做最佳的商品组合，并不断更新换代；其对所有门店的服务措施进行统一规范，使消费者到任何一家门店，都可以享受到统一的服务。

四是职能的专业化。传统的商业企业是购销合一，连锁经营则将采购和销售两种职能完全分开，实行专业分工。

统一采购能不断地增强连锁企业的竞争力和吸引力，既有利于生产企业安排生产，也有利于连锁企业在与生产企业交往中处于有利的位置，具备非常强的议价能力。

分散销售可以享受到集中进货所获得的低成本优势，取得较为有利的市场价格，在与其他对手竞争中取得主动；同时也贴近消费者，通过近距离的促销和服务建立感情纽带，增强消费者对门店及整个连锁店系统的心理认同。

五是连锁店在经营战略、经营策略上实行集中管理。即由总部统一规划，制定规范化的经营管理标准，并下达到各门店执行。这种统一性的书面体现就是连锁企业的营运手册。

下面来具体了解一下连锁经营的形式与管理。

1. 连锁经营的形式

连锁经营包括三种形式：直营连锁、特许连锁和自由连锁。

（1）直营连锁

直营连锁又称正规连锁，是连锁总部通过独资、控股或吞并、兼并等途径开设门店，发展壮大自身实力和规模的一种形式。其特点包括以下几个方面。

① 同一资本开设门店。各门店的资本同属于一个所有者，归一个企业、一个联合组织或一个人，各门店不具备法人资格。

② 直营连锁的核心是管理经营的高度集中统一。直营连锁的所有权、经营权、监督权完全集中在总部。

③ 统一核算制度。各门店的店长由总部委派，他是雇员不是老板，各门店的工资、奖金由总部依据连锁企业制定的标准来决定。

(2) 特许连锁

特许连锁又称合同连锁或特许加盟连锁，是总部与加盟店之间依靠契约结合起来的一种形式。其特点包括以下几个方面。

① 特许连锁经营实行所有权的分散与经营权的集中。加盟店对其各自的门店拥有所有权，店长是加盟者，不受聘于总部，加盟店甚至还有用工和进货权，而经营权高度集中于总部。

② 特许连锁经营的核心是特许权的转让。总部除了向加盟者提供完成事业所必需的信息、知识、技术等一整套经营系统，还要授予加盟者店名、商标、商号、服务标记等在一定地区的垄断使用权，并在开店过程中不断给予经营指导。

③ 维系特许连锁经营的经济关系纽带是特许授权经济合同。这种特许授权经济合同通常是由连锁企业总部制定的，加盟者只有接受既定的合同内容才能加盟连锁。

总部与加盟店的关系是纵向关系。

(3) 自由连锁

自由连锁又叫自愿连锁或合作连锁，是企业之间为了共同利益而采取的合作关系，是现有的独立零售商、批发商、制造商之间的横向或纵向的经济联合。自由连锁是中小企业对抗大型连锁企业垄断而自发的联合组织。其特点包括以下几个方面。

① 自由连锁的最大特点在于各门店在所有权和财务上是独立的，只是保持在经营活动上的协商和服务关系。

② 它的连锁核心是共同进货，实行联购分销机制。

③ 维系自由连锁经营的经济关系纽带是协商签订的合同。每年只需按销售额或毛利额的一定比例向总部上交加盟金、管理费。

2. 三种连锁经营模式比较

(1) 共同点

① 它们都有一个总部作为统一的组织机构来进行管理。

② 在商品采购、储存、定价、促销、门店结构及管理系统方面均不同程度地要求标准化与规范化操作。

(2) 不同点

① 所有权比较

直营连锁：一个投资主体，各门店不具有法人资格。

特许连锁：加盟者仍具有法人资格和企业人事、财务权。

自由连锁：资产所有权多元化。

② 经营管理模式比较

直营连锁："总部—门店"直接管理模式。

特许连锁：是以经营管理权控制所有权的一种组织形式，特许加盟合同由特许方制定，不是协商产生的。

自由连锁：仍保留各自的经济形态，它们之间的经济关系通过协商解决。

③ 劣势比较

直营连锁：由于高度集中，从而制约了门店人员的积极性、创造性和主动性。

特许连锁：在组织关系上，不如直营连锁明确和清晰，在承担营业责任上可能互相推诿，导致消费者上诉对象模糊化；由于片面追求品牌授权金，大量发展加盟店而又缺乏有效管理和服务能力，不仅损害企业形象，而且会使加盟者权益受损，最终可能导致连锁系统解体。

自由连锁：联结纽带不紧，凝聚力较弱；独立性大，总部集中统一运作的作用受到限制；由于过于民主，决策迟缓。

3. 美容企业进行连锁经营的形式选择

美容企业进行连锁经营的形式主要有两种，一是直营店，属于美容品牌直接管理和规划；二是加盟店，即投资者以一定比例的资金，直接购买美容品牌的使用权及其成熟的经营管理模式。

目前实践中还存在大量的初级层次的产品加盟，即美容化妆品生产企业以美容产品销售为目标，发展以中小型美容院为主的销售网络。这种方式属于自由连锁的范畴。这种自由连锁由美容化妆品生产商主导，以产品为介质，经营方式自由，受约束少，因此颇受欢迎，短时间内发展迅速。

不过，不管哪一形式的连锁美容企业，要在市场竞争中生存下来，"服务"是根本，不能把起死回生的希望放在连锁这一形式上，但连锁这一形式的确有助于企业做好、做大、做强。

4. 连锁经营的组织结构设计

一般连锁店有"总部—门店"两个层次，或"总部—地区分部—门店"三个层次。

(1) 连锁总部

连锁总部是为门店提供服务的单位，总部的标准化、专业化、集中化管理使门店作业单纯化、高效化。其基本职能主要有政策制定、店铺开发、商品管理、促销管理、店铺督导等，由不同的职能部门分别负责。

一般来说，连锁总部包括的职能部门主要有开发部、营业部、商品部、财务部、管理部、营销部等。

各部门的职能如下。

① 开发部的职能：设新店或发展加盟店时进行商圈调查；制定选址标准、设备标准和投资标准；决定自行建店、买店或租店；开店流程安排及进度控制；开店工程招标、监督及验收；新开分店的设备采购与各分店设备的维修保养；新开分店的投资效益评估。

② 营业部（营运部）的职能：各分店营业目标和总部的营业目标的拟定及督促执行；对分店的经营进行监督和指导；编制营业手册并监督、检查其执行情况；营业人员调配及工作分派；门店经营情况及合理化建议的反馈与处理。

③ 商品部（采购部）的职能：商品组合策略的拟订及执行；商品价格策略的拟订及执行；商品货源的把握、新产品开发与滞销商品淘汰；配送中心的经营与管理。

④ 财务部的职能：融资、用资、资金调度；编制各种财务会计报表；审核凭证、账务处理及分析；每日营业核算；发票管理；税金申报、缴纳、年度预、决算；会计电算化及网络管理。

⑤ 管理部（行政部）的职能：企业组织制度的确定；人事制度的制定及执行；员工福利制度的制定与执行；人力资源规划人员招聘、培训；奖惩办法的拟定及执行；企业合同管理及公司权益的维护；其他有关业务的组织与安排，也可与财务部合并。

⑥ 营销部的职能：分店商品配置、陈列设计及改进；促销策略的制定与执行；企业广告、竞争状况调查分析；企业形象策划及推出；公共关系的建立与维护；新市场开拓方案及计划的拟订，可单设也可并入营运部。

(2) 地区分部

地区分部又叫区域管理部，即连锁总部为加强对某一区域市场连锁分店的组织管理，在该区域设立的二级组织机构。这样总部的部分职能转移到区域管理部的相应部门中去，总部主要承担对计划的制订、监督执行，协调各区域管理部同一职能活动，指导各区域管理部的对应活动。区域管理部实质上是总部派出的管理机构，不具备法人资格，仅有管理与执行功能，在大多数问题上决策仍由总部作出。

(3) 门店

门店是总部政策的执行单位，是连锁公司直接向顾客提供商品及服务的单位。其基本职能是商品销售、进货及存货管理、绩效评估。

商品销售是向顾客展示、供应商品并提供服务的活动，是门店的核心职能。进货是指向总部要货或自行向由总部统一规定的供货商要货的活动，门店的存货包括卖场的存货（即陈列在货架上的商品存量）和内仓的存货。经营绩效评估包括对影响经营业绩的各项因素的观察、调查与分析，对各项经营指标完成情况的评估以及改善业绩的对策。

5. 构建连锁经营的管理系统

(1) 掌握连锁经营的核心技术

连锁经营作为一种先进的商业组织形式，其先进性体现在它是一整套商业运作的集成。这一技术集成至少应包括五项核心技术：①计算机管理技术；②中央采购技术；③物流配送技术；④营销创新技术；⑤人力资源管理技术。

(2) 连锁经营的管理控制

连锁经营是一种紧密的组织形式，其内部形成的一系列严格完备的制度规范着各种行为和关系，以保障组织高效运转。连锁总部对连锁店的管理控制主要表现在两个方面：一是经营管理模式的贯彻；二是对信息流的把握。

① 经营管理标准化、模式化：连锁经营的本质特征在于连锁总部与所有连锁店共享资源与能力。作为连锁经营商业管理行为的总执行方，连锁总部必须运用先进的经营管理理念对员工培训、工作安排、职责及服务标准、店面陈列、广告、市场营销、顾客关系、顾客抱怨处理程序、存货控制程序、会计程序、现金和信贷管理程序、安全生产、突发事件处理等连锁单店经营中各方面的问题进行深入的研究，对连锁店经营管理过程中的每一项工作予以规范化并形成连锁单店工作手册。它是连锁店员最重要的培训教材，也是连锁店日常经营工作的速查手册。连锁店据此开展所有日常经营工作，共享总部的经营技术。这是总部确保连锁店按照统一标准模式进行所有经营活动的必要保障，同时也是复制连锁店的必要条件。

② 充分把握并利用信息流：发展连锁经营决定了经营门店日趋分散的特性。面对分散各地的连锁门店，总部必须使所有销售前台和后台支持机构实时地共享信息，总部管理机构必须对连锁店实施"零距离"管理，实现对所有业务环节的实时监控，并对这些方面所涉信息予以实

时记录和深度分析。否则就谈不上形成连锁网络，整体大于简单局部之和的连锁经营优势也就无法体现出来。

 案例讨论与分析：

> 张先生十年前进入美业，经过多年的努力，目前有4家美容院，主打的项目是美白祛斑，主要产品也是自己研发生产的，品牌在当地有一定的口碑。这几年来，张先生感到发展遇到瓶颈，虽然品牌的名气越来越大了，但伴随着客户不断增加，因门店较少，能够提供的服务跟不上客户需求，与此同时，外部市场竞争越来越大，导致客户有一定流失。多次想开店，但苦于精力不够，管理人员不足。而这几天，本市的两家美容院和邻市的一家美容院找到张先生，希望和张先生合作，每年交一些费用，使用张先生的品牌和产品。张先生应该怎么做？
>
> 请结合所学的美容企业品牌战略的知识，提出你对张先生面临问题的解决方案，并分组讨论：当美容企业发展到一定规模需要扩张时，在维护品牌的前提下，是选择直营好还是加盟好？

 学习总结与反馈：

> 确定企业总体战略（又称公司战略），对美容企业而言，就是要确定美容企业的企业目标，明确企业使命；确定美容企业的战略经营单位，规划投资组合；规划美容企业的成长战略。美容连锁企业也有不同类别的划分，连锁管理设置方式各有特色。通过学习，我们更为清晰地知道一个连锁企业实现的路径和要点。

模块二 美容企业的创立

学习时间：6课时

学习目标

1. 熟悉美容企业的开业企划内容。
2. 了解美容企业创立的要点。
3. 熟悉美容企业创立的政策。
4. 熟悉美容企业风险管理的内容与要点。

电子课件

课程思政目标

在了解美容企业开业企划、市场调查、选址和定位的基础上，引导学生深刻认识到创业时要细致谨慎、艰苦奋斗，考虑周全，在周密市场调研后，为满足当地人们对美的需求创立企业，开展服务；通过对美容企业创立相关政策、风险管理的介绍，引导学生树立遵守国家法律法规、行业规范的自觉意识，并充分意识到法律对规范经营行为的保护作用。

学习方式

由教师安排任务的形式，学生组成学习小组，模拟美容企业创立的筹备工作，形成方案后，进行展示和互评，教师点评后引入美容企业开业企划、创立要点和政策相关内容，以不同类型案例分析方式引导学生对风险管理的意义有充分认识。

学习情境

多媒体教室或专业实训室，有网络环境。

学习准备

设置学习小组，每组4～6人，便于集中授课和分组讨论。

单元4 美容企业筹建与企划

学习要点 　美容企业开业的企划；美容企业的市场调查、选址、定位；美容企业创立的相关政策。

学习难点 　美容院开业前企划的内容（美容院在开业前如何进行市场调研，如何进行美容院的综合形象设计以及其中包含的要素）。

一、美容企业开业的企划

　　美容企业开业企划工作是成功创办美容院的关键，完善的企划可以修补开业准备的漏洞和弊端，是有计划经营和成功发展的一块基石。面对类型繁多的美容院，创业者应根据自己的资金实力、技术水平、实际条件进行定位和策划，充分展现自己的经营风格。

1. 经营定位

　　企划开始首先要进行经营定位，经营者要实事求是地根据经营意图和自身条件进行准确定位，结合个人经济与抗风险能力，确定美容院规模的大小。

　　（1）性质定位

　　确定是专业店还是综合店。

　　（2）组织机构设置

　　一定规模的美容院在人员配备上都应该是严密有序的，要按照少而精的原则来配备人员。大型美容院组织机构较为复杂，小型美容院较为简单。开店之初，不宜直接设置大型美容院组织机构。

　　① 管理人员：如董事长下的总经理负责制，可设总经理、办公人员、财务、收银员等，根据规模大小确定是否需设副经理，若属联合体则可设店长、领班等。

② 技术人员：包括美容师、美容导师、水电工、仪器维修工等。
③ 采购人员：根据美容院的大小来定，若规模较小，可由经理、副经理或高级美容师兼任。
④ 后勤人员：主要包括卫生清洁工、保安人员、膳食供应人员等。
⑤ 其他人员：如广告企划可委托广告公司，也可由办公人员或技术人员兼任。

小型美容院业务量小、管理简单，成本不宜过高。通常店长要身兼多职，或者将财务、采购等部分工作内容外包，由第三方专业人士来完成。例如，店长兼董事长、总经理、美容师、采购员等；会计等专业性较强的工作，可委托财务公司帮忙完成；采购工作外包给上游供货商或协会内部的采购联盟，可避免因为采购量小使得供货成本增加。

2. 企划重点

（1）顾客群

顾客群包括顾客层次及市场区分，美容顾客的年龄段多为 15 岁到 55 岁，高档美容顾客群多为职业女性或高收入的家庭。通过分析，大致规划出美容院区域内的顾客群，在此基础上定位适合的产品及合理的收费标准。

美容顾客的年龄、性格、文化水平、个人修养、审美观等不同，理性消费状态及对美容要求的偏重也会不同。美容院应因人而异，分析顾客的心理特点及需求，赢得顾客的认可与信任，为美容院创造经济效益。例如需求性心理的顾客，消费时讲求实惠、实在，注重美容的实效，对整个美容过程都很在意，求稳且希望美容师操作细致而烦琐，认为操作时间长的效果好。在接待此类顾客时，美容师应耐心细致地介绍、讲解美容院的基本情况，真实客观地讲解美容院内的美容设施、技术水平、项目特色以及美容护肤产品的效果、服务费用、各项美容安全保障和便利顾客的实惠条件，不能急于让顾客接受服务，可向顾客提供具有一定说服力、美容效果非常成功的典型事例及资料，让顾客坚定做美容的决心，踏实安心地接受美容服务。

（2）产品与定价

根据顾客群的特点选择美容产品，产品定价既要考虑终端消费，又要考虑长期的发展。定价时应考虑成本、市场、重复消费、同业竞争对手及持续发展等因素，定价过高会失掉一部分低收入消费者，定价过低又有可能导致作茧自缚。可进行分阶段定价，如早消费者可给予适当优惠，根据顾客群的发展情况再适当调整项目定价，但应对前阶段顾客维持原价。根据美容院实际情况制订各种类型护肤项目，并网罗详细资料，如护理项目名称、疗程内容、材料类别、产品用量、护理时间等，使顾客安心消费，显现美容院的专业水准。

（3）服务流程

标准服务流程包括硬件和软件两方面，硬件即空间设计的配合，软件需多方面设想后方可确定。例如，在柜台和顾客沟通→说明方式和解答疑问→由美容顾问确定顾客问题及需求→换上工作服→选择合适产品→护理操作→顾客结账→售后服务。

（4）产品选择

美容院直接将美容产品服务于顾客，产品是美容院经营的基础，产品的好坏直接影响美容院的生存。产品效果是首要因素，可通过既往的经验和顾客的反馈来判断，以获得顾客长期选择；重视美容院内产品销售，可通过产品销售来带动其他服务项目，避免经营上的老化现象。

每个美容院都有自己的特点，在选择美容产品时应根据自身特点定购，如以中医美容项目为主的美容院,应重视产品的中医美容疗效,不能盲目模仿。同时,还应注意全国各地水土、气候、饮食习惯等差别较大,人群肌肤状况不同等因素。不同地域的美容院不能盲目选择同一产品作为最佳产品,应因地制宜,细致观察与分析产品对不同类型肌肤的作用和疗效,有针对性地选择,不能人云亦云。例如,广东地区气候潮湿、气温高,加之饮食等原因,当地居民的肌肤毛孔粗大,油脂分泌旺盛,易生粉刺;而江浙沪一带,四季相对均衡,水质温和,居民的饮食清淡,肌肤相对细腻。这两地的美容院在产品选择上就应有所侧重,对产品原料及配制应有一定的了解。在选择产品时还应考虑群体的消费能力及习惯,根据消费群体水平定位选择,避免产品积压。

近年来,由于美容院使用不合格美容产品而导致顾客投诉事件不断增加,所以顾客越来越重视美容院里产品的品牌。美容院经营者应严格审核美容化妆品企业的经营证件、手续、产品质量的相关证明等。在签订购货合约时,应注明因产品质量所导致的美容事故所需承担的责任,以保护美容院的利益,同时也保障了消费者的权益。要让顾客在美容院里得到满意的服务,就应选择最好、最适合顾客的美容产品。

(5) 行销策略

做好行销工作,设法拉近与顾客的距离,充分利用顾客本身的人际关系,如安排免费的美容项目、美容讲座、产品演示及优惠活动回赠顾客等。行销时切忌急功近利,出现营销短视,成一单算一单,导致顾客回头率不高,如广告宣传仅以揽客为目的,造成广告资源浪费,不注重远期利益的积累。

(6) 成本

经营时应有成本概念,核定开业成本,估算利润。开业成本包括房租、装潢、员工工资、设备、水电、消耗品、税收、管理费、卫生费、办证费及培训等。据统计,大多美容院的开支,基本用品占14%,工资福利占44%,其他如房租、水电、税收等占24%,而剩下的18%才是经营者的纯利润。

为了进一步做好美容院的企划工作,开店前还应注意如下问题:经营什么、销售什么、产品和服务特性、每日的客流量、成交率、顾客的心理需求、顾客目标群(潜在顾客)、建立顾客资料库、跟进服务和预约服务等。

3. 企划策略

(1) 亲身观摩

亲身体验市面上有影响力的,尤其是与自身美容院经营路线、定位相类似的美容机构。例如,装扮成顾客,亲身观摩其店面设计、经营气氛、收费标准、待客方法,甚至体会美容师的操作过程等。通过亲身体验,找出存在的问题。例如,美容师太年轻,会缺乏经验或技术水准;装潢、设备投资过多,会达不到预期效果等。根据这些经验,再进一步改进和完善自己的企划方案,调整或重新认定开店目的。

(2) 确定稳固的客户群

在规划好顾客群后,才能选择合适的产品,制订合理的收费价位。例如,美容人口的年龄段多为15岁到55岁,如果走高档美容路线,顾客群应提高到24岁到55岁的职业女性或高收入家庭。通常情况下,在确定、建立消费群体时,要处理好以下几方面的问题。

① 建立会员制:建立会员制以稳固消费群体,防止顾客外流,使资金迅速回笼。但应考虑到会员打折幅度较大会导致利润较少的问题。

② 开展短期促销和让利活动：短期促销和让利行为是美容院抓住顾客的主要手段之一。通过满意的工作态度、娴熟的美容技术、先进的设备及配套产品、舒适而优雅的环境和专业气氛，再配合让利促销，给顾客以真正实惠。也可抓住顾客心理，进行广泛宣传和传播，自然而然形成消费群体，获得事半功倍的效果。

③ 运用积分制：积分制又称积点制，可刺激消费。例如，消费1元积为1分，当顾客累积到1000分时，可兑换美容院产品（价值100元）；当累积消费达到2000分时，可兑换某项美容院服务项目（价值200元）；当累积消费达到3000分时，兑换某项美容院服务项目（价值300元）；当累积消费达到10000分时，兑换价值更高的礼品。如果将奖品摆放在显而易见的地方，还可给顾客琳琅满目的感觉，使其产生想拥有的欲望，以刺激消费。运用积分制刺激消费的做法很简单，实际上只是一种数字管理。

④ 普通顾客变固定会员：一般来说，顾客光临3次以上，只要沟通工作做好，80%可以成为会员。因为此时顾客已经对美容院产生好感，对服务有了一定的认可。美容院应详细分析顾客收入类别，从顾客利益出发，推荐适合其本人的会员卡，使顾客甘愿接受，由普通顾客变成固定的消费会员。

⑤ 以真心换取顾客信任：确立"顾客至上"的理念，仔细观察、分析、思考，解决顾客的各种需求。一般来说，一旦赢得顾客信任，即使价格上浮5%，顾客仍会满意接受，甚至接受推荐的其他服务项目。所以，顾客信任是美容院获得消费群体的源泉。

⑥ 保持经常联系：与顾客保持经常联系能进一步稳定消费群体，如选择适当时机（如生日时）给顾客一个意外电话，或送生日卡、鲜花等，使顾客产生感动心理，逐步与其成为朋友。顾客还会因此带来更多消费者，为美容院带来新的消费群体。

总之，在顾客密集、竞争激烈、类型相同美容院共存的美容市场上，做好客户群规划十分必要。稳固的客户群是美容院获取利润，走向成功的第一步。

4. 美容院的硬件与软件

（1）硬件

① 店铺：店铺周围的商圈环境、店面的座向（位于街面的阳面还是阴面），所在区域的交通便利与否等。

② 装修：店面外观的装修特色、形象与风格；店内的装修特色、形象、风格与档次，店内各服务区域的设置与布局等。

③ 装饰：店外招牌、门槛、橱窗广告、招贴画、饰物装饰；店内各区域的饰物内容与协调性等。

④ 设备：店内各种生活性设备如空调、音响等，专业性设备如美容美体器械等，是否齐全并符合周围商圈的消费需求。

⑤ 服装：店内员工的工作服装是否干净整洁、统一、标准化。

（2）软件

① 气氛：促销时应温馨浪漫，气氛活跃，给人轻松、愉悦、亲切的感觉。

② 礼仪：员工接待顾客时应保持微笑、主动、大方、热情等礼仪，语言专业不失亲切，接待程序严谨且规范统一。

③ 服务：服务项目有特色，内容丰富，能够体现专业品质特征。

④ 专业：美容师或美体师的操作手法专业、娴熟、细致，护肤保健知识全面，可给顾客一

种舒适、放松、信赖的感受。

二、美容企业的市场调查、选址、定位

1. 美容市场调查

美容市场调查是美容院开业前必须做的一项工作，其结果直接关系到美容院经营的成败。具体如下。

（1）商圈调查

商圈是指以店铺为中心，向一定方向和距离发散，以吸引顾客的辐射范围。在核定美容院商圈时，要充分考虑区域内居民的生活形态和结构、人口集中的程度和流动范围，详细分析影响商圈的各种因素，如地理条件与社会、经济、行政等因素相结合所产生的区域特性等。

调查商圈时可制作以本店为中心的商圈图，以本店为中心，分别以200米、400米、600米、800米、1000米为半径在商圈图上画圆，标明根据人口统计推测的美容人口数，以女性人口的30%来计算，依据高层住宅区、一般住宅区、公寓密集区和其他区域类型推测顾客层次，标明竞争对手的所在位置，详细研究其与本店的距离及与周围美容人口的关系等。

（2）潜在顾客调查

进行潜在顾客的调查可进一步确认开店的预期效果，调查结果对成功开办美容院有着重要意义。

① 顾客消费倾向调查：通过了解顾客的年龄、职业、收入以及美容需求，调查可能的商圈范围。主要以学校或各种团体、家庭为对象，以随机抽样的方式进行调查，调查项目包括居住地点、家庭结构、成员年龄、消费倾向、职业、工作地点等，调查方法多采用直接访问或通过邮件的方式，同时要比较居住地消费倾向和消费水平。

② 顾客消费动向调查：调查目的在于把握顾客流动量和消费倾向，为开店后进一步确立经营结构作参考。多以调查区域客流15岁以上的男女为主要对象，针对购物倾向进行调查，并区分时间、性别。

（3）竞争对手调查

对区域内经营项目类似的美容院做适当调查，以达到"知己知彼，百战百胜"的效果。调查项目主要如下。

① 数量：利用电话簿或亲自实地调查竞争店。

② 规模：从外观上判断或以客人身份实地调查竞争店。

③ 技术水平：以顾客身份亲身体验竞争店中美容员工的技术水平。

④ 收费情况：可利用电话咨询等方式获取竞争店中相关项目定价费用信息。

⑤ 服务状况：通过听取周围顾客的评价，结合综合情况进行评定。

⑥ 广告活动：以每个月发布的广告情况来推测竞争店的广告活动。通过新媒体等手段关注，如店铺微信公众号、店铺短视频等多种渠道。

⑦ 顾客层次：可根据现有资金、当地条件、资金周转动向、店铺形象等判断顾客消费层次，了解竞争店的消费情况。

2. 美容院店址选择

店址选择是成功经营美容院的至关重要因素，选择店址时应注意以下几点。

(1) 了解邻近社区

美容院的服务对象主要来自邻近的社区，应考虑居民的主要职业、社区内居民的年龄层次及生活方式、消费水平及业务活动等问题。

(2) 分析竞争对手

同一个区域可存在很多竞争对手，经营者应全面了解竞争对手，系统分析对手的优点和弱点。若将竞争对手的弱点转化成自己的特色，其竞争实力将会大大增强。例如，分析本地区已有美容院的数量、美容服务市场饱和程度、有无市场空隙以及是否拥有与其他美容院竞争的优势等。

(3) 迎合周边店铺

美容院是为满足人们的高雅生活需求而设的，应选择一些比较好的"芳邻"。例如，开设在时装店或有一定档次的影楼隔壁等，以迎合周边店铺。

(4) 比较房租

地段好的店铺租金一般很高，应根据资金实力结合实地情况进行选择。例如地段好的 A 地，年租金 10 万元，预计营业额 100 万元；地段差的 B 地，年租金 4 万元，预计营业额 50 万元。应慎重考虑 A、B 两地的选择。

(5) 考察客流量

俗话说"酒香不怕巷子深"的经商哲学已越来越令人质疑，现实生活中，很少有人愿意穿过长长的巷子去喝"香酒"。近年来，在市场经济下的商家都在力图取悦于顾客，消费几乎完全处于买方市场。因此，就算酒香，也要在"巷子口"卖。美容院也是一样，店址应选客流量大、生意繁华的地段。但应注意，选择的是"顾客"多的地方而不是"过客"多的地方。

3. 美容院定位

现如今，美容市场对于视觉设计的要求越来越高，很多消费者在消费时喜欢将消费体验拍照并记录发布在网络上，因此整体形象设计可以看作是美容院营销工具的一种，它通过视、听、嗅、味、触觉及情感等给顾客心理暗示，将对顾客来美容院消费的意图产生很大影响。如果说美容技巧和顾客服务是创造利润的软件，那么店铺和设备则是美容院的硬件。

(1) 店面视觉装饰

① 招牌：在设计招牌时要注意颜色搭配，多以深色为主，以达到引人注目的目的。制作时应从安全角度出发，以易见为标准，按顾客视角来决定招牌的大小、高低；店名、业种、商品、商标等文字内容要准确易记，店名应富有创造性；字形、图案、造型要符合店铺的经营内容和形象；字形、图案设计及色彩应符合时代潮流。总之，招牌是美容院的"脸面"，也是突出经营文化的广告牌。

② 店铺整体风格：店内风格分为日式、古典、现代、欧式、泰式等。装饰时要凸显店内文化和专业气氛，可适当点缀一些高档工艺品、名人字画等，以提升本美容院企业文化档次。装饰风格与其他美容院应有一定区别。

③ 店铺视觉色调：店内色调应让顾客感到轻松、舒适、温馨，有一定的信赖感、安全感。深色令人不安、急躁，且容易产生情绪波动，因此店内色调多以浅淡色为主；店内灯光多采用各色节能灯、太阳灯，色调明亮，但数量不宜过多，且尽量营造出冬天明快、夏天温馨、春秋

舒畅氛围。

④ 情调定格：情调定格过于豪华会让人望而止步，过于简单会让人感到档次太低，要根据顾客需求进行选择，做到恰到好处。现在很多店铺在设计装修时，愿意选择网红风格，也是为了吸引大量的客流来打卡消费。

⑤ 操作区：要宽松、干净、舒适、通风。例如，音乐播放多用中等分贝，以优雅的古典名曲为宜；镜子明亮、干净；桌子、床铺精美、独特，色调统一等。

⑥ 洗手间：要和招牌一样精心设计，多以豪华为主，如内部经常换挂本店理念、热情服务等标语。

⑦ 商品陈列柜：多以浅色、高档为主体，摆置高档、名牌商品可提高美容院档次。陈列柜内应经常更换商品，防止商品变质、失效，陈列的商品应是最容易进行成功销售的产品。

⑧ 前台：要和店内整体设计相融合，以精、美、小为佳，背后可设计顾客寄存柜，台上可放置顾客档案、技术资料以及员工轮牌板等。

(2) 内部装饰

美容院装饰内部时应注意以下几个问题。

① 色彩：不同色彩会使人产生不同的距离感，可影响顾客的空间印象；不同季节、不同地区，色彩的心理效果不同。

② 照明：基本照明指天花板上的日光灯、荧光灯等，照射幅度大；特别照明是为增加柜台、货架上产品亮度而配置的，多定向照射；装饰照明多采用彩灯、壁灯、吊灯、灯箱、闪烁灯和霓虹灯等，对店内美化、产品宣传和气氛渲染有一定效果。美容院的灯光设计也需要讲究。

③ 气味：芳香气味能增加顾客的购买欲。

④ 空气：店内空气清新也是促销手段。

⑤ 声响：声响可直接影响消费者和工作人员的情绪。

⑥ 附属设施：如顾客休息室、宠物等待区、儿童娱乐室、饮食服务部、银行分理处等附设场所可提高美容院声望，吸引顾客的光顾。

(3) 美容气氛

专业技术和顾客服务是美容店盈利的根本，店面形象、店内设计和人员素质是招徕顾客的保证。气氛的好坏直接影响顾客的消费心理，美容气氛的打造可参考以下几方面。

① 利用色彩变换营造氛围：美容院内部装饰色彩调配得当，可调动消费者和美容师的情绪，而色彩与心理也有着密切的关系。

② 利用光线变换氛围：除利用装修和颜色制造美容氛围以外，灯光的作用也不容忽视。理想的美容院店面明亮，顾客在外面一眼便能看到店里。美容院可适时变换光线以营造新的美容气氛，调动顾客美容的欲望。

③ 利用嗅觉气味营造氛围：芳香气味可起到放松的作用，还可增加顾客的新鲜感，调动顾客和员工情绪。但应恰到好处地使用香薰，多以薰衣草、玫瑰、甜橙为主。

④ 注重细节打造：细节打造也可给顾客留下深刻的印象。例如，洗手间的水龙头用感应式的、洗手间摆放知名品牌电吹风，从而增加顾客对店铺的好感度；在优雅舒缓、轻松柔和、悠扬的乐曲中介绍有关新产品的信息；店堂摆放各种促销产品来吸引顾客；墙壁四周悬挂专业图谱及各项制度；镜子前摆设精巧的装饰台，增加光彩，但镜子的摆设不宜过多；屏风和隔断之间摆设活动的装饰画框，图片不断变换，增加新颖之感，再用灯光、个性化妆品及现代感的流

行线条加以点缀；天花板上设计美观的灯箱来宣传美容知识；卫生间的门向里开，地面使用防滑垫，在镶贴瓷砖的墙壁上挂古典油画作品。

总之，只有工作场地设计完善，整体布局与各项器材、人员密切配合，才能使各部门充分发挥其特长，让顾客得到满意服务。好的美容气氛是留住顾客的重要条件，经营者要多在"点"上下功夫，少在"面"上讲排场。

三 美容企业创立的相关政策

企业类型的确定一般有两个标准，即学理标准和法定标准。学理标准是研究企业和企业法的学者们，根据企业的客观情况以及企业的法定标准对企业类型所作的理论上的解释与分类。这种分类没有法律上的约束力和强制性，但学理上的解释对企业法的制定与实施有着指导和参考作用。法定标准是根据企业法的规定所确认和划分的企业类型。法定的企业种类具有法律的约束力和强制性。但因企业的类型不同，法律对不同种类企业规定的具体内容与程序上的要求也有很大区别。

企业法定分类的基本形态主要是个人独资企业、合伙企业和有限责任公司。法律对这三种企业划分的内涵基本作了概括，即企业的资本构成、企业的责任形式和企业在法律上的地位。从我国的立法实践来看，我国基本上按所有制形式安排企业立法、划分企业类型。随着社会主义市场经济体制的逐步建立、企业改革的进一步深化，我国也把个人独资企业、合伙企业和有限责任公司作为我国企业的基本法定分类。我国已颁布《中华人民共和国公司法》《中华人民共和国合伙企业法》和《中华人民共和国个人独资企业法》。下面，我们来学习个人独资企业、合伙企业、有限责任公司这三种企业法律形态的利弊。

1. 小型美容企业的法律类型

(1) 个人独资企业

按照法律人格理论，民事主体人格分为自然人人格和法人人格。

个人独资企业本身不是独立的法律主体，不具有法人人格。其从事民事或商事活动是以独立企业主的个人人格或主体身份进行的，实质上是自然人从事商业经营的一种组织形式。

① 个人独资企业与个体工商户的比较

很多人往往将个人独资企业与个体工商户混为一谈。实际上，这两者既有相同点，也有明显区别。

A. 个人独资企业与个体工商户的相同之处

第一，两者的投资主体基本相同。两者的投资主体只能是自然人（公民），而不能是法人或其他组织。

第二，个人独资企业与个体工商户对投入的资产都实行申报制，不需要经过法定的验资机构验资。由于两者都承担无限责任，因此也不强调对作为出资的实物、工业产权、非专利技术和土地使用权的实际缴付。

第三，两者承担法律责任的形式相同，都必须以个人或家庭财产承担无限责任。如果以出资方式分，个体工商户可分为个人经营和家庭经营两种形式；个人独资企业也可以分为以个人财产出资的个人独资企业和以家庭财产出资的个人独资企业。在责任承担上，以个人财产出资

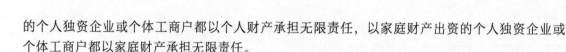

的个人独资企业或个体工商户都以个人财产承担无限责任,以家庭财产出资的个人独资企业或个体工商户都以家庭财产承担无限责任。

第四,作为一种经济组织,个人独资企业与个体工商户均要有必要的资金、场所、从业人员及生产经营条件。这也是个体工商户与个人独资企业作为市场主体进入市场的必要条件。

此外,个人独资企业与个体工商户在商标使用主体及广告宣传策略等方面也具有很多的相同点。

B. 个人独资企业与个体工商户的区别

第一,个人独资企业必须有固定的生产经营场所和合法的企业名称,而个体工商户可以不起字号名称,也可以没有固定的生产经营场所而流动经营。换句话说,合法的企业名称和固定的生产经营场所是个人独资企业的成立要件,但不是个体工商户的成立要件。

第二,个体工商户的投资者与经营者是同一人,都必须是投资设立个体工商户的自然人。个人独资企业的投资者与经营者可以是不同的人。投资人可以委托或聘用他人管理个人独资企业事务。也就是说,个人独资企业的所有权与经营权是可以分离的,这就决定了个人独资企业更符合现代企业制度的特征。而个体工商户的所有权与经营权是集于投资者一身的,已不能适应现代企业制度发展的要求,所以它只能适用于小规模的经营主体。

第三,个人独资企业可以设立分支机构,也可以委派他人作为个人独资企业分支机构负责人。这一规定说明了个人独资企业不但可以在登记管理机关辖区内设立分支机构,也可以在异地设立分支机构,由设立该分支机构的个人独资企业承担责任。而个体工商户根据规定不能设立分支机构。另外,个体工商户虽然可以异地经营,但各地近几年相继简化了外来人员的登记手续,从而使个体工商户的异地经营这一规定逐渐淡化。由此可见,个人独资企业的总体规模一般大于个体工商户。

第四,个人独资企业与个体工商户的法律地位不尽相同。在民事、行政、经济法律制度中个人独资企业是其他组织或其他经济组织的一种形式,能以企业自身的名义进行法律活动。而个体工商户是否能够作为其他组织或其他经济组织的一种形式,一直是国内民法学家的争论对象。在日常法律活动中,个体工商户的法律行为能力往往受到一定的限制,更多的时候,个体工商户是以公民个人名义进行法律活动的。事实上,国内就有许多法律专家提出个体工商户不是法律意义上的企业。另外,个人独资企业与个体工商户作为市场主体参与市场经济其他活动的能力不同,如个人独资企业可以成为公司的股东,从而以企业名义享有公司股东的权利和义务,而个体工商户一般不能以企业名义作为公司股东,只能以个人投资者(自然人)身份成为公司股东。

第五,个人独资企业与个体工商户在财务制度和税收政策上的要求也不尽相同。事实上,这也是投资者较关心的问题。根据《中华人民共和国个人独资企业法》的规定,个人独资企业必须建立财务制度,以进行会计核算。值得一提的是,个人独资企业的财务制度是个人独资企业的必备条件,不以任何部门的要求而改变。而个体工商户由于情况复杂,是否要建立会计制度争论较多,在《中华人民共和国会计法》中也只作了原则规定。按照执法情况看,个体工商户可以按照税务机关的要求建立账簿,若税务部门不作要求的,也可以不进行会计核算。另外,在税收政策方面,由于我国的税收法律制度是一个相对独立的体系,它与市场主体法律制度之间没有统一的联系。税务部门认定一般纳税人和小规模纳税人的标准并不是以企业的市场主体地位不同而划分的。一般来说,个体工商户较难被认定为一般纳税人,而个人独资企业如果符合条件则可以被认定为一般纳税人。如何把市场主体立法与税收立法有机地结合起来,是今后完善社会主义市场经济法律制度值得探讨的问题。

② 小型美容企业创立者选择个人独资企业的优势与劣势

A. 小型美容企业创立者选择个人独资企业的优势

第一，企业创立制约因素较少。开设、转让与关闭企业等，一般仅需要向工商部门登记即可，手续简单。创业者在企业管理、经营上有很大的自由度和灵活性。由于是个人独资，有关企业销售数量、利润、生产工艺、财务状况等均可保密，有助于企业在竞争中保持优势。

第二，开办个人独资企业，只需缴纳个人所得税，无需双重课税；税后利润归创业者个人所有，不需要和别人分摊。根据国务院的规定，从2000年1月1日起，个人独资企业和合伙企业不再缴纳企业所得税，只对投资者个人取得的生产经营所得征收个人所得税。凡实行查账征税办法的，其税率比照"个体工商户的生产经营所得"应税项目，适用5%到35%的五级超额累进税率计算征收个人所得税；实行核定应税所得率征收方式的，先按照应税所得率计算其应纳税所得额，再按其应纳税所得额的大小，适用5%到35%的五级超额累进税率计算征收个人所得税。投资者兴办两个或两个以上企业的（包括参与兴办），年度终了时，应汇总从所有企业取得的应纳税所得额，据此确定适用税率并计算缴纳个人所得税。其税收优惠为残疾人员投资兴办或参与投资兴办个人独资企业和合伙企业的，残疾人员取得的生产经营所得，符合各省、自治区、直辖市人民政府规定的减征个人所得税条件的，经本人申请、主管税务机关审核批准，可按各省、自治区、直辖市人民政府规定减征的范围和幅度，减征个人所得税。其申报缴纳期限，投资者应纳的个人所得税税款，按年计算，分月或者分季预缴，由投资者在每月或者每季度终了后7日内预缴，年度终了后3个月内汇算清缴，多退少补。

此外，对创业者来说，创业成功带来的收获，不仅仅是经济利益，更是自我价值的充分体现与肯定。

B. 小型美容企业创立者选择个人独资企业的劣势

第一，开办个人独资企业，主要是由创业者个人承担无限财产责任。当企业资产不足以清偿企业债务时，法律规定企业主不是以投资企业的财产为限，而是要用企业主个人的其他财产来清偿债务。也就是说，一旦经营失败，创业者有可能倾家荡产。

第二，因为一个人的资金终归有限，以个人名义借贷款难度也较大。因此，独资企业难以筹集大量资金，限制了企业的扩展和大规模经营。

第三，个人独资企业不会有别人持股，内部的基本关系是雇佣劳动关系，而劳资双方利益目标的差异构成了企业内部组织效率的潜在危险。

(2) 合伙企业

我国合伙组织形式仅限于私营企业。合伙企业一般无法人资格，其包括普通合伙企业和有限合伙企业。合伙企业可以由部分合伙人经营，其他合伙人仅出资并共负盈亏，也可以由所有合伙人共同经营。

创业者可采取货币、实物、土地使用权、知识产权或其他财务权利出资，甚至可以用劳务出资（有限合伙人除外）。从实际操作情况看，合伙制企业大多是由两三名志趣相投者组成的创业小组。

① 合伙企业的分类

A. 普通合伙企业

普通合伙企业由2个以上普通合伙人（没有上限规定）组成，合伙人对合伙企业债务承担无限连带责任。《中华人民共和国合伙企业法》第三条规定："国有独资公司、国有企业、上市公司以及公益性的事业单位、社会团体不得成为普通合伙人。"

有限责任合伙企业是一种特殊的普通合伙企业。在 2006 年 8 月 27 日第十届全国人民代表大会常务委员会第二十三次会议修订的《中华人民共和国合伙企业法》中,特别新增了"有限责任合伙",这是根据现实需要作出的法条更新。

有限责任合伙,在《中华人民共和国合伙企业法》里被称为特殊的普通合伙企业。这是 20 世纪 90 年代以后国际上出现的一种新的责任形式。它主要适用于专业服务机构,比较典型的就是注册会计师事务所、律师事务所等。

有限责任合伙解决的一个主要问题,就是在这些专业人员执业当中,如果某个或者几个合伙人,因为故意或重大过失给合伙企业造成债务时,这些责任人要承担无限连带责任,而其他没有责任的合伙人,仅以在合伙企业中的出资为限来承担责任。这样有助于这些采取合伙制的专业服务机构不断地扩大规模。这也是我国加入世界贸易组织后,为适应国际经济形势,从专业服务机构的发展需要上考虑采取的一个重要举措。

B. 有限合伙企业

有限合伙企业由 2 个以上 50 个以下的普通合伙人和有限合伙人组成,其中普通合伙人至少有 1 人。当有限合伙企业只剩下普通合伙人时,应当转为普通合伙企业,如果只剩下有限合伙人时,应当解散。普通合伙人对合伙企业债务承担无限连带责任,有限合伙人以其认缴的出资额为限对合伙企业债务承担责任。

② 有限合伙人和普通合伙人的区别

第一,普通合伙人不得同本企业进行交易,但是合伙协议另有约定或者全体合伙人另有约定的除外;有限合伙人可以同本企业进行交易,但是合伙协议另有约定的除外。

第二,普通合伙人不得自营或者同他人合营与本合伙企业相竞争的业务;有限合伙人可以,但是合伙协议另有约定的除外。

第三,普通合伙企业的合伙协议不得约定将全部利润分配给部分合伙人;有限合伙企业不得将全部利润分配给部分合伙人,但是合伙协议另有约定的除外。

第四,普通合伙人以其在合伙企业中的财产份额出质的,须经其他合伙人一致同意,未经其他合伙人一致同意,其行为无效;有限合伙人可以将其在有限合伙企业中的财产份额出质,但是合伙协议另有约定的除外。

第五,有限合伙人不执行合伙事务,不对外代表组织,只按合伙协议比例享受利润分配,以其出资额为限对合伙的债务承担清偿责任;普通合伙人需要承担无限连带责任,其对企业承担着主要的投资任务,不得以劳务或信用出资。

第六,相对于普通合伙企业,有限合伙企业允许投资者以承担有限责任的方式参加合伙成为有限合伙人,有利于刺激投资者的积极性;并且,可以使资本与智力实现有效的结合,即拥有财力的人作为有限合伙人,拥有专业知识和技能的人作为普通合伙人,这样使资源得到整合,对市场经济的发展起到积极的促进作用。

③ 开办合伙企业的优势与劣势

A. 开办合伙企业的优势

与个人独资企业相比,开办合伙企业的资金来源较广,信用度也有所提高,因而容易筹措资金,如从银行获得贷款或从供货商那里赊购产品。而且,合伙创业能够集思广益,增强创业企业的决策能力和经营管理能力,有利于提高企业的市场竞争力。

具体而言,开办合伙企业的优势有以下几点。

第一，与个人独资企业相比较，合伙企业可以从众多的合伙人处筹集资本，合伙人共同偿还债务，减少了银行贷款的风险，使企业的筹资能力有所提高。

第二，与个人独资企业相比较，合伙企业能够让更多投资者发挥优势互补的作用，如技术、知识产权、土地和资本的合作。并且，由于投资者较多，事关自己切身利益，大家共同出力谋划，集思广益，能提升企业综合竞争力。

第三，与一般公司相比较，由于合伙企业中至少有一个负无限责任，这使债权人的利益受到更大保护。从理论上来讲，这种无限责任的压力更能提升企业荣誉。

第四，与一般公司相比较，从理论上来讲，合伙企业盈利更多，因为合伙企业缴纳的是个人所得税而不是企业所得税，这也是其高风险成本的收益。

B．开办合伙企业的劣势

开办合伙企业的劣势也很明显，合伙人要承担无限连带责任，使其家庭财产具有经营风险，因此合伙关系必须以相互之间的信任为基础。如果合伙人产生意见分歧，互不信任，就会影响企业的有效经营。此外，合伙企业产权不易流动。根据我国法律规定，合伙人转让自己所拥有的财产份额时会受到一定限制，如普通合伙人产权转让必须经过全体合伙人同意。这对创业者来说，往往难以进退自如。

具体而言，开办合伙企业的劣势有以下几点。

第一，由于合伙企业的无限连带责任，对合伙人不是十分了解的人一般不敢入伙；就算以有限责任人的身份入伙，由于有限责任人不能参与事务管理，这就产生有限责任人对无限责任人的担心，怕他不全心全意地经营，而无限责任人在分红时，觉得所有经营都是自己在做，有限责任人凭一点资本投入就坐收盈利，又会感到委屈。因此，合伙企业是很难做大做强的。

第二，虽说连带责任从理论上来讲有利于保护债权人，但在现实生活中操作起来往往不然。如果一个合伙人有能力还清整个企业的债务，而其他合伙人连还清自己那份的能力都没有，按连带责任来讲，这个有能力的合伙人应该还清企业所欠所有债务。但是，他如果这样做了，再去找其他合伙人要回自己垫付的债款就麻烦了。因此，他不会这样独立承担所有债务，还有可能连自己的那一份都等大家一起承担。

2．大型美容企业的法律类型选择

大型美容企业的法律类型选择一般都以有限责任公司为主。

（1）有限责任公司

有限责任公司是指出资者以其出资额为限对公司承担有限责任，公司以其全部资产对公司债务承担全部责任的法人组织。

《中华人民共和国公司法》第二十四条规定，有限责任公司由50个以下的股东出资设立，同时在第五十七到六十三条对一人有限责任公司作出了规定，允许一个人注册成立公司，且取消了注册资金的限制。

① 有限责任公司与合伙企业的区别

注册公司与合伙企业的不同，大致有以下几点。

第一，公司为法人，有永久延续性。而合伙企业不是法人，它随合伙人灭亡而解散。

第二，公司与其成员属不同法律主体，两者权利义务不同。合伙企业与各合伙人唇齿相依，资产和义务互通。

第三，作为法人，注册公司有独立的财产，能独立承担责任；合伙企业不具有独立的财产，其财产由合伙人共同所有，普通合伙的合伙人互负无限连带责任。

第四，注册公司的行动准则是公司的章程，凡接受该章程的人，可通过持有股份而加入公司，成为公司的成员。但除董事、经理外，公司的成员并无经营权。合伙企业各合伙人之间是通过合伙合约联结起来的，没有各合伙人的同意，第三人不能加入合伙。各合伙人（除有限合伙中的有限合伙人外）都能代表合伙和其他合伙人经营业务。

第五，注册公司成员的变动一般不会影响公司的存续，但普通合伙人的灭亡、变动可能会导致合伙企业的解体。

第六，注册公司的股东并无保守商业秘密和负竞业禁止的义务，而合伙人之间则应相互忠诚不欺。

第七，注册公司的债务，只可向该公司追讨，其权利只可由公司出面执行。合伙企业的各合伙人，可因合伙的债务而被债主直接追讨。

第八，注册公司的成员或股东，不视为公司的代理人，不可使公司因其行为受束缚。合伙人可随时以合伙企业的名义与外人订约，向外借债。

第九，注册公司的商誉属该公司，公司成员不得侵占，也不能擅用。合伙企业的商誉属合伙人共有，合伙人在拆伙后，可各自用原合伙企业名称。

第十，注册公司包括一些并非以营利为目的的公司，而合伙企业则必须以营利为目的。不以营利为目的的数人之间可以形成另外一种非法人团体的联合，但不能组成合伙企业。

第十一，注册公司的组织形式由法律详细规定。合伙企业的组织形式则相对灵活，只要不违反法律，可由合伙人以协议决定。

② 开办有限责任公司的优势与劣势

A. 开办有限责任公司的优势

以出资人的出资额为限承担公司的经营风险，这能有效分散创业风险，使创业者能通过优化投资组合取得最佳的投资回报。此外，有限责任公司可以吸纳多个投资人，促进资本的有效集中。这种多元化的产权结构，有利于创业企业决策的科学化，从而促进企业稳定经营并逐步扩张。

B. 开办有限责任公司的劣势

首先，需要双重纳税，即公司盈利要上缴公司所得税，创业者作为股东还要上缴企业投资所得税或个人所得税。其次，由于不能公开发行股票，筹集资金的范围和规模一般不会很大，难以适应大规模的生产经营需要。最后，由于产权不能充分流动，创业企业的资产运作也受到一定的限制。

(2) 股份有限公司

股份有限公司是指将全部资本划分为等额股份，股东以其认购的股份为限对公司承担责任，公司以全部财产对公司债务承担责任的法人。股份有限公司的设立方式主要有发起设立和募集设立。《中华人民共和国公司法》第七十七条规定："股份有限公司的设立，可以采取发起设立或者募集设立的方式。发起设立，是指由发起人认购公司应发行的全部股份而设立公司。募集设立，是指由发起人认购公司应发行股份的一部分，其余股份向社会公开募集或者向特定对象募集而设立公司。"第七十八条规定："设立股份有限公司，应当有二人以上二百人以下为发起人，其中须有半数以上的发起人在中国境内有住所。"第八十四条规定："以募集设立方式设立股份有限公司的，发起人认购的股份不得少于公司股份总数的百分之三十五；但是，法律、行政法规另有规定的，从其规定。"

四 美容企业的创立手续及相关事务办理

申办美容院的具体流程一般如下。

① 持本人身份证、美容师上岗证或技术等级证、员工有效证件、房屋产权证或租赁合同，到当地卫生行政部门办理卫生许可证。

② 持卫生许可证、身份证等有效证件，到当地市场监督管理部门办理美容院营业执照。

③ 持营业执照正副本、有效印章和其他证件，到当地税务部门登记，领取税务发票。

其中具体包括以下环节。

① 企业名称预先登记：办理机关为市、区市场监督管理局，办理时限为即时办理。提交名称预先登记申请书、申请人身份证明或委托书、股东身份证明等材料。

② 指定银行入资。

③ 会计师事务所验资。

④ 企业设立登记：办理机关为市、区市场监督管理局，办理时限为2个工作日。提供登记申请书、公司章程、法定代表人任职文件和身份证明、名称预先核准通知书、公司住所证明等材料。

⑤ 刻制印章：审批机关为公安局特行科，审批时限为即时即批。提供营业执照、法定代表人身份证明等材料到公安局特行科审批后，刻制印章。

⑥ 办理组织机构代码证书：办理机关为市市场监督管理局，办理时限为1个工作日。提供营业执照、法定代表人身份证明、公章等材料。

⑦ 统计登记：办理机关为市、区统计局，办理时限为即时办理。领取工商营业执照起10日内，持营业执照、公章、建设项目批准文件等材料办理。

⑧ 开立银行账户。

⑨ 划转资金。

⑩ 国税登记：办理机关为区国税局，办理时限为2个工作日。填写税务登记表，提供营业执照、有关合同、章程、协议书、银行账号证明、居民身份证明等材料，办理国税登记、一般纳税人认定、发票种类核定。

⑪ 地税登记：办理机关为区地税局、税务所，办理时限为即时办理（不含初始纳税申报）。填写税务登记表，提供营业执照、有关合同、章程、协议书、银行账号证明、居民身份证明、房产完税证明或租房协议等材料，办理地税登记和发票核定。初始纳税申报在企业开始纳税前核定。

 案例讨论与分析：

> 赵女士要办理美容院登记手续，应该如何做？请分组帮她拟定一份办理流程，完成后进行宣讲介绍，各组互相点评，教师进行最终点评。

 学习总结与反馈：

> 美容企业筹建与企划主要包含美容院开业前企划、美容市场调研、美容院店铺选择、美容院形象设计及美容企业创立的相关政策。经营者从消费者角度出发，进行准确的经营定位，从而开办各种不同定位的美容院。

单元 5　美容企业运营与风险管理

学习要点

美容企业经营管理策略；美容企业风险管理的相关知识。

学习难点

美容企业经营包含哪些策略；处理顾客投诉的原则有哪些；什么是危机，其有哪些类型。

一、美容企业经营管理策略

作为第三产业链中的终端服务机构，美容企业是专业美容化妆品的终端消费途径，然而美容企业如何经营才能持续盈利呢？一般来说，缺乏服务力及销售力是影响美容企业成功经营的主要原因。

1. 美容企业经营项目选择

经营项目的选择关系着美容企业的声誉，好的项目可能会给美容企业带来一个质的飞跃，产生良好的社会效益和经济效益；差的项目可能会使美容企业滑向低谷，从此一落千丈。因此，选择经营项目时应慎重，要注意以下几个方面。

（1）项目的安全性

在选择经营项目时，一般以技术安全性和产品质量作为衡量的标准。美容行业具有一定的特殊性，很少有人愿意拿自己的"脸面"去冒风险，项目是否安全，直接影响到美容企业的生存，因此美容项目安全是首要考虑的。选择有隐患的美容项目不仅可能给顾客造成伤害，影响美容企业的声誉，还有可能使美容企业官司缠身或关门停业，甚至使经营者违法入狱。

（2）项目的实效性

效果往往是顾客最关心的问题，只有效果才最有说服力，项目的实效性是美容企业的生命。

美容企业选择的项目要有确定的效果，这种效果最好能让顾客看到或感觉到。良好的效果会带来一个庞大的客户网络，创造出好的社会效益和经济效益。

（3）广泛的客户群

客户群的广泛与否，多取决于收费标准以及经营项目所适应的消费群体。经营项目如果适合大多数顾客消费，则预示着它有广阔的发展前景；收费若因某些原因，被迫提高到当地居民难以接受的程度，则会出现"门前冷落鞍马稀"的景况。调查显示，国内美容企业，顾客群年龄大多在22～55岁，选择经营项目时，多以此年龄段为主。

（4）完善的服务体系

要把项目开展好，首先要知道这个项目到底有什么样的功效，怎样操作才规范。不同的客人该如何设计疗程等。如果这些问题都弄不清楚，又如何去引导和说服消费者认同呢？因此，选择经营项目时，要确认厂商或销售商能否提供完善的售前培训、售中答疑、售后指导等一整套服务，以帮助美容企业少走不必要的弯路，直接掌握操作精髓，发挥经营项目的最大效力。可见，完善的服务体系是非常必要的。

（5）品牌效应

选择知名产品和正规设备是美容企业的明智之举。在选择知名品牌的同时，也会带来品牌本身的良好效应。名牌产品在工艺和技术上大多都非常成熟，性能比较稳定，很少出现事故，而且厂商和销售商还会从各方面给消费者提供更加完善的服务，保护这种品牌效应，从而使美容企业和顾客成为最终受益方。同时，在品牌效应影响下还可形成一个潜在、庞大的消费网络，顾客更容易接受知名品牌的产品，甚至还会带动周围的人认同。

（6）合理的价格

对于项目的定价，店家与消费者常会有认知上的误区。例如贪图便宜型：这种类型的人很少考虑由工艺问题而产生的产品质量、效果和经济效益上的差异，不知道产品本身还有个使用价值的问题，只是一味地讲求价格低廉。崇洋媚外型：这种类型的人片面认为进口产品就是最佳的，却不知许多国产精品也可与进口产品媲美，无论功效和技术都不逊色，而价位却大大低于进口产品。这两种态度均不可取，美容企业上什么档次的设备和项目，既要看顾客的需求，也要考虑自身的经济实力。

2. 美容企业经营策略

如何面对市场上的"需求波动"是美容企业经营者最棘手的问题。美容属于无形性、不稳定性服务行业，服务产品不能被储存和运输，更不能均衡地出现在美容市场上，与实物产品有很大的区别。另外，供应曲线通常是一条直线，顾客对服务的需求却会因时间不同而有较大差异。

（1）品质经营

随着我国经济从低层次向较高层次的发展，服务质量已在社会上引起高度重视，美容消费者也因为质量意识的觉醒，把手中的钱理智地投向质量好、服务优的美容企业。

① 品质管理：服务品质的好坏直接影响到美容企业的生存，投资质量管理是避免在竞争中出局的根本保障，更是美容企业在长远发展中形成商誉的巨大财富。因此，走在美容同行业之先，抓好品质管理是每一个美容企业不容忽视的关键。

② 教育培训：松下幸之助曾说，"把产品做好之前，先把人的品质做好"。目前，我国美容行业"速成美容班"较多，缺乏系统的专业教育，从业人员缺少匠人精神，主要原因在于美容

市场发展迅速、市场需求量大、师资力量不足。针对这种现状，结合美容企业具体情况，经营者要充分利用自身优势，主动引进"外脑"——国际教育培训。切实有效的教育培训能使美容企业拥有一批素质较高的专业队伍。

其一，全体员工参与培训教育。经理和主管要带头注重品质经营，可经常外出进修学习，掌握新知识、新经验，以提高自身水平和品德修养；要尊重员工主观意向，调动员工积极性，树立敬业、爱岗、勤奋和与美容企业同甘共苦的主人翁精神；定期评选出品德技术兼优的员工，树立正气，增加凝聚力。总而言之，就是要在店内上下形成一种"重视品质，顾客至上"的氛围。

其二，专业知识培训。美容师除掌握日常基本操作技能外，还要进行相关知识培训。

一是美容医学知识。当今美容行业对从业者的医学背景要求较高，而且顾客面部状况，如色斑、暗疮等多是体内脏腑失调所致，掌握牢固的医学背景知识有助于合理、安全地为顾客服务，以便进一步得到顾客信赖。

二是心理学知识。随着社会经济的不断发展、生活节奏的加快，人们的心理压力增大。心理因素可造成内部脏腑和皮肤的异常，美容师及时的心理沟通能够减轻顾客的精神负担，沐浴在温馨愉快的美容气氛中，人体内会产生较多的脑啡肽等，有利于身心的健康。

三是美容营养学。不断学习相关的美容营养学知识以提高员工的综合素养，提高顾客黏性。

③ 顾客满意：加强品质管理，提高人员素质，目的就是要留住顾客。应该说，谁能取得顾客信任，谁才是赢家，才能生存。

由此可见，经常听取顾客的反馈意见，及时改善存在的不足，不断提高品质经营，是留住顾客和美容行业发展的基础。

④ 服务质量：有经营管理学家指出，以质量管理为中心的经营不是阿司匹林而是中药，虽然吃下去不会马上退热，但坚持吃下去，既能改善体质又能治愈病症，是一种治本的方法。如今的美容企业，已不再是靠几张笑脸、几句赞词就能托起顾客心中的一片蓝天，而是需要实实在在地提高服务质量。

坚持不懈地改善服务质量是维持品质经营的保证。在坚持教育训练和不断改善品质的状况下，一定会建立起良好的美容企业文化，迎来蓬勃发展的春天。

（2）心理经营

无论美容企业外表装潢得多么华丽，如果顾客心里不舒畅，那就不能算是真正的美观，心理美容对美容企业的经营管理有着很大的影响力。

① 满足顾客心理：顾客对一家美容企业有好的评价，多半是因为对其服务态度感到满意。一般来说，每位顾客都有其独特的个性，美容服务就应适合其个性。假若美容企业外观装潢很得体，但内部没有顾客要求的气氛，那么生意也不会兴隆。例如，管理者经常脸色不爽，且牢骚满腹，则直接影响员工心情，甚或影响其接待顾客的态度，最终影响到顾客对美容企业的印象。因此，满足顾客心理需求，提高顾客自信心是美容企业心理经营的基础。

② 年轻心态：顾客在美容时，心里总有一种愿望，想让自己显得更年轻、更漂亮。年轻不只表现在人的外表上，更表现在人的心情上。如果美容企业的员工大多年轻开朗，店内上下充满着活泼的气氛，那么这种气氛会同样感染前来美容的顾客，顾客自然而然在心里就会产生下次再来的念头。

（3）高效率经营

大多数美容企业都会存在这样的问题，即营业额增加了，但顾客却减少了。通常情况下，除了周末,顾客做美容的时间大都在下午,而上午几乎没有。这样店内员工必须在限定时间内招呼更多的顾客,以致忙得不可开交,甚至手忙脚乱,往往会给顾客留下服务不周的感觉,造成顾客美容次数减少,美容企业生意每况愈下。经营者应想办法经营高效率的美容企业,如尽可能满足员工加薪要求,提高美容师工作积极性。要吸引顾客前来消费,除采取低价格策略外,最重要的是注意服务、卫生、品质等方面,让顾客感觉来美容企业消费是一种享受。

(4) 合理调节供求

及时合理调整顾客的服务需求时间,尽量减少因供求失衡而造成的顾客不满、人员或设备的闲置。

① 实行差别定价:在需求的高峰期,价格定得高一些,在非高峰期价格定得低一些,以增加非高峰期的基本顾客,使美容企业的设施和人员得到均衡使用。

② 发展非高峰期服务刺激需求:在非高峰期加设一些特别或新的服务项目,以刺激服务需求,如赠送优惠券、小礼品等。

③ 提供高峰期辅助性服务:在高峰期为了暂时缓解供不应求的矛盾,可提供临时辅助性服务,让等候中的顾客享用,如提供大量的美容书籍等,消除或缓解顾客等候时的不满情绪。

④ 调整服务供给量:根据服务需求的变化情况,及时调整服务供给量,以达到服务供求基本平衡,提高经营效益。

其一,调整供给时间和地点,如在节假日延长营业时间。

其二,鼓励顾客参与。鼓励顾客积极配合服务人员,完成相应的工作,增加彼此的信任。

其三,雇用临时工。高峰期供给紧张时,可雇用部分临时性的兼职员工,如实习生,以增加高峰期的服务供给量。

其四,加强员工交叉训练。培养员工成为一专多能的多面手,随时补充其他部门人员的不足。

(5) 加强质量管理

美容企业的服务质量由四大要素构成:服务设施,即服务场所、服务设备等固定资产;服务材料,即形成服务产品中的物质成分,如化妆品等;外显服务,即能看得见的服务,如美容企业的环境、器具的卫生等;隐含服务,即顾客心理上的感受,如受重视的程度、社会地位的满足感等。加强服务质量管理,美容企业应该着重从以下几个方面入手。

① 将生产流水线的方法应用到服务业上,以此制定出标准的服务程序。

② 建立与顾客间的沟通渠道,服务质量的高低在一定程度上取决于顾客的主观认定。

③ 以美容仪器代替手工,在有些情形下,机器所提供的服务质量要稳定得多。

(6) 重视宣传和传播

针对服务产品的无形性特点,美容企业应适时加强宣传工作。

① 形象化宣传:把美容服务与某种有形物体联系起来进行宣传,如要求工作人员有鲜明的制服,穿着整齐,设计有代表性的吉祥物或标志等。

② 宣传服务提供者:可针对某个美容技师的技能和信誉进行宣传。

③ 宣传自身形象:重视宣传美容企业自身的形象。

④ 无形服务有形化:可为每个服务项目设计一个象征性标志,或增加消费者的偏好等。

⑤ 新媒体渠道:紧跟时代步伐,可由专人通过微信公众号、短视频、点评类 App 进行店铺的宣传与营销。

总而言之,美容企业必须从不同角度进行策略组合,形成合力,才能达到事半功倍的营销效果。

3. 美容企业战略管理策略

近年来,关于企业战略管理的研究和运用已逐渐成为热点,对于日趋规范化发展的美容企业来说,亦尤为重要。战略决策思维的引入,使美容企业的经营管理能站在长远和全局的角度去思考问题,而非习惯上的"头痛医头,脚痛医脚"的片段式思维。战略在美容企业经营管理中具有重要的地位和作用,对美容企业整体发展具有方向性指引作用。

美容企业战略是指美容企业在一定历史时期内制定的全局性经营活动的理念、目标以及总体部署和规划,包括创立、发展等各个环节的人、财、物的策划。战略在美容企业经营中的主要作用体现在:提高美容企业发展和参与市场竞争的自觉性;使美容企业决策层能保持一个明确的发展方向;能对具体的策略、计划进行指导、评估和监控。

(1) 品牌战略

品牌战略是美容企业为了提高产品和服务的竞争力而展开的形象塑造活动。品牌战略的直接目标是创立和发展名牌。开展品牌战略不仅有利于美容企业的生存和发展,而且是一种全局性的谋划方略。

① 品牌战略是营销核心:品牌战略能培养顾客的高忠诚度,获得最佳认知度、美誉度及和谐度,使美容企业长远价值最大化。可见,品牌战略是美容企业营销的核心。

② 品牌是可持续发展的根基:品牌浓缩了美容企业的文化观、价值观及发展方向,通过品牌战略的实施激发美容企业内在活力,保持创新精神。应该说,品牌战略是美容企业发展的动力源泉。

③ 品牌是取得竞争优势的有效武器:借助品牌和资本纽带,可实现美容企业规模快速扩大,并为开展特许经营奠定基础。

(2) 行销战略

美容企业要想从有限的市场中脱颖而出,要靠行销战略的运用。目前,国内业者对于行销观念仍停留在价格导向阶段,多以打折或降价的方式吸引顾客,达到提高业绩的目的。事实上,行销观念并非全指"降价"促销,其他如"商品力""销售活动""卖场设计""商品陈列"等都属于行销观念。因此,行销是整体性战略,缺一不可。

在运用行销战略时,应衡量自己的实力主动出击。当美容企业实力稍弱、资金不足或面积较小时,其有利的战略就是缩小商圈,锁定特定的顾客层及主要服务项目,集中火力加以促销;当美容企业资金充足、实力较强时,则应扩大商圈或服务,以击垮竞争店。另外,美容企业还应制定有效策略,主动迎击其他竞争店,以争取第一为目的,譬如服务第一、品质第一、技术第一。

(3) 战略管理的意义

美容企业战略经营是运用现代战略经营管理的思维和理念,从美容企业创建到发展规划(形成和制定)以及战略实施(评价和控制)的过程,使美容企业的目标得以实现。

① 激发美容师的工作动力:美容师不稳定一直是美容企业经营者头疼的问题,美容师不仅是为当前的报酬工作,更看重的是自己的归属感和职业生涯的发展远景。美容企业应通过对未来蓝图勾勒,让员工明确美容企业的发展兴旺会直接给美容师带来更多福利;只要努力提高自身技能就有可能竞争上岗;普通美容师的职业生涯发展可走专业路线,成为高级美容师或开展尖端美容技术,甚或晋升店长等高级管理岗位等,打通美容师的晋升渠道能够更好地增加员工

对企业的忠诚度。

② 稳定节奏和方向：促进美容企业发展时间和空间的统一，避免迅速扩张带来经营风险，或盲目投资和多元化造成经营隐患，最大限度控制美容企业战略上的随意性。增加美容企业的整体自觉性，认清自身的优劣、机遇和挑战，进一步明确在当前的发展阶段，哪些事情该做，哪些事情不该做。所谓"知己知彼，百战不殆"，保持高度自觉性，稳健守业，开创进取，稳定节奏和发展方向以促进可持续发展。

③ 寻找新利润增长点：通过战略规划，有利于美容企业认清内、外环境以及周围市场情况，在条件成熟的基础上，利用自身优势进行产业前后一体化发展。例如，某美容企业在发展到一定规模后，积累了大量资本和资源，经营者想拓展业务，但怕盲目投资带来风险，后来经管理咨询公司做适当的战略规划，选择了美容产品制造，最终成为产品制造—销售一体化的美容公司，并在此基础上又依托过去积累的美容企业终端市场，进一步拓展了公司的产品市场，这种前店后厂模式取得了巨大成功。

④ 整合资源：通过资源整合，促进连锁美容企业内部合作，各分店统一步伐，使资源利用最大化并提升了竞争力。例如，某知名美容企业，通过战略规划，5年时间从最初5家联营店发展到涵盖美容培训、品牌推广、化妆品销售、美容杂志等综合型美容企业，盈利模式和利润构成也由最初单靠美容企业经营收入，发展到品牌连锁加盟利润、美容培训利润、日化线和产品销售利润、门店经营利润、杂志广告利润等，最终实现了跨越式的发展战略。

4. 美容企业连锁经营管理

连锁经营是指经营同类服务产品的美容企业，在总部的管理下，按照统一经营方式进行共同的经营活动，以求得规模优势共享、规模效益的经营形式和组织形态。企业连锁经营起源于美国，从诞生至今已有100多年的历史。自20世纪末开始，这一颇具发展前景的经营方式，已被不少国家广泛应用于工业企业和各种服务行业。在连锁的几种形式中，尤以特许加盟最具魅力，至今已成为各国普遍认可和广泛采用的新商业经营模式。连锁经营是美容行业发展的必然，调查显示，国内连锁美容企业90%以上都开办成功。如果说单店美容企业在实际市场运作过程中以品质和服务取胜，那么连锁美容机构则以专业品质和规模取胜，两者可以说有天壤之别。

(1) 连锁经营美容企业的特点

① 提供完整的专业训练：包括优良的师资与科学式的教学。对每一层员工都制订详细的培训内容和计划，无论实际操作与理论都能相互运用，使员工在工作中充分展现其优质服务。

② 提供完整的管理手册：员工录用与晋升管理、行政管理、营销管理及财务管理等均电算化及表格化，建立员工对美容企业的向心力，减少人员流动性，提高人员产值，稳定客户群。良好的制度、优质的管理使员工有序可循。

③ 提供优质系列产品群：美容产品生产领域和研究领域的不断扩大和深入，美容技术的不断提高，确保了优质产品的系列化和产品提取的天然化，更大程度地满足了顾客的美容需求。

④ 提供互助的人力资源：讲师、专员、技术指导定期协助加盟店，提升其员工专业素质和整体业绩，定期对加盟店员工进行再教育训练。

⑤ 提供互惠的加盟权利：对连锁美容机构提供免加盟权利金制度、规划完整的区域保障制度和合理完善的产品回馈制度等。

⑥ 提供整体行销计划：配合海报、DM、广告等行销方式，协助各加盟店举办各种促销活

动，如开业促销、节日促销、周年庆促销、新产品促销、业绩提升促销及会员促销等。

（2）连锁经营美容企业的类型

美容企业连锁经营一般分为三种类型：正规直营连锁、特许加盟连锁、自由加盟连锁。

① 正规直营连锁：美容企业直营连锁由总部直接寻店、购店（租店），统一装潢并雇用员工经营，直属总公司管理。其特点如下。

一是统一化管理。实行统一调动资金，统一经营战略，统一管理人事、采购、计划、广告等业务，统一开发和运用整体性事业，以大规模资本同金融界、生产部门打交道。在培养人才、使用人才，新产品技术开发推广，信息和管理现代化等方面，充分发挥连锁规模优势。

二是功能集中化。美容企业依靠功能集中化提供经济优势，利用总部统一、集中大批量进货，开发稳定供货渠道并获得折扣，达到减少管理费用、降低经营成本，以较低价格出售商品的目的。

三是指导并援助员工。各个美容零售连锁店的工作人员，虽然人数少、能力不强，但在总部的直接指导和援助下，仍然可达到预期效果。

② 特许加盟连锁：特许加盟连锁美容企业由总部和经营者合作推广，总部指导各项经营技术，收取一定比例的权利金额及指导费。但要求特许加盟美容企业经营应掌握以下基本原则。

一是互惠互利原则。特许加盟经营美容企业必须以双方多获利为基础，单方有利或双方权利义务关系失衡将导致加盟体系瓦解。

二是规范化管理原则。美容企业特许加盟体系要求加盟店的经营管理模式与特许人的相同，产品和质量标准也必须统一。

三是开放市场环境原则。美容企业特许加盟经营应建立开放的市场环境，冲破行业、部门、区域及所有制的限制。

四是循序渐进原则。美容企业特许加盟经营的发展需要一个过程，任何企业刚开始都不可能达到盈亏平衡，短期内收回成本是不可能的。

③ 自由加盟连锁：自由加盟连锁美容企业与总部地位平等，双方以互惠的方式追求共同繁荣，有着极大的自由空间，自己管理门店。各连锁公司的美容企业均为独立法人，各自的资产所有权关系不变，各成员使用共同的店名，与公司订立采购、促销、宣传等方面的合同，按合同开展经营活动，各成员可自由退出。

连锁美容企业可以在高素质大品牌效应下推广业务，享受规模利润，产品的固定消费者会使新加盟店迅速稳定基础，发展壮大。连锁美容机构能从信息价格、售后服务、广告推广、产品销售形象展示及客户网络发展等方面给予支持，引来稳固客源，使加盟店的经营风险降到最低。各加盟店无需再顾虑瞬息万变的美容市场环境，成为由人才流、顾客流、资金流、物流、技术流、信息流等编织起来的庞大网络中的一分子，以获得最大回报，分享网络中的各种资源，不必再担心创业、管理、没有产品、没有顾客及稳定顾客等问题。

（3）连锁经营美容企业的策略

① 目标市场定位：市场定位是连锁美容企业设计经营战略和策略的根本，只有目标市场定位后才能确定竞争优势及市场竞争的突破口，制定经营战略，制定产品、价格、渠道、促销的营销组合策略。如何运用商品经营和营销策略，将商品和服务定位于特定消费者是连锁美容企业市场定位要解决的根本问题。目标市场定位必须建立在对客观市场机会和主观能力结合评估的基础上，否则将影响连锁店下属的所有分店。连锁美容企业的目标市场定位可分为三种类型：无差异型、差异型和集中型，这三种类型的市场定位各有优势，适合于不同特

点的连锁店。

其一，无差异型定位：不考虑细分市场的区别，而是推出一种产品来追求整个美容市场。其优越性在于成本的经济性，即能降低存货、运输、广告、调研等方面的成本。但是，当美容行业中有多家连锁美容企业，或其他相关行业也采用该定位时，就会使细分市场内竞争加剧，各连锁店的利润急剧减少。

随着营销观念的更新和市场竞争的加剧，越来越多的美容连锁企业把目标市场定位在一个或几个细分市场上。无差异方式只适用于所提供的产品或服务具有同质性的连锁美容企业。

其二，差异型定位：同时服务于几个不同类型的美容细分市场，或根据每个美容店所处区域内的消费对象确定服务内容和服务政策，比采用无差异方式创造出更大的销售额，具有市场适应和变化上的灵活性。连锁经营由于美容企业分店较多，各地美容市场状况存在差异，所以因地制宜，选择不同的目标市场，有利于发挥美容连锁经营的规模优势，各美容分店最终可形成合力攻占整个美容市场。但是，差异型定位会增加连锁美容企业的经营成本，在制定不同的、互不冲突的服务内容和服务政策上也存在较大难度。

其三，集中型定位：只选择一个细分市场，给连锁美容店提供产品专一化，营销组合是特定的，经营成本和管理难度较低，只要细分市场恰当就能获得较高的投资回报。例如，麦当劳以年轻人为主要目标市场，而肯德基以家庭成员为目标市场。但此类型要慎重选择美容细分市场，防止经营风险，原因在于连锁美容店将产品或服务只提供给一个极小的市场，犹如"将全部鸡蛋都放在一只篮子里"，一旦该目标市场的购买量发生突然变化，就面临危机。

上述三种目标市场定位各有利弊，究竟选择哪种类型的市场定位，要结合连锁美容店资源情况、产品特点和市场状况来确定。如果实力强、资源雄厚，产品同质化，顾客的消费倾向大致相同，竞争者较少，应采用无差异型；反之，应采用差异型或集中型。一般在美容企业组建和规模发展初期，应选择集中型；当进入到美容企业规模发展较快阶段时，可选择差异型定位，此时随着规模扩大、市场占有率提高和经营运作的成熟，定位有差别的服务内容与政策难度会降低，连锁企业就会有较强的实力向其他美容细分市场拓展。

② 流程简单化：经营过程中将连锁美容企业作业流程尽可能"化繁为简"，减少经验因素对经营的影响。连锁美容系统整体庞大而复杂，必须将财务、货源供求、物流、信息管理等各个子系统简明化，去掉不必要的环节和内容，制定出简明扼要的操作手册，员工按手册操作，各司其职、各尽其责，使"人人会做"及"人人能做"，从而提高效率。

③ 环节专业化：将美容连锁经营的所有工作尽可能细分专业，在美容产品方面突出差异化。既表现在总部与各美容加盟店和配送中心的专业分工上，也表现在各个环节和岗位上，使得采购、销售、送货、仓储、产品陈列、橱窗装潢、财务、促销、公共关系、经营决策等各个领域都有专人负责。

采购：聘用或培训专业采购人员，能比较熟悉供应商的情况，能选择质优价廉、服务好的供应商；了解所采购商品的特点，有很强的采购议价能力。

库存：由专业人员负责库存，能合理分配仓库面积，有效控制仓储条件，如温度、湿度等。在操作软、硬件设备时，能按照"先进先出"的原则进行收货发货，防止产品库存过久变质，减少库存时间。

收银：经过培训的收银员，操作迅速，能根据商品价格和购买数量完成结算，减少顾客等待时间。

商品陈列：由经过培训的理货员陈列产品，能利用产品特点与货架位置进行布置，及时调整产品位置，防止缺货或产品积压过久。

店铺经理：负责美容企业每天营业的正常维持，把握营业情况，监督管理各类专业人员，处理美容企业内的突发危机事件。

公关法律事务：聘用公关专家，以公众认可的方式与媒体及大众建立良好关系，树立优秀美容企业形象，通过专职律师处理合同、诉讼等法律事务，确保美容企业经营合法性。

美容连锁经营成功与否，关键在于总部核心力是不是很强，能不能产生向心力，如品牌拉力、营销拉力、管理规范力、产品资源拉力、价格政策推力、广告拉力等，而这些也正是各美容分店愿意加入的根本所在。只有总部具有品牌优势，才可能促使各美容连锁店按统一要求，自行装修店面；只有总部具有一定产品资源优势，各美容连锁店才能心甘情愿接受总部统一配货；只有总部提供强大营销支持，才能保证促销的统一性；只有一定的价格奖罚，才能保证美容连锁店不窜货或批发，而积极推荐、上报报表，严格执行价格政策。

④ 经营管理战略：连锁美容企业锁定目标市场后，就必须制定相应的经营战略，开拓目标市场。观念普及是战略实施的基础，美容连锁经营的战略观念包括顾客满意战略、商业化、规模经营、标准化和专业化。

其一，顾客满意战略。顾客满意战略从顾客的角度出发，"顾客第一"和"顾客至上"理念贯穿美容连锁经营从产品采购到销售的全过程。顾客价值不在于一次购买的金额，而在于一生中所能带来的总额，其中包括了口碑效应。顾客价值的计算方法：先用某位顾客购买总额除以交易频率，得到顾客平均购买价值；然后估计顾客10年或终生的购买次数，计算总购买量；再加上该顾客的口碑效应，即经该顾客宣传后有几个人（N）成为店内顾客；最后用顾客个人购买量乘以$N+1$，所得结果，就是该顾客的价值。留住一个顾客会产生乘数效应，而失掉一个顾客则会产生很大损失。顾客满意与利润存在线性因果关系，忠诚顾客与美容企业利润存在正向相关关系。要获取顾客满意价值，应注意以下几点。

一是走进客户内心，探求客户期望。有效探求主要依靠三个方面：焦点放在顾客身上；找出顾客和美容企业对服务定义的差异；利用重质胜于重量的研究方法，找出顾客真正的期望。但应注意的是，找出顾客对服务的期望远比找出其需求困难得多，原因在于服务很难标准化，顾客对服务的判断会因为服务者和本人参与程度而产生偏差。然而，这种探求所带来的收获却是实质性的业绩和利润。

二是重视"关键时刻"。把美容企业与顾客的认知缺陷找出来，让员工清楚地了解顾客认知与实际情况的落差，以便找出服务盲点。员工要具备良好的职业道德素质，以适应不同层次的服务需求，为顾客营造良好的服务环境。

其二，商业化及规模经营。美容连锁经营战略要以商业为主导，完全按市场规则来运作。这包括连锁美容企业内部权、责、利必须明确；遵守市场运作规律，讲求实用和效率；一切跟着市场走；追求利润，努力扩大销售，降低成本。达到美容企业规模经营的手段是多地区、多分店方式，通过不断扩张来实现一定的规模，以求降低经营成本，增强连锁美容企业自身实力，从而在竞争中处于优势。

其三，标准化及专业化。美容连锁标准化经营是美容企业适应市场需要的新形式。随着美容市场竞争的加剧，顾客需求多元化，从对产品的认可转移到对美容企业的认可，标准化经营对树立形象，赢得更多顾客尤为重要。

美容连锁经营的各个环节，要根据不同的生产经营过程分成各个业务部门，所有的活动都有详细而具体的分工，以保证连锁经营的顺利运作。

美容企业的风险管理

1. 美容企业危机管理

危机管理既是一门科学，也是一门艺术，危机管理得好，则可取得危机内涵中的机会部分，降低危机中的风险成分。企业在经营过程中，总会有一些意想不到的事情发生，风险与危机相伴而生，企业要发展，就必然要学会处理各种各样的风险与危机。有的风险与危机难以预测，有的风险与危机即使被预测到了，但没有引起足够的重视，最后酿成危机并导致企业受到严重影响的事例难免存在，而危机管理就是要解决这些问题。

所谓危机管理，就是企业通过一整套有计划、有系统的方法避免或减少危机产生的危害，或将危机转化成机会的一种系统的、动态的过程，包括事前、事中和事后管理。危机管理的目的在于减少甚至消除危机带来的危害，保持或恢复企业的正常运转。

当今社会，市场竞争日益激烈，信息流通更为迅捷，企业在一些事件上处理稍有不慎，就会导致重大损失或满盘皆输。美容企业作为一个比较特殊的服务性行业，市场需求巨大，但没有一个大家共同遵守的行业规范，导致美容市场出现问题，危机事件频发。美容企业只有尽快出台一套应对危机的管理办法，才能在危机来临时临危不乱，圆满化解危机。

（1）危机应对

① 危机的概念。危机是指企业在运营过程中所出现的对企业产生负面影响的具有不确定性的大事件，这种事件及其后果可能对组织及其员工、产品、服务、资产和声誉造成巨大的损害。危机事件对企业的影响取决于多种因素，如危机事件本身的性质和严重程度、危机处理和危机公关的能力、自身的规模和知名度大小等。危机的爆发看似偶然，实则必然。危机的形成有一个或长或短的过程，并且以某一事件为导火索，引发一定的危害。美容企业只有事先防范，才能尽可能减少损失，甚至化危机为机遇。具备危机意识是应对危机的前提，但不是全部，美容企业必须具备危机管理的相关知识，防患于未然。

② 危机的类型

一是决策危机。它是美容企业管理者因战略和策略上的失误及管理不善而造成的危机。

二是信誉危机。它是企业的信誉下降，失去公众的信任和支持而造成的危机。

三是形象危机。它是企业错误的经营理念和措施、企业员工不当的言行造成的危机。

四是媒介危机。它是媒介对企业的错误或恶意报道引发的危机。

五是财务危机。它是企业发生严重的资金链条断裂，无法偿还债务而造成的危机。

六是突发性危机。它是人们无法预测和人力不可抗拒的强制力量造成的巨大损失的危机。

> **拓展知识：企业处理危机时应对媒体的方法**
>
> ① 快速反应：危机发生后，企业要迅速成立新闻中心，利用媒介把危机的真相公之于众，任何延误都可能给企业造成无法弥补的信誉和业务上的重大损失。
>
> ② 掌握对外报道的主动权：要积极为媒体提供全面、真实、准确的与危机有关的信息整理、记录、分类、归档等相应信息，减少谣言传播的机会。
>
> ③ 统一对外宣传的口径：企业要保证所有的信息协调一致，危机小组成员及专家、管理

人员、雇员等都应用一个声音说话，避免出现互相矛盾的说辞。

④ 确保危机期间电话通畅：组织训练有素的人员来应付媒体及其他外部公众打来的电话，保持信息畅通，防止不必要的负面消息扩散。

⑤ 随时通过各种方式与媒体及公众保持沟通：通过召开新闻发布会以及使用网络、电话、电视等形式不断更新信息内容，保持信息具体、准确。

③ 危机应对的原则。掌握危机应对的原则能够促使我们更顺利地化解危机。危机应对得当，则成为提高企业知名度的契机，增强企业销售的商机；危机应对不当，小事可以变大事，使企业陷于绝境。这正是"平庸的企业在危机中消亡，优秀的企业在危机中生存，而伟大的企业在危机中发展"的道理。美容企业在经营中要占得商机求发展，就必须针对危机有一套应对的措施，对各种不同的危机采取不同的应对方法，即掌握正确的危机应对原则。

一是快速反应原则。这是危机应对的首要条件。危机的危害性大，影响范围广，而且大多是突然发生，需要快速反应，立即作出正确判断，采取有效措施，只有这样，才能及时遏制危机的蔓延，使危机的损失降至最低。

二是他人至上原则。这是危机应对的基本原则。当危机爆发时，美容企业应从全局角度出发，把顾客利益放在首位，宁愿自身受到损失，也不拿顾客的利益当儿戏，只有这样，才能赢得顾客的理解，促成事件尽早解决。

三是坦诚沟通原则。这是危机应对的基本态度。当危机发生时，要及时与公众沟通，讲明事件的真相，取得公众的理解和配合，如果遮遮掩掩，故意隐瞒事件真相，或谎报虚报，则只会招致公众的反感和愤怒，不利于事件的处理和解决。

四是准确高效原则。这是危机应对的前提条件。危机的产生是多种综合因素促成的，危机的传递性还会增强灾害链的放大效应，管理者应准确判断危机的来源，采取切实可行的控制危机办法，防止因小失大，增加市场竞争力。

五是善始善终原则。这是预防危机再次发生的重要保障。危机造成的损害会在危机过后仍然存在，经营者必须善始善终，做好对危机管理工作的分析、总结，提出改进措施，避免或减少损失。

危机应对要遵循的原则很多，管理者应根据美容企业不同发展阶段的实际情况、工作特点等，灵活运用危机应对原则，妥善及时处理好危机。

(2) 危机预案的制订

危机预案是为了应对危机的发生而事先制订的处置方案，是在危机还没有发生的时候，就事先考虑如何减少危机发生的可能性，如何杜绝和避免危机的发生，以及危机发生初期，如何有效进行人、财、物等的安排。根据危机发生前的征兆或某些可预见的事件而进行有效预警和防范，消除危机可能爆发的隐患和潜在因素，这对美容企业来说是既简便又经济的方法。

美容企业存在危机是必然的，因为市场、顾客、竞争对手和产品等因素充满变数，随时会在某一天因某一事件或某一产品而引发危机，即使是大家见怪不怪、熟视无睹的现象也会在某一天突然成为引发危机的导火索。因此，美容企业在危机没有发生之前，就必须保持高度警惕，提前制订危机预案，超前应对，争取主动，尽可能将危机消灭在潜伏期或萌芽期。

① 建立危机预防的信息监测系统。危机发生时会有某种程度的征兆，即使是一些看似偶然的突发事件，在某种程度上也有可预见性，或至少会预见到将来有可能发生的某些事件。美容企业要内设危机处理机构，有员工能在第一时间收集信息，确保内部信息通过适当的程序和渠

道畅通无阻地传递到合适的管理层和人员,并得到有效回应,减少危机隐患。

美容企业危机发生的前兆主要表现在:管理人员猜疑部下,员工情绪低落,人心涣散;市场发生巨变或出现强有力的竞争对手、市场价格下降等;出现大量对美容企业不利的舆论或负面宣传;受到政府主管或监管部门、新闻界或特定人员的特别关注;美容企业的各项财务指标连续下降,如过度负债等;遇到的各种麻烦越来越多,运转效率不断下降。一旦出现类似情况,危机预防的信息监测系统则会迅速传达到指令层,保证危机处理决策的时效性和有效性。

② 制订危机管理计划。制订危机管理计划,能够使美容企业拥有较强信心,做到心中有数。但由于危机发作缘起和时间的不确定性、获得资料和危机信息的不确定性、危害程度和决策后果的不确定性,美容企业在制订危机管理计划时,必须吸取各方面人员的意见和建议,并反复推敲和讨论信息发布范围、主要沟通渠道、危机报告流程、危机管理预算、善后工作开展、外界形象维护、各项资源配置等。对危机管理的目标应有先后次序、轻重缓急,同时计划无论是内容还是拟定的形式都要预留出弹性,要随着时局和危机的动态而有所改变。

③ 成立危机管理应急小组。危机管理小组要全面分析可能面临的各种危机,分析危机事件可能影响的范围;要寻找引发危机的蛛丝马迹,掌握第一手资料,确认预想的危机是否是真正的危机,不能跟着感觉走,浪费宝贵的危机应急时间;危机一旦发生,还应根据不同情况确定工作的先后次序,深入现场了解顾客的情绪和舆论的态度,及时向相关人员通报信息和处理的进展情况,使问题的处理透明化,避免不必要的猜测和误传;要以最快的速度和积极、诚恳、负责任的态度,结合危机的大小、潜在的危害程度等采取灵活多样的措施,最终解决危机。危机处理小组还应负责危机处理情况的全面检查、评估工作,做好善后处理,并从危机中获得经验教训,加强危机防范。

④ 建立有效的信息传播系统。媒介对危机事件反应敏感,传播速度快,涉及范围广,影响力大。在传媒业高度发达的当今社会,公众倾向于同情受害者,媒体也会对施难者加以指责,某种情况下甚至会造成媒体左右事态发展的趋势。因此,美容企业在危机处理过程中,为求得社会公众的了解、理解和支持,有必要在第一时间成立自己的新闻中心,建立有效的信息传播系统,与媒体处理好关系,获得媒体的信任和同情。尽可能利用媒介把危机发生的时间、地点、性质和采取的措施等尽快公之于众,消除危机传播过程中出现的谣言和顾虑,加强与公众的沟通,确保危机处理工作的顺利进行。

⑤ 对员工进行危机意识的教育和培训。危机管理的前提是从根本上减少危机发生的可能性,美容企业首先要对员工的服务技能进行培训,保证服务质量;要培养员工的合作精神,减少内部矛盾,从而减少危机的发生。但美容企业的任何行为都是通过人的行为来实现的,出现问题在所难免。所以,对员工进行危机意识的教育和培训,让所有人都明白美容企业危机管理的重要性和必要性,提高员工对危机事件发生的警惕性,时刻警觉身边存在的危机,具备较强的心理承受能力和应变能力也是必备条件。美容企业应该根据危机管理计划进行定期模拟训练,包括心理训练、危机处理知识培训和危机处理基本功的演练等。

各种类型的危机事件在规模、性质、表现形式及涉及的公众等方面各不相同,当危机真正发生时,单靠危机预案远远不够,美容企业还应高度重视危机的事中和事后管理,确保危机处理恰当、及时,使损失降至最低,甚或反败为胜,化危机为商机。

(3) 危机的事中管理

危机的事中管理就是美容企业对已经发生的危机所进行的应对和处理。它直接关系到美容企业的信誉、品牌,影响着企业的持续发展和经营。危机的事中管理关键是要选择合适的反应对策,尤其是在信息不明朗或时间紧迫及确定某些物资和人员处于危机之中时,美容企业经营管理者要迅速作出应急反应,制定处理危机的对策。

危机处理对策是指危机发生后对企业员工、相关责任人、新闻媒体和社会公众等不同人群所作出的相应对策,尽可能地化解危机,求得美容企业再发展。

① 对企业员工的对策:稳定员工队伍,安抚员工情绪,防止事态扩大;做好沟通与反馈,防止员工内部无端猜忌引发混乱;如遇员工伤亡事件,要主动做好抢救、治疗、抚恤及善后工作,多为当事人考虑,避免与受害者或家属发生冲突。

② 对相关责任人的对策:对于引发危机的事件当事人,要区别情况严肃处理,决不姑息迁就,但也不宜一棍子打死,要做好与相关责任人的沟通,恰当处理危机,树立美容企业的威信,赢得民众的支持与理解。

③ 对受害者的对策:高度重视受害者的利益诉求,做好安抚慰问和损失的赔偿工作,对于不合格产品引发的恶性事故,要立即召回,避免类似事件再次发生。

④ 对新闻媒体的对策:要主动与媒体联系,及时通报危机事件的调查情况和处理方面的信息,对于媒体的不实报道要尽快提出更正要求,指出不实之处,并提供真实材料表明立场,但要注意方式方法,避免与媒体产生对立情绪。

⑤ 对社会公众的对策:要根据具体情况,确定安慰公众心理的方式和方法,及时向公众、政府部门等通报危机事件的详情和处理结果,并制订相应方案,全面消除影响。

⑥ 要化危机为商机:企业在处理危机中应巧妙利用媒体和大众的关注,拿出足够的诚心,争取社会的同情,同时不失时机地展示企业的长处,借机宣传企业与产品的优势与特点,反败为胜,化危机为商机。

(4) 危机的事后管理

危机的事后管理就是美容企业在危机解除后,为保证企业不重蹈覆辙,顺利发展而采取的应对策略。

① 总结经验教训:危机事后管理的第一件事情就是要总结经验教训。"亡羊补牢,犹未晚矣",在危机发生后,美容企业要反思检查应对危机所作出的决策与所采取的行动,从事件中发现危机管理的漏洞,完善管理程序与制度;要对危机发生的原因进行调查,查明问题的真相,采取必要的步骤,防止危机再次发生;要针对危机发生的状况及时修订危机预案和对危机工作进行评定,强化信息管理系统和预警机制。

② 内部责任认定:为惩前毖后,加强管理,杜绝类似事件再次发生,美容企业应当对违反制度规定或应对危机不力的相关人员进行批评教育或适当处罚,对防止危机扩大的有功员工予以表彰,奖罚分明。

③ 重树对外形象:危机对美容企业的信誉和品牌或多或少会产生一些负面影响,降低社会公众和顾客对企业的信任,伤害员工对企业的感情和信心,危机之后声誉的重建尤为重要。因此,重建美容企业在社会公众中的形象,恢复公众对企业的信任,恢复员工信心和赢得顾客信任,是当务之急。美容企业应从硬件和软件两方面加强建设,提升士气,通过重新展开一次宣传攻势的办法昭告社会,使美容企业得到持续发展。

2. 顾客投诉管理

在当今的服务经济时代,顾客对服务越来越挑剔,顾客从最初接触美容到最终达成服务,其中的任何阶段都有可能产生投诉,顾客对美容企业的投诉无论合理与否,美容企业都应积极应对。

对于顾客投诉也要持有正确的态度，不能单纯地回避顾客的投诉。实际上，一定问题的发生能促使美容企业更好地反思自己，从而成为美容企业提高服务质量的催化剂，成为增进与顾客关系的重要媒介，进一步促进美容企业信誉度的传播。

(1) 顾客投诉原因

顾客到美容企业，是"花钱买服务""花钱买享受"的，如果花钱买不到她所满意的服务，她就会立即转向竞争对手或放弃这种消费活动，甚至会提起投诉。

顾客提起投诉的原因很多，但概括起来主要有以下几个方面：美容企业没有兑现承诺；美容企业没有按顾客要求提供服务；美容师素质不高或不专业，没能及时准确处理好顾客的问题；美容师没有礼貌为顾客提供服务；美容企业怠慢顾客或看不起顾客。

顾客投诉如果不能正确解决，受损失最严重的就是美容企业。美容企业没有了顾客，再大的企业也会面临困境。美容企业应清醒地认识到：顾客越多，利润越多，是顾客主宰着美容企业的生命。国外有一家美容企业，曾提出"我们理应满足一切顾客的一切要求"，即顾客不管提出什么样的要求，都是对的，美容企业都应努力去满足，满足不了的"理应"向顾客表示歉意，取得顾客的理解，达到双赢的目的。

(2) 处理顾客投诉的原则

与顾客发生摩擦后，美容企业首先要从自身方面寻找原因，要相信顾客是上帝，不是我们"教育"和"改造"的对象，与顾客争输赢最终的失败者永远是美容企业。但面对顾客的责难或投诉，美容企业也不应一味迁就，而是要遵循顾客投诉处理的原则，提供更优质的服务赢得顾客的口碑，达到双赢。

① 真诚接待投诉顾客：事实上有许多顾客对美容企业产生不满，不是选择投诉，而是不再到曾引起不满的地方去接受服务，他们会把自己的不满倾诉给亲朋好友，将会有更多的人不再选择到你的美容企业接受服务。能到美容企业进行投诉的顾客，如果你给予她满意的解决办法反而能够留住顾客，所以美容企业不要害怕顾客投诉或抱怨，拿出诚心来解决问题才是上策。

② 设身处地为顾客着想：人与人之间的相互理解是化解矛盾的良药，美容企业要换位思考，从顾客的角度设身处地看待和处理纠纷，要让顾客知道你理解她们为什么而生气，并且愿意为顾客提供帮助，对失去控制的顾客也不可言辞过激、相互指责，适当的委曲求全实际上是为美容企业求得更大的利益。

③ 耐心倾听顾客的抱怨：在顾客讲话过程中，即使内容出现错误也不要中途打断，进行反驳，但要不失时机地附和一下，以表示你在认真倾听。仔细倾听，一方面是对顾客的尊重，另一方面是为了更好地弄清顾客投诉的真正原因和要达到的结果，以便制订解决的办法。

④ 诚恳地致歉：在顾客服务中，应牢记"顾客总是对的"这句话，不应与顾客较真谁对谁错，有时美容企业花费大量时间想去分清是非，结果即使弄清顾客是错的，也得罪了顾客，永远失去了这个顾客，最好的办法是说声"对不起"，诚恳道歉，主动化解矛盾。

⑤ 提出解决办法：解决问题是投诉的关键，美容企业对顾客的投诉要制订双方都能接受的解决方案，尤其是让顾客满意的方案，如打折、赠送礼物、提供商品或服务，也可通过个人关系给予顾客诚挚关爱，通过私人交往提升美容企业荣誉。

总之一句话，就是美容企业对顾客保持尊重和关心。要善待每一位顾客，不能对顾客"另眼相看"；要尊重每一位顾客，让顾客有自豪感；要对顾客和蔼可亲，做感情上的富有者；要提高自己的技能，提供优质服务。

案例讨论与分析：

小型辩论赛：在美容企业顾客说的都是对的吗？
正方观点：顾客说的都是对的
反方观点：顾客说的不都是对的
班级同学讨论，正方与反方进行辩论。

 学习总结与反馈：

　　本单元主要围绕美容企业经营管理策略与美容企业的风险管理两大部分内容进行讲述。美容企业经营管理策略主要包含美容企业经营项目选择、美容企业经营策略、美容企业战略管理策略、美容企业连锁经营管理四方面内容。美容企业风险管理包含危机管理和顾客投诉管理。良好的企业管理可以提高美容企业发展和参与市场竞争的自觉性；使美容企业决策层能保持一个明确的发展方向；能对具体的策略、计划进行指导、评估和监控。

模块三 美容企业市场营销

学习时间：12课时

 学习目标

1. 掌握美容企业市场营销的内容。
2. 熟悉美容企业市场营销的意义。
3. 了解美容企业市场营销的流程。
4. 掌握美容企业市场营销的常用策略。

电子课件

 课程思政目标

在了解美容企业市场营销的概念、内涵和内容的基础上，引导学生深刻认识到只有深入学习专业知识，不断实践训练，才能做到理论与实践结合；通过对美容企业市场营销策略、美容市场营销环境的学习，引导学生充分认识到行业的高质量发展是全面建成小康社会的重要环节，也要引导学生充分认识到，国际环境变化对我国美容业服务营销产生了巨大冲击，树立文化自信，弘扬传统文化对我国美业品牌与发展的重要价值；通过对美容企业营销策划方案的制订，强调专业度和科学性；通过学习美容心理与美容需求，进行美育教育，引导学生对美的认知、对美的追求。

 学习方式

由教师引导学生学习美容企业市场营销的主要内容，通过案例分析、分组讨论等明确相关概念，知晓美容企业市场营销的重要意义；通过指导学生分组完成企业市场营销策划书的过程，引导学生了解美容企业市场营销的流程，并分组介绍、讨论常用策略的案例。在教师的指导下，学生通过自主学习和面授教学，掌握美容企业市场营销的主要学习内容和实战技巧。

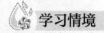 **学习情境**

多媒体教室或专业实训室,有网络环境。

学习准备

课程设置学习小组,每组4~6人,便于集中授课和分组讨论。

单元 6 美容企业市场营销策略

学习要点 市场营销与营销策划的概念与内涵；美容企业的市场营销环境；美容企业的市场定位；美容企业的服务力与销售力。

学习难点 学习者对市场营销环境的把握；美容企业的市场定位问题。

一、市场营销的概念与内涵

市场营销是通过创造和交换产品及价值，从而使个人或群体满足欲望和需要的社会过程和管理过程。

市场营销环境是存在于企业营销系统外部的不可控制或难以控制的因素和力量，这些因素和力量是影响企业营销活动及其目标实现的外部条件。"现代营销学之父"菲利普·科特勒采用了将环境划分为微观环境和宏观环境的办法。微观环境包括市场营销渠道、企业、顾客、竞争者以及社会公众。宏观环境包括人口、经济、政治、法律、科学技术、社会文化及自然生态等因素。概括来说，市场营销观念的四个支柱分别是目标市场、整体营销、顾客满意和盈利率。

（1）以企业为中心的观念

以企业为中心的观念就是以企业利益为根本取向和最高目标来处理营销问题的观念。它包括：①生产观念，这是一种最古老的营销管理观念；②产品观念，企业管理的中心是致力于生产优质产品，并不断精益求精；③推销观念。

（2）以消费者为中心的观念

以消费者为中心的观念又称市场营销观念，企业的一切计划与策略应以消费者为中心，正确确定目标市场的需要与欲望，比竞争者更有效地满足顾客需求。它是企业在现代市场条件下成功经营的关键。

(3) 以社会长远利益为中心的观念

随着自然环境被破坏、资源短缺、人口增多、通货膨胀和忽视社会服务等问题日益严重，要求企业顾及消费者整体与长远利益的呼声越来越高，而且要考虑消费者和整个社会的长远利益，这类观念可统称为社会营销观念。它强调要把实现消费者满意以及消费者和社会公众的长期福利作为企业的根本目的与责任。

市场营销理论渗透到市场经济各个角落，从经营的一种手段上升到一种理念、一种经营哲学、一种文化。

市场营销是连接社会需求与企业反应的中间环节，是企业用来把消费者需求和市场机会变成有利可图的公司机会的一种行之有效的方法，也是战胜竞争对手的重要方法。企业通过市场调查、发现和创造需求、引导商品生产、销售商品、售后服务等一系列过程，以求得企业生存与发展，实现顾客价值和企业效益。

市场营销有利于社会资源的有效配置，使资源利用效益得到提高；客观增强了市场主体即企业间的竞争强度，促进企业优化发展，优胜劣汰，使市场整体结构得到改善。

市场营销不仅能创造个人的巨大财富，而且能成就一个人的一生，如世界汽车销售冠军乔·吉拉德、日本"推销之神"原一平等都是杰出的代表。市场营销在培养人的创新能力、良好心态、业务素质、个人品德修养和技能水平等方面都起到了很好的作用。

二、市场营销策划的概念与内涵

市场营销策划简称营销策划，是指企业对将要发生的营销行为进行超前规划和设计，以提供一套系统的有关企业营销的未来方案，这套方案是围绕企业实现某一营销目标或解决营销活动的具体行动措施。

1. 市场营销策划

一般来说，营销策划与战争一样，分为战略策划与战术策划。长期的、广泛的、综合的、连续的，称为战略；短期的、局部的、个别的、具体的，称为战术。营销战术策划的主要内容就是20世纪60年代杰罗姆·麦卡锡（Jerome McCarthy）提出的著名的4P，即四大市场营销组合，包括产品（Product）、价格（Price）、渠道（Place）、促销（Promotion）。战术性市场营销手段有两个重点：一是对于各种市场营销手段能够根据市场定位战略的要求形成浑然一体的市场营销组合；二是依据市场营销组合的要求，对各种市场营销手段进行分别策划，使它们能够适应目标市场及其需求的特点。

2. 营销策划的策略

① 无差异性营销策略：这是一种针对市场共性的、求同存异的营销战略，以整个市场中的共性部分为目标，只求满足最大多数顾客的共同性需要。其优点为：获取规模经济效益，品种少批量大，可节省费用，降低成本，提高利润率。其缺点为：第一，不能满足不同消费者的需求和爱好。用一种产品、一种市场营销策略去吸引和满足所有顾客几乎是不可能的，即使一时被承认，也不会被长期接受。第二，容易受到竞争对手的冲击。当企业采取无差异性营销策略时，竞争对手会从这一整体市场的细微差别入手，参与竞争，争夺市场份额。

② 差异性营销策略：在容易细分的基础上，选择多个子市场作为目标，针对每个目标市场，分别设计不同的产品和方案。差异性营销策略是目前普遍采用的策略，这是科技发展和消费需求多样化的结果，也是企业之间竞争的结果。不少企业实行多品种、多规格、多款式、多价格、多种分销渠道、多种广告形式等营销组合，满足不同细分市场的需求。

③ 集中营销：就是选择一个或几个子市场作为目标，制订一套营销方案，集中力量争取在这些子市场上占有大量份额。

三 美容企业的市场营销环境

1. 市场营销环境分类

根据营销环境对市场营销活动产生影响的方式和程度，市场营销环境可分为宏观环境和微观环境。企业可借助科学的营销手段认识和预测环境变化趋势，并通过营销组合策略来满足需求、创造需求、引导需求。

市场营销宏观环境也称间接环境，是指对企业营销活动造成市场机会和环境威胁的主要社会力量。分析宏观环境的目的在于更好地认识环境，通过企业营销努力适应社会环境及变化，达到企业营销目标。宏观环境包括人口环境、经济环境、社会文化环境、政治法律环境、科学技术环境和自然环境六个重要因素。市场营销宏观环境因素间接影响企业的市场营销活动。

市场营销微观环境也称直接环境，是指那些对市场营销起直接影响与制约作用的环境因素。市场营销直接环境对企业的影响虽然不像间接环境那样全面和广泛，但它的影响却更迅速、更直接。

"供应商—企业—营销中介—顾客"是企业核心营销环境系统，同时企业营销是否成功，还要受到政府、大众传媒、竞争者等环境的影响，它们共同构成企业营销微观环境的全部内容。

2. 美容市场营销环境评价

企业甄别出对企业产生影响的各种环境因素后需要对这些因素的影响程度与方式进行评价。

态势分析法又称为 SWOT 分析法，SWOT 代表了环境分析的四个方面，即优势、劣势、机会、威胁，优势和劣势是组织机构的内部因素，机会和威胁是组织机构的外部因素。

优势：包括充足的资金来源、良好的企业形象、技术力量、规模经济、产品质量、市场份额、成本优势、广告攻势等。

劣势：包括设备老化、管理混乱、缺少关键技术、研究开发落后、资金短缺等。

机会：包括新产品、新市场、新需求、外国市场壁垒解除、竞争对手失误等。

威胁：包括产生新竞争对手、替代产品增多、市场紧缩、行业政策变化、经济衰退、突发事件等。

企业内外情况是相互联系的，把企业外部环境所提供的有利条件（机会）和不利条件（威胁），与企业内部条件所形成的优势与劣势结合起来分析，有利于企业制定出正确的经营战略。

3. 美容市场环境特点

社会全面小康，不仅是物质上的小康，同时也包含健康素质的提高。美容业隶属于我国的第三产业，是以生活为主的第二层次服务业。现代意义上的"美容"涵盖广泛，包括正确使用化妆品，适当从事健美活动，合理摄取食物营养，必要时接受医学整容或整形术。可见"美容"也属于"全面建成小康社会"的内容之一，从"全面建成小康社会"至"决胜全面建成小康社会"都为美容业带来了蓬勃发展的大好时机。

近年来，医美市场发展迅猛，其迅速崛起主要有以下原因。

① 医疗美容消费升级需求：基础护肤产品起到的功效不再能满足现代女性对美观和抗衰老的需求，从而催生出各类医美产品和技术，从最早的"割双眼皮""激光点痣"等基础手术，到现在的新型非手术类美容项目（如"水光针""瘦脸针""光子嫩肤"）和手术类整容项目（如"拉皮""隆鼻""削骨"等），这也从侧面反映出社会公众对医疗美容的接受程度不断提升。

② 媒体推动、潮流跟风影响：媒体也成了医疗美容普及的无形推手，许多明星、公众人物被报道出整容，多元的流行文化和新型视频媒体（直播、小视频等）在我国的广泛传播，对年轻一代女性有很大的影响力，刺激了她们对改变外貌的冲动。

③ 国际环境的影响：当然，我们也要注意到国际环境变化对我国美容业服务营销产生了巨大冲击。随着我国加入世界贸易组织，国外大公司的美容项目和美容产品潮涌般地推向我国市场，欧美等国美容业发展已有七八十年的历史，其机构、规模、人员素质、管理模式、销售模式已趋完善，对国内美容业发展具有一定的挑战性。

四、美容企业的市场定位

1. 美容企业的市场定位策略

市场定位也称为产品定位或竞争性定位，是指根据竞争者现有产品在细分市场上所处的地位和顾客对产品某些属性的重视程度，塑造出本企业产品与众不同的鲜明个性或形象并传递给目标顾客，使该产品在细分市场上占有强有力的竞争位置。

定位的对象不是产品，而是针对潜在顾客的思想，企业从各方面为产品创造特定的市场形象，使之与竞争对手的产品相比显示出不同的特色，以求在目标顾客心目中形成一种特殊的偏爱。迈克尔·波特在《什么是战略》中倡导，"正确的增长之道在于深化既有的战略定位，而不是拓宽定位或采取折中行为"。定位是在市场高度细分化的情况下，必须采取的生存策略，是差异化经营中获得竞争优势的必要手段。市场定位的实质是根据企业在目标市场的竞争优势，确定产品在顾客心中的适当位置并留下值得购买的印象，以便吸引更多潜在顾客。

服务定位是指服务企业根据市场竞争状况和自身资源条件，建立和发展差异性竞争优势，以使自己的服务产品在消费者的心目中形成区别并优于竞争者产品的独特形象。因此，当企业在目标市场内遇到了竞争对手时，进行定位分析是一种必然的选择。企业进行市场定位是企业制定战略与策略时的前提和依据。

经过多年的发展，美容企业已从发廊发展到现今的专业型、休闲型的场所。行业已呈现出"五性"和"五化"的发展特征，即良好的自律性、观念的更新性、强大的需求性、快速的成长性、稳步的可持续性和产业化、集团化、成熟化、市场化、国际化，拥有广阔的宏观前景。市场定位对一个美容企业来说是十分重要的，它是纲，定位准确才能"纲举目张"，有效地组合各类营销手段。

(1) 差异性定位策略

美容企业一旦选定了目标市场,就要在目标市场上为其产品确定一个适当的市场位置和特殊印象。美容企业要使产品获得稳定的销路,就应该使其与众不同、创造出特色,获得一种竞争优势。

① 产品实体差异化:包括美容产品特色、美容产品质量、美容产品式样等方面。

② 服务差异化:当实体产品不易与竞争产品相区别时,竞争制胜的关键往往取决于服务。不同行业的服务有不同的内容,也有不同的重点,因而美容企业应首先对服务事项进行排列,进而确定重点选择。在确定了服务事项后,根据美容顾客的需求、企业自身特点以及竞争对手策略,确定服务差异性定位。

③ 形象差异化:即使产品实体和服务都与竞争企业十分相似,美容顾客依然可能接受一种企业产品形象的差异化。

④ 差异性定位要点:从美容顾客价值提升角度来定位;从同类美容企业特点的差异性来定位;差异化应该是顾客能够感受到的,是有能力购买的,否则,任何差异性都是没有意义的;差异性不能太多,当某一美容产品强调特色过多,反而失去特色,也不易引起顾客认同。

(2) 重新定位策略

市场与战场一样风云变幻,因而企业市场定位也因美容市场变化而重新定位。重新定位有三种情况:因美容产品变化而重新定位;因美容市场需求变化而重新定位;因扩展美容市场而重新定位。重新定位是重要的,但是变中要求稳,否则频繁改变定位会造成人们对美容品牌形象认知的混乱,也会加大成本开支。

(3) 比附定位策略

比附定位是处于市场第二位、第三位产品使用的一种定位方法。当美容市场竞争对手已稳坐领先者交椅时,与其撞得头破血流,不如把自己产品比附于领先者,以守为攻。

(4) 细分定位策略

细分定位策略是指在市场细分化基础上,针对某一市场予以定位的策略。美容企业应首先对整个美容市场进行细分,如高档美容,中、低档美容,女士专业美容和男士美容,中医理疗美容,专业护理美容,纹绣美容,专业化妆美容等;然后根据市场调研及"美容人口分布多为15到55岁的男女"的特点进行定位顾客群。

2. 美容企业在制定项目时需考虑的事项

(1) 条件

① 设备设施。

② 房间大小及配套设施。

③ 经营范围合法合规。

④ 安全性。

⑤ 疗效性。

(2) 效益

效益是指劳动(包括物化劳动与活劳动)占用、劳动消耗与获得的劳动成果之间的比较,包括经济效益和社会效益两方面。

① 经济效益:所谓企业的经济效益,就是企业的生产总值同生产成本之间的比例关系。利润是生产总值与生产成本之间的差额。

生产总值＝生产成本（直接成本＋间接成本）＋利润

直接成本＝房租＋水电气费＋产品进货成本＋人员薪资（工资、提成、保险等）＋其他消耗

间接成本＝宣传费＋办公费＋税费＋装修折旧（房屋折旧）＋设备折旧＋其他

利润＝收入（生产总值）－生产成本（直接成本＋间接成本）

② 社会效益：社会效益是指项目实施后为社会所作的贡献，也称外部间接经济效益。

这种社会效益不仅是指一般的对社会、行业的积极性的影响，而且应当包括诚实守信的经营信条——以德取人、以信取人、以质取人、以诚取人，在消费者心目中树立良好的企业形象，以商誉招天下。

3. 可持续性

（1）经济利益方面的可持续性

项目制定时，首先要考虑是不是可以有利润，能保持多久的利润。美容院的项目更新和活动频繁，所以在制定之前，要考虑长远利益，还要给今后的其他项目留有利润空间。

（2）企业形象发展方面的可持续性

现在美容行业的企业家们，都在考虑将企业做成品牌连锁机构，而企业形象的规划和建立不是一朝一夕能够完成的，必须面临社会的检验和考核。

（3）企业技术方面的可持续性

美容院的根基是专业技术，不断地提高和发展完善技术，是每个业界人士都必须花时间去做的。我们经历过的任何短期项目都是不负责任的表现。

五、美容企业的服务力与销售力

1. 美容企业的服务力

美容企业的服务力打造主要突出两个大的结构元素。

（1）硬件

美容企业的硬件内容前面已提及，这里不再重复。

（2）软件

美容企业的软件主要包含以下几个方面的内容。

① 气氛渲染：促销时的气氛是热烈、冲动、诱人的，正常经营时的气氛是温馨、浪漫、宜人的，整体气氛要给人轻松、愉悦、亲切的感觉。

② 接待礼仪：美容企业要拥有主动、大方、热情的接待礼仪，语言专业、朴素、毫不夸张，接待程序规范、统一而又严谨。

③ 服务内容：服务项目要有特色，内容要丰富，项目卡的设计要精致精巧，服务项目要体现专业高品质的特征。

④ 专业手法：美容或美体师的手法要专业、娴熟、细致，给客人一种舒服、放松的感觉。打造服务力关键在于细节。细节之处才能显现服务的力度与力量，同时细节之处更突显的是经营的精度。打造服务力，其实就是打造一种精益求精的经营模型。

2. 美容企业的销售力

美容企业的销售力主要体现在以下几个方面。

(1) 美容企业的销售管理能力

美容企业需要一个优秀的经营者或一个优秀的院长来执行这一能力。经营者要能管。管什么呢？如每天的流水，员工的状态，顾客的变化，市场的动态和成本控制等。美容院院长要能管，如每天的早晚例会，每天的流水，员工的士气，顾客的变化，促销方案的制订和实施等。这些工作内容可以表格的形式进行科学化、标准化的统筹管理。

(2) 美容企业的销售培养能力

美容企业要建立自己的人才（技师）培养机制，形成"传、帮、带"与正规教育培训相结合的模式特色，培养美容师从不会到会、从会到精的本领。

(3) 美容师对销售政策的执行能力

它表现在美容师对销售政策的理解、支持和执行方面，美容企业可以通过销售管理制度来促成这一点。

(4) 美容师的销售能力

销售是需要技巧的。这些技巧必须通过美容师的语言说出来，通过某些特定的行为与方式体现出来。销售能力可以概括为三点：一是语言沟通能力。二是现场沟通技巧，优秀的美容师可以在短短一两句话的交流中发现顾客的需求和潜在需求，同时通过相应的沟通技巧帮助、引导顾客解决美的诉求，实施美容技术，完成交易。三是销售量的最大化，如果一个顾客具备较高的消费能力，也有较高的求美需求和审美水准时，优秀的美容师在进行项目介绍和技术服务时，就要推荐较高层次的项目与技术、产品，在主观上提供了与顾客水准匹配的项目与产品，在客观上也帮助美容师的销售能力转化为量能指标，提升了销售业绩。持续增加的销售业绩，稳定增长的流水，方可保证美容企业持续稳定地发展与赢利。

美容企业应该避免的经营策略

美容企业要"持久盈利"，其经营应讲求灵活的经营策略，以便更好地经营，稳定地盈利，绝不能抱残守缺。因此，我们总结了美容院经营者应该避免的几条经营策略。

1. 守株待兔，缺乏积极营销

绝大部分美容企业在招揽顾客、开发客源方面缺乏主动性、灵活性。传统的经营方式是大门朝南开，坐等客进来。而今的市场竞争激烈，这种坐等客进来的方式已经不行了，美容企业经营者想方设法引进客源才是正道。

2. 忽略员工价值

美容师是美容企业最宝贵的财富。由于美容师长期在基层工作，其地位不高、心理脆弱、情绪的波动性较大。大多数美容企业经营者无视美容师的这一状态，以老板自居，对美容师冷眉冷眼，缺乏人性化的关爱与系统的管理，致使美容企业内的中坚力量处于弱化状态，人才流失严重。美容师队伍的稳固是提升服务力与销售力的前提，保护美容师的最根本利益，则可保证美容院维持最佳的获利状态。

3. 成本控制不力

美容企业应严把成本控制关。美容企业是小本经营，合理的盈利范围系数（毛利率）在30%以内。千万不要以为美容企业是一个暴利的发源地，可以大把花钱。一般情况下，如果美容企业的进货成本占营业额的30%，则美容企业内其他经营成本应维持在40%以内。美容企业这40%的成本支出主要体现在店面租金、设备折旧、装修折旧、员工工资、税金、水电费、公关费用、其他损耗等方面。因此，合理规划、控制成本是成功经营的关键。

 案例讨论与分析：

> 阅读以下资料，分组讨论，你如何看待营销在企业发展中的重要性。
>
> 市场营销在国外企业中的运用：对国内外250家大型企业的调查显示，大多管理人员认为企业的首要任务是制定市场营销策略，其次才是控制生产成本和改善人力资源。在世界500强的大企业中，约2/3企业总裁（CEO）是由营销经理升任的。营销部门在企业中的地位很高，且有一定的发言权，新项目或新产品要先经过营销部门的调研和认可，才能到研发部门。就整个企业的运营过程来说，营销既是起点，也是终点，它起于市场调研，终于客户服务与满意度调查。

 学习总结与反馈：

> 通过学习市场营销的内涵，充分了解了美容企业市场定位的重要性。在学习了美容企业市场营销中的常用策略后，可以充分认识到营销在企业发展中的重要作用，尤其是在美容企业中，市场营销策划、营销环境评价和美容企业市场定位等要素都决定着企业发展的前景与未来。

单元 7 美容企业市场营销方案制订

学习要点	美容企业市场营销的新趋势；顾客的美容心理与美容需求；美容企业市场营销策划的内容。
学习难点	如何做好美容企业营销策划方案的创意。

 美容企业市场营销的新趋势

随着营销思想的发展，一系列美容市场的营销观念不断涌现，并为社会各界所接受。

1. 关系营销

（1）关系营销的核心

美容企业关系营销的核心是顾客满意。调查发现，重复购买的顾客可以为企业带来 25%～85% 的利润，固定客户数每增长 5%，企业利润增加 25%。另外，一位满意顾客可引发 8 笔潜在的生意，其中至少一笔成交，一位不满意的顾客会影响 25 个人的购买欲望。

（2）关系营销的关键

美容企业关系营销的关键是建立并发展良好的关系，注重消除企业和相关组织及个人之间的对立性关系，促进双方为共同利益和目的而互相支持、互相配合、互相合作，力求建立双边和多边的合作关系。

（3）关系营销的特征

关系营销强调双向沟通，不仅是美容企业向社会简单地传递信息，还要收集来自顾客及相关组织的反馈信息，通过双向交流促进信息的扩张和情感发展。

2. 绿色营销

（1）开发绿色产品

美容绿色产品开发必须遵循以下原则：节省原料和能源；减少非再生资源消耗；容易回收、分解；低污染或者没有污染；不对使用者身心健康造成损害；产品包装符合国家有关规定。

（2）绿色促销策略

"绿色"已成为美容企业的促销热门主题，绿色形象构成了美容企业形象和产品形象不可缺少的内容。为此，一些美容企业积极参与环保事业，采取绿色策略，打出"绿色营销牌"。

（3）绿色分销策略

减少运输过程中的包装物使用，更换运输中易对环境造成污染的包装物；做好废旧部件和包装物的回收和循环使用。值得指出的是，人们往往以为实行绿色营销会加大企业成本，对环境进行检测、治理、保护等均需要投入，因而对绿色营销抱消极的态度。其实，一方面，"绿色企业"能树立美容企业形象，扩大销售领域，增加销售量，形成一定经济规模来获得更多利润；另一方面，"绿色营销"又是一个巨大的商机，善于把握这一商机的美容企业，可以获得更多市场机会。

3. 服务营销

（1）差别性策略

服务营销中实施差别性策略，即发展差别供应、差别交付和差别形象。差别供应就是开发特色产品、开展特色服务，有别于他人；差别交付指在服务交付质量能力和培育可信赖顾客方面的差异化；差别形象指企业通过标志和品牌来建立差别形象，表达了商品的质量、形象和实力，给人以安全感。

（2）服务质量策略

在激烈的美容市场竞争中，美容企业要超过竞争对手，除服务差异外，还必须有高于对手的服务质量。影响美容企业营销服务质量的因素包括：人，即服务人员素质；设施，即现代化的设施设备；材料，即有形物质材料和信息等无形材料；时间，即服务规范经受时间的考验。

（3）服务生产率策略

美容企业要提高服务生产率，基本途径包括：提高服务人员的技能并培养其积极的工作态度；设计更有效的服务方式代替原来生产效率很低的服务方式；鼓励顾客自助；利用技术力量。

4. 整合营销

整合营销概念是把企业、顾客、环境作为一个和谐的整体来考虑，一切美容产品和服务项目，要随顾客需求变化而灵活应变，不应有固定模式。

（1）打破传统框架

企业整合营销理论打破了传统营销只作为美容企业经营管理的一项功能，强调美容企业所有活动都应该整合协调起来，共同努力为顾客服务，营销要成为各部门的工作。

（2）科学研究消费需求

建立完善的消费者资料库，把握消费需求，建立和消费者更为牢固和密切的关系。例如"4C"理论：①需求和欲望——美容消费者比过去更加挑剔，美容企业应把产品原有的优点暂时搁置一边，重点研究消费者的需求与欲望。②成本——美容企业对固有的定价策略、价格竞争应以一种新视角去重新考虑,要研究消费者为了满足需求与欲望,肯出多少成本价格。③便利——尽最大努力为美容消费者提供方便,而不仅是强调美容企业自己制定出来的繁复程序和规定。④沟通——在激烈竞争的美容市场上,唯有好的产品、好的服务、好的品牌价值存在于消费者心中,才是真正的美容企业价值。美容企业要做到这一点,沟通至关重要。

(3) 主动迎接市场挑战

改变从静态角度分析美容市场的做法,把握美容市场发展规律和方向,发现新的潜在美容市场,努力创造新市场。

5. 网络营销

与传统营销相比,网络营销有其不可取代的优势。

(1) 全新时空优势

网络营销的范围大大突破了传统营销的销售范围,产品订货会没有了地点和时间概念,取而代之的是一个网址和客户所希望的任何时间。

(2) 全方位展示产品

美容企业可以全方位、低成本地展示产品,消费者也能在最大范围内对产品性能、价格进行比较,大大节约了产品搜寻成本,从而降低了成本,提高了利润。

(3) 分销环节缩短

网络营销被称为"直接经济",生产商和消费者可以通过网络直接进行产品交易。消费者可以直接对美容产品的款式、价格、功能等提出要求,直接参与生产和流通,减少了美容市场不确定因素,生产商也更容易掌握市场需求。

(4) 低成本运作模式

网上交易减少建立有形网点的征地费、动迁费等巨大开支;进行低成本的信息制作、发布、更新和传送,实现无纸化贸易,减少商务活动中的材料消耗。

顾客的美容心理与美容需求

1. 顾客的美容心理

随着经济的不断发展和人们生活水平的日益提高,如今进美容院的人越来越多。调查显示,人们的美容动机包括延缓衰老、放松和享受、增强自信心、工作需要、追赶时髦、维系婚姻等多方面。

(1) 求美心理

"爱美之心,人皆有之",许多女性想通过美容来美化自己,使自己变得更加靓丽、健康、青春常在。

(2) 求解脱心理

生活高度紧张和快节奏使现代人的负担日益沉重,用脑过度使人的脑力与体力失去平衡,繁忙的日常事务和复杂人际关系的困扰使人们产生了高度的精神紧张。以经营度假村而闻名的吉尔伯特·特里加诺说过,"今天,人们的身体状况已得到改善,头脑却过于紧张疲劳,人们需要用另一种生活方式来加以调剂",而美容院向顾客提供的正是这"另一种生活方式"。

(3) 求平衡心理

过于简单、轻松的生活会使人觉得单调乏味，而过于复杂、紧张的生活又会使人觉得千头万绪、变化无常、难以应付。要在这两个极端之间寻找一个平衡点，以求在变化与稳定、复杂与简单、新奇与熟悉、紧张与轻松等矛盾心理中寻找一种平衡，美容便可作为这一平衡点。

(4) 恐惧心理

人的皮肤随着年龄增长会出现皱纹、斑点，失去弹性或光泽而逐渐老化。如果皮肤得不到适当的保养就会显得更加苍老，女性出于害怕皮肤过早老化而使青春流逝、容颜衰老的心理，于是便进了美容院。

(5) 虚荣心理

许多女性想以美容来增强自己的自信心，并得到他人的赞许；还有的女性以消费名牌美容产品、步入高档美容院来炫耀自己的经济实力、社会地位、消费层次和品位，以获得某些心理上的满足。

2. 顾客的美容需求

了解适应和满足美容顾客的需求是美容企业服务营销的核心任务，调查发现美容顾客的需求具有以下特点。

(1) 美容需求多样性

人们为了获得身心愉快和满足而去美容，在美容中表现出的需求是多方面的、复杂的。①天然性需要：主要表现在生理需要和安全需要两方面。生理需要主要是对延缓衰老保持身体健康和身材匀称等的需求；安全需要则是担心美容产品功效如何、是否有副作用，美容手术能否成功、是否会导致变丑甚至毁容等。②社会性需求：主要表现在交往和尊重这两方面。人们去美容总希望能得到他人热情友好的接待、真诚的对待，以及尊重她们的习惯；希望能与周围的人交往、交流感情。③精神性需求：主要表现在对美和艺术的追求、对美容文化等的探求上。

(2) 美容需求层次性

著名的心理学家马斯洛认为，人的需要可以分为几个层次，由低到高依次为：生理需求、安全需求、社交需求、尊重需求和自我实现需求。美容顾客的需求也表现出层次性，如为延缓衰老、永葆青春、解除紧张、避开压力而寻求舒适的环境，为提高声望、获得尊重，为追求美好的东西，为好奇和求知而美容等。

(3) 美容需求发展性

人的需求不会因获得满足而终止。美容顾客的需求也是不断发展的，一种需求得到了满足，另一种需求就会出现；低层次的需求得到一定程度满足时，高层次的需求就会产生。所以，美容企业经营者应不断完善美容设施设备，不断更新美容服务产品。

美容企业市场营销策划的内容

1. 产品策划

企业要靠产品去满足消费者和用户的需要、欲望来占领市场。产品是企业市场营销组合中最重要的一种手段，是企业决定其价格、分销和促销手段的基础。产品策划是指企业从产品开发、上市、销售至报废全过程的活动及其方案。产品策划也可称为商品企划。产品策划从类型上讲，包括新产品开发、旧产品的改良和新用途的拓展等三方面的内容；从现代营销观点上讲，其过程和内容应包括产品创意、可行性评价、产品开发设计、产品营销设计、产品目标等方面的策划。

2. 品牌策划

将产品打造成品牌的策划即品牌策划。

品牌策划在企业营销策划中有很重要的作用，它已成为市场营销的焦点和核心问题，也是市场营销策划的新亮点。品牌策划的作用为：①品牌有助于消费者识别产品，培养消费者的忠诚度；②合理的品牌策略在与代理商的合作中会产生很好的效应；③品牌有利于新产品的销售；④品牌有助于监督、提高企业产品质量。

品牌策划包括品牌设计的策划、品牌策略的策划、品牌形象的策划等。一个好的品牌名称和品牌标志的设计，不仅要从艺术效果，更要从营销效果去考虑。品牌的设计策划应符合下列要求：①申请注册，取得商标专用权；②构思新颖，造型美观；③简单醒目，易识易记；④寓意深刻，或暗示产品效用，或反映企业与产品的个性和特征；⑤符合消费者的风俗习惯和文化传统。

3. 价格策划

价格是市场营销组合中最重要的因素之一，是企业完成其市场营销目标的有效工具。价格策划就是企业产品在进入市场过程中如何利用价格因素来争取进入目标市场，进而渗透甚至占领目标市场，以及为达到营销目标而制定相应的价格策略的一系列活动及其方案、措施。在产品进入阶段、渗透阶段和占领阶段应采用不同的价格策略。企业能否正确地运用价格杠杆策划与实施有效的价格策略，关系到企业营销的成败及其经济效益。所以，诺贝尔经济学奖获得者、美国著名价格理论家乔治·斯蒂格勒指出，"价格已成为营销战的一把利器，可以克敌，也可能伤己"。发生在20世纪末我国的价格大战，结果是有人欢喜有人忧。这对我们的价格策划有不少有益的启示：一是定价不能盲从，不能跟着别人跑。二是定价要有明确而具体的目标。一般来说，定价策划必须服从营销目标。三是定价无定式，唯有出奇才能制胜。企业定价策划是一门科学，更是一门艺术，需要胆略、见识，需要创造性。当价格战的危机来临时，企业该做的只有深刻反思，并尽快顺应市场、领先于市场需求去经营。

4. 分销策划

产品要经过一定的方式、方法和路线才能进入消费者和用户手中，分销便是企业使其产品由生产地点向销售地点运动的过程。在这个过程中，企业要进行一系列活动策划。菲利普·科特勒教授说："营销渠道决策是公司所面临的最复杂和最有挑战性的决策之一。"企业分销策划要根据自身的实力以及所处环境来决定。产品的引入期、成长期和成熟期有不同特点，企划策略也有所差别。引入阶段的分销渠道策划，企业首先选择某一细分市场，如某一地区市场作为突破口，选择特定的经销商，在地区市场分销渠道的基础上进一步渗透到其他地区市场。成长阶段的分销渠道策划，随着市场渗透程度的加深，完全依赖中间商就无法控制其销售业务，因此建立自己的营销组织和分销网络就势在必行。这样公司产品更接近最终用户，有利于控制和管理分销渠道。

5. 促销策划

促销策划是市场营销战术策划中不可或缺的重要一环，是企业完成其营销目标的必备工具，目的是通过一定的促销手段促进产品销售。促销策划就是把人员促销、广告促销、公共关系和营业推广等形式有机结合、综合运用，最终形成一种整体促销的活动方案。

四、美容企业营销策划的一般思路

1. 了解顾客需求与购买动机

需求是很广泛的。人们在某时期的消费行为取决于该时期最迫切的需求并受其支配。一个需求满足后，又会产生新的需求。作为一个销售人员，其要能通过分析顾客的收入水平及主要的消费投向，准确判断顾客的主要需求层次，还可以通过提出概念，影响消费者产生需求。

购买动机是指推动顾客进行购买活动的念头和愿望，常见的有实用经济、追求健康、舒适方便、漂亮时髦、追求名优、喜爱、消遣等。对于美容师来说，了解顾客的需求和购买动机非常重要，也比其他销售人员相对容易得多。

2. 辨明需要

发现顾客需求的最有效方法是提出开放式问题，如"您现在是用什么类型的润肤霜？""您为什么选择这个品牌的化妆品？"聆听顾客回答并总结出顾客的需求。

3. 推销好处

一旦发现对方的需要，销售人员就可以集中精力推销产品的好处以满足顾客的需要。当你介绍产品的特点时，需要向顾客说明这些特点会带给她什么好处，并把产品的好处与顾客的需要联系起来。

4. 克服反对意见

在销售过程中，有时销售人员会遇到不同的意见即反对意见，优秀的销售员从不担心这种情况，因为这表明顾客对其行为有反应，她需要从销售人员那里得到更多的信息，或是想得到销售人员的肯定以证实她将作出的决定是正确的。

掌握处理反对意见的方法对销售人员非常重要。用"感受""发现"两个词来处理反对意见，是一种易于掌握和运用的技巧。首先仔细聆听顾客的说法并说出你或其他顾客也曾有同样的"感受"，然后表示当你或其他顾客做了某些事情后，"发现"已没有任何顾虑了。对于顾客的反对意见，销售人员要专心聆听顾客诉说并尊重她的意见，如果不太清楚顾客的具体反对意见，要多提开放式问题以获取更具体的信息。接受顾客的担心和疑虑，让她感觉你和她有共同的出发点，与她分享产品突出的好处。

5. 促成交易

成交是销售活动中理所当然的最后步骤。当你发现了顾客的想法、需要和期望，而你又提供了产品的好处满足她的需要时，就该促成交易了。

（1）顾客发出成交信号的言行

一般来说，顾客有下列言行时就是顾客发出了成交信号。

① 把你推荐的产品和其他产品比较。

② 问起某个产品的成分的效果。

③ 有没有广告宣传页。
④ 你看我应如何护理皮肤。
⑤ 产品怎样使用。
⑥ 一套产品或护理多少钱。
⑦ 能不能打折。
⑧ 这个产品能不能和某些产品一起使用。
⑨ 要求试用或问及价格高低的区别。
（2）促成交易的有效方法
促成交易的有效方法如下。
① 直接成交——要求购货。
② 选择成交——提出几种选择让顾客挑选。
③ 分解费用成交——一次购买的产品可使用很长时间，具体到每天的费用就很少，完全可以负担。
④ 最后机会成交——现在促销，以后不会再有这样的机会了。
⑤ 因小失大成交——现在不保养会导致以后问题严重难以恢复。
⑥ 理所当然式成交——假定已经成交。
⑦ 总结式成交——提醒顾客产品的好处。
⑧ 妥协式成交——推荐的整套产品改为几件或一件成交后要感谢顾客并祝贺她作出正确的购买决定。

五、常见的美容院终端促销创意方案

以下是常见的美容院终端促销创意方案。

1. 方案一：百分百有奖促销

促销对象：各终端顾客。
促销特点：
① 用百分百有奖的形式来刺激顾客的购买欲。
② 当场兑奖，能增强促销的可信度。
促销内容：顾客买若干产品可获刮刮卡一张，现场刮奖，可百分百中奖。
进货方式：
① 按每 10 套产品为一组装箱。代理商与美容院进货均需一组一组进货。
② 每组产品配送 10 张刮刮卡。此刮刮卡中包括 1 个一等奖、2 个二等奖、3 个三等奖、4 个四等奖。同时，每组产品均配送相应奖项的礼品，与产品同装箱。
③ 促销活动宣传资料也以组为单位进行配备，一同装箱。

2. 方案二：美容师积分促销

促销对象：各加盟店中的美容师。
促销特点：

① 用美容师有奖销售的形式对美容师进行激励。
② 用积分体系来加大赠品的高价值性。
促销内容：美容师每卖出促销产品均可获积分，凭积分可兑换礼品。

3. 方案三：终端联谊会促销

促销对象：各加盟院终端顾客。

促销特点：
① 用终端顾客联谊会的方式来强化终端顾客对美容院的忠诚度。
② 用会场的促销来烘托活动气氛。

促销内容：美容院进货若干元后可获得主题终端联谊会召开资格，通过促销联谊会的召开来为美容院迅速销售产品。

4. 方案四：买产品赠护理促销

促销对象：各终端顾客。

促销特点：
① 用高附加值的促销来刺激顾客的购买欲。
② 由客装产品与护理相结合，从技术方面对皮肤保养起到更好的效果。

促销内容：顾客买客装产品赠送美容院专业护理产品。

进货方式：
① 美容院每进货若干客装产品将获得赠送的一套院装产品，用于美容院对顾客购买产品中所赠出的护理产品价值。
② 以若干客装产品编为一组，要求美容院进货均需以组为单位进货，以方便进行院装配送。

5. 方案五：美容院广场促销

促销对象：各终端顾客、各加盟院。

促销特点：
① 用形象宣传的形式来对产品推广进行造势。
② 用新的思路来进行促销活动的开展。

促销内容：组织美容院在市区大型广场中统一进行产品促销活动，同时进行免费皮肤咨询以及优惠销售产品和月卡、年卡等。派发形象宣传资料，通过统一的行动迅速在当地推广品牌以及美容院的形象力，迅速销售产品。

进货方式：
① 本活动需在当地加盟美容院较多的城市中开展。
② 需按要求进货若干元后可以免费参加本次活动，本次活动费用由厂家与代理商共同负担，美容院只需按活动安排参与即可。但在活动中美容院需提供最少一名美容师在场地进行咨询以及售卡活动。

6. 方案六：专家驻店促销

促销对象：各终端顾客。

促销特点：
① 用专家坐诊咨询的权威性来烘托促销力度。

② 用新的思路来开展促销活动。

促销内容：采用讲师团的驻店咨询以讲座形式，配合当场的促销活动进行，以塑造权威的形式。

进货方式：

① 本活动中的专家讲师需为新面孔，不能为美容院及顾客均熟悉的讲师，以避免使权威性降低。

② 美容院需按要求进货若干元后可以免费参加本次活动，由代理商品牌小组统一编排各美容讲师的活动行程日程等。

7．方案七：美容院项目促销

促销对象：各终端顾客或各加盟美容院。

促销特点：

① 用项目推广的形式来提高品牌的技术含量和专业性。

② 用配套的促销活动来推动终端顾客的购买欲。

促销内容：

① 对美容院：促销期内，美容院购入促销项目套餐中的产品可获价格优惠；可得到代理商处参加美容师专家培训的机会，提高店内美容师的技能；同时为美容院组织终端联谊会，进行项目推广促销。

② 对终端顾客：促销期内，顾客购买项目套餐将获得价格优惠和超值项目赠送，在购买项目套餐的同时购买项目套餐配套的客装产品系列时可获精美礼品赠送。

进货方式：

① 参与本促销活动的美容院均需达到规定进货量方可有资格参加促销。

② 代理商负责美容院美容师培训的费用支出，在促销中的各种让利及赠品由厂家负责。

8．方案八：消费返点促销

促销对象：各终端顾客。

促销特点：

① 用返点的形式来体现活动的优惠性。

② 用下次购货返点的方法吸引顾客的重复购买。

促销内容：消费者每到美容院做一次疗程或购买一次产品，就可在其美容护肤卡上做返点的计数，可现返下次消费礼金一张。如不领取可累积，分越高则返点越多，可返现金、产品或第二年会员卡，并可参与年底抽奖活动。

进货方式：参与本促销活动的美容院均需达到规定进货量方可有资格参加促销。

9．方案九：会员促销

促销对象：各终端顾客。

促销特点：

① 用会员体系来巩固忠实顾客。

② 用会员专属的促销来体现会员的尊贵性。

促销内容：为各加盟院构建会员体系，并设立会员专购区以及配套的会员促销计划，让会员获得购物的实惠；开办各种只对会员开放的讲座及联谊会，来体现会员的尊贵性。

进货方式：可分季节进行会员促销，在促销前要求美容院进货若干元。

此促销活动的前期需协助美容院开展大规模的会员招募活动，建立全面的会员资源体系方可进行。

10．方案十：无标价服务促销

促销对象：各终端顾客。

促销特点：

① 可极大地吸引顾客体验美容服务的兴趣（比免费美容更为有效）。

② 方式新，能满足顾客的猎奇心理。

促销内容：在促销过程中，随意让客人做某个项目的沙龙护肤疗程，使用沙龙中现有的品牌、指定的美容师，而不明确这项服务的价格，让客人在做完护理之后依照其感觉和满意程度任意付款（但一定要付款）。

案例讨论与分析：

> 阅读以下资料，结合所学的消费者类型的知识，分组讨论。
>
> 1．习惯型。消费者往往忠于一种或几种品牌，对这些产品十分熟悉、信任，注意力稳定，体验深刻，形成习惯。购买时不假思索，不必经过挑选和比较，行动迅速，时间短，容易促成重复购买。
>
> 2．理智型。消费者根据自己的经验和学识判别商品，对商品进行认真的分析、比较和衡量才作出决定。在购买过程中，主观性较强，不愿意外人介入。
>
> 3．经济型。消费者在选购商品时多从经济角度考虑，对商品的价格非常敏感。
>
> 4．冲动型。消费者个性心理反应敏捷，客观刺激物容易引起心理的指向性，其心理反应与心理变化的速度也较快，这种个性因素反映到购买的实施时便呈冲动型。此类行为易受商品、外观质量和广告宣传的影响，以直观感觉为主，新产品、时尚产品对其吸引力较大。
>
> 5．疑虑型。购买行为具有内倾性的心理因素，持这种购买行为的消费者善于观察细小事物，行动谨慎、迟缓，体验深而疑心大；选购商品从不冒失仓促地作出决定；听取商品介绍和检查商品时，往往小心谨慎和疑虑重重。
>
> 6．不定型。购买行为常常发生于新购买者。他们缺乏购买经验，购买心理不稳定，往往是随意购买或奉命购买；在选购商品时大多没有主见，表现出不知所措的言行。持这类购买行为的消费者，一般都渴望能得到商品介绍的帮助，并很容易受外界的影响。

学习总结与反馈：

> 无论是哪种营销方式，都需要针对美容院顾客的心理需求，分析他们的心理与行为特征，进行针对性的美容企业营销策划。在日常服务中做好积累，学习使用美容企业营销策划的常用策略，往往会收到更好的效果。

单元 8 美容企业市场营销执行流程

学习要点　美容企业目标市场细分；美容企业市场营销的执行内容和执行步骤；美容企业互联网流量营销模式。

学习难点　营销策划方案的撰写。

美容企业目标市场细分

美容企业市场营销执行流程的第一步是对企业所面对的市场进行细分，即营销理论中经常提及的"目标市场细分"。

市场细分是指在市场调研基础上，根据消费者的不同需求，把大市场划分成若干子市场的过程。市场由购买者组成，而购买者在消费需求、购买习惯等方面各不相同，对商品的品种、数量、价格、规格、色彩以及购买时间和购买地点等都会体现出一定的差异性。这些差异性的存在，为市场细分提供了基础。市场细分可以使美容企业深入、全面地把握各类市场需求的特征，运用市场细分手段可以了解消费者的需求和满足程度，从而寻找、发现市场机会。

美容企业通过分析和比较不同细分市场中竞争者的营销策略，选择那些需求尚未满足或满足程度不够、竞争对手无力占领或不屑占领的细分市场，作为自己的目标市场，结合自身条件制定出最佳的市场营销策略，即所谓的"蓝海"战略。美容企业通过市场细分确定自己所要满足的目标市场，找到自己资源条件和客观需求的最佳结合点，有利于企业集中人力、物力、财力，有针对性地采取不同的营销策略，取得投入少、产出多的良好经济效益。一旦确定了细分市场，美容企业就能很好地把握目标市场需求，分析潜在的市场需求，发展新产品，开拓新市场。市场细分不仅给企业带来良好的经济效益，而且创造了良好的社会效益。一方面，市场细分化可以使不同消费者的不同需求得到满足，提高了生活水平；另一方面，市场细分有利于同类美容企业合理化分工，在行业内形成较为合理的专业化分工体系，使企业各得其所、各显其长。

1. 美容业市场细分标准

要正确地进行市场细分，首先必须合理地确定细分市场的标准。美容消费品市场的细分标准包括地理环境、人口状态、消费心理及行为因素等。

(1) 地理环境

按消费者所在的不同地理位置将美容市场加以划分，这一因素相对于其他因素表现得较为稳定，也较容易分析。由于不同地理环境、气候条件、社会风俗等因素影响，同一地区内消费者的美容需求具有一定相似性，不同地区的美容消费需求则具有明显差异。地理环境主要包括区域、地形、气候、城镇大小、交通条件等。

(2) 人口状态

这是美容市场细分惯用的和最主要的标准，包括性别、年龄、收入、家庭生命周期、职业、文化程度、民族等，这些因素与美容消费需求以及许多美容产品销售有着密切联系，而且又往往容易被辨认和衡量。

(3) 消费心理

在地理环境和人口状态相同的条件下，美容消费者之间存在截然不同的消费习惯和特点，这多是由消费者不同的消费心理差异所导致的。尤其是在比较富裕的社会中，顾客购物已不限于满足基本生活需要，因而消费心理对美容市场需求的影响更大。

① 生活方式：生活方式是人们对消费、工作和娱乐的特定习惯。生活方式不同，美容消费倾向及需求的产品也不一样。

② 性格：消费者按照其不同性格可以划分为习惯型、理智型、冲动型、时髦型、节俭型等不同类型，不同性格购买者在消费需求上有不同特点。例如，理智型消费者购物时头脑冷静，注重对商品的客观比较，一般不容易被广告等外来因素诱导；而冲动型消费者购物时较随意，对商品评价较为主观，很容易被商品的包装、商家的促销措施等诱导。

③ 品牌忠诚程度：消费者对企业和产品品牌的忠诚程度，也可以作为细分市场的依据。美容企业借这一市场细分可采取不同营销对策。例如，有些消费者忠诚于某特定品牌，一旦建立起这种忠诚度，企业一定要投其所好，采取会员制等方法保住老顾客，并不断加强沟通联系，促使其始终购买同一品牌；而有些消费者从来不忠于任何品牌，美容企业就要采取合适的促销手段，促使其购买。

(4) 行为因素

行为因素是细分市场的重要标准，特别是在商品经济发达阶段和广大消费者收入水平提高的条件下，这一细分标准越来越显示其重要地位。

① 购买习惯：即使在地理环境、人口状态等条件相同的情况下，由于购买习惯不同，仍可以细分出不同的美容消费群体，如购买时间习惯标准就是根据消费者产生需要购买或使用产品的时间来细分市场的。

② 寻找利益：根据消费者购买美容产品所要寻找的利益，对同一市场进行细分。运用利益细分法，首先必须了解消费者购买某种美容产品的主要利益是什么，其次要了解寻求某种利益的消费者是哪些人，然后再调查美容市场上的竞争品牌各适合哪些利益，以及哪些利益还没有

得到满足。通过分析，美容企业能更明确市场竞争格局，挖掘新的市场机会。

③ 使用数量和使用频率：相同消费群体在购买心理、接受传媒习惯等方面又有相似的特征。有些美容产品的使用者虽然占消费者总数的比例不大，但消费数量却在消费总量中占很大比重。

2. 美容业目标市场选择

目标市场是指企业在市场细分的基础上，根据市场潜量、竞争对手状况、企业自身特点所选定和进入的市场。选择和确定目标市场，明确企业具体服务对象，是美容企业制定营销策略的首要内容和基本出发点。

（1）目标市场评估

进行美容市场细分以后，并不是每一个细分市场都值得进入美容企业，必须对其进行评估。

① 细分市场潜量：细分市场潜量是指在一定时期内，在消费者愿意支付的价格水平下，经过相应的市场营销努力，产品在该细分市场可能达到的销售规模。对美容业细分市场潜量分析的评估十分重要，如果美容市场狭小，没有发掘潜力，则企业进入后没有发展前途。当然，这一潜量不仅指现实的消费需求，也包括潜在需求，从长远利益看，消费者的潜在需求对企业更具吸引力。细分市场只有存在尚未满足的需求，才需要企业提供产品，企业也才能有利可图。

② 细分市场的竞争状况：企业要进入某个细分市场，必须考虑能否通过产品开发等营销组合，在市场上站稳脚跟或居于优势地位。所以，美容企业应尽量选择那些竞争较少、竞争者实力较弱的细分市场为自己的目标市场。竞争激烈、竞争对手实力雄厚的美容市场，企业一旦进入后就要付出昂贵的代价，当然，如果企业有条件超过竞争对手，也可设法挤进这一市场。

③ 与企业优势相吻合：企业所选择的目标市场应该是企业力所能及的和能充分发挥自身优势的。美容企业的能力表现在技术水平、资金实力、经营规模、地理位置管理等方面，所谓优势是指上述各方面能力较竞争者略胜一筹。如果美容企业进入的是自身不能发挥优势的细分市场，那就无法在市场上站稳脚跟。

（2）目标市场选择模式

在对市场评估的基础上，企业需要根据实际情况对目标市场作出选择，可参考以下几种模式。

① 市场集中化：企业选择一个细分市场，集中力量为之服务。集中营销使企业深刻了解该细分市场的需求特点，采用针对的产品、价格、渠道和促销策略，从而获得强有力的市场地位和良好的声誉。但同时隐含较大的经营风险。

② 产品专业化：企业集中生产一种产品，并向所有顾客销售这种产品。例如，美容院按照顾客年龄段的不同，提供不同需求的产品或服务。一旦出现其他品牌的替代品或消费者流行的偏好转移，企业将面临巨大的威胁。

③ 市场专业化：企业专门服务于某一特定顾客群，尽力满足他们的各种需求。企业专门为这个顾客群服务，能建立良好的声誉。但一旦这个顾客群的需求潜量和特点发生突然变化，企业要承担较大风险。

④ 选择专业化：企业选择几个细分市场，每一个对企业的目标和资源利用都有一定的吸引力。但各细分市场彼此之间很少或根本没有任何联系。这种策略能分散企业经营风险，即使其中某个细分市场失去了吸引力，企业还能在其他细分市场盈利。例如，美容院根据不同年龄段

消费者的需求，提供不同的产品或服务。对于年轻群体多以日常护理为主、中老年群体多以皮肤保养和器官护理为主。

⑤ 完全市场覆盖：企业力图用各种产品满足各种顾客群体的需求，即以所有的细分市场作为目标市场。一般只有实力强大的大型企业才能采用这种策略。

(3) 目标市场选择策略

选择目标市场时应考虑企业资源、产品特点、市场特征、产品生命周期、竞争对手策略等因素。美容企业在决定目标市场的选择和经营时，可根据具体条件考虑以下四种不同策略。

① 无差异市场策略：把整个美容市场作为一个目标市场，着眼于美容消费需求的共同性，推出单一产品和单一营销手段加以满足。

② 差异性市场策略：充分肯定美容消费者需求的异质性，在市场细分的基础上，选择若干个细分子市场作为目标市场，分别设计不同的营销策略组合方案，满足不同细分子市场的需求。差异性市场策略是目前普遍采用的策略，这是科技发展和消费需求多样化的结果，也是企业之间竞争的结果。不少美容企业实行多品种、多规格、多款式、多价格、多种分销渠道、多种广告形式等营销组合，满足不同美容细分市场的需求。

③ 密集性市场策略：美容企业集中设计生产一种或一类产品，采用一种营销组合，为一个美容细分市场服务。密集性市场策略与无差异性市场策略的区别在于，后者追求整个美容市场为目标市场，前者则以整个美容市场中某个小市场为目标市场。这一策略不是在一个大市场中占有小份额，而是追求在一个小市场上占有大份额。其立足点是与其在总体上占劣势，不如在小市场上占优势。

④ 定制营销策略：若将市场细分进行到最大限度，则每一位顾客都是一个与众不同的细分市场。由于现代信息技术和现代制造业的迅猛发展，为顾客提供量体裁衣式的产品和服务成为可能。定制营销是指企业在大规模生产的基础上，将每一位顾客都视为一个单独的子市场，通过与顾客进行个体沟通，明确并把握特定顾客的需求，并以不同方式为其提供满足需求的产品和服务，以更好地实现企业利益的活动过程。定制营销也被称为一对一营销、个性化营销。定制营销的突出优点是能极大地满足消费者的个性化需求，提高企业竞争力；以需定产，有利于减少库存积压，加快企业的资金周转；有利于产品、技术上的创新，促进企业不断发展。但定制营销有可能导致营销工作的复杂化，增大经营成本和经营风险。因此，定制营销需要建立在定制利润高于定制成本的基础之上。

(4) 影响企业选择目标市场营销策略的因素

目标市场营销策略的选择需要在认真评估细分市场，明确目标市场选择模式后，根据企业资源、产品和市场实际状况等不同因素针对性地进行。其主要影响因素如下。

① 企业实力：企业实力主要是对企业所拥有的设备、技术、资金、人力等资源和营销能力的综合反映。通常来讲，若企业规模较大、技术力量和设备能力较强、资金雄厚、营销能力强，则可采用无差异性营销策略或差异性营销策略。反过来，如果没有这个实力，就适合把力量集中起来专攻一个或两个市场面。一般地讲，我国的中小企业比较适用集中性市场策略。

② 产品的同质性：产品同质性是指产品在性能、特点等方面差异性的大小以及产品特性变化的快慢。比如汽油、钢铁、原粮，长期以来没有太大变化，这类商品适宜采用无差异性营销策略。反过来说特性变化快的商品，如服装、家具、家用电器等，适合采取差异性或集中性策略。

③ 市场的同质性：即市场的差异性大小。如果市场上所有顾客在同一时期偏好相同，对营销刺激的反应也相近，则可视为"同质市场"，宜实行无差异性营销策略；反之，如果市场需

求的差异性较大，则为"异质市场"，宜采用差异性或集中性策略。

④ 产品所处的生命周期的阶段：产品的生命周期包括投入期、成长期、成熟期和衰退期四个阶段。产品所处的生命阶段不同，根据产品生命周期的各阶段特点，可以采用不同的市场营销策略。产品在试销期和成长期较适合于采用集中性市场策略或无差异性市场策略，到了成熟期，一般适合于采用差异性市场策略和集中性策略。

⑤ 竞争对手状况：一般来说，企业的目标营销策略应该与竞争对手有所区别，反其道而行之。假如竞争对手采用的是无差异性市场策略，以一种产品来供应所有的消费者，企业就应当采用差异性或集中性市场策略。当竞争对手已经采取了差异性营销策略，企业就不宜采用差异性市场策略。当然，这些只是一般原则并没有固定模式，营销者在实践中应根据竞争双方的力量对比和市场具体情况灵活选择。

 美容企业市场营销的执行内容

1. 市场调查分析

其内容包括产品的基本信息（商品的历史信息、商品定位信息、商品的详细功能信息）；普通心理调查（年龄消费心理、性别消费心理、职业消费心理、价格消费心理、品牌消费心理、文化消费心理等）；公众消费特点（消费能力、需求状况、消费方式及特点、消费习惯及周期）；市场环境信息（文化信息、竞争态势）。这样才能做到"知己知彼，百战不殆"。

2. 目标决策

这包括以下三个目标。

① 商品生命周期意义上的促销目标：对新引进的产品或技术的促销，有专业推荐、宣传彩页派送、公众广告宣传、趣味游戏活动、试用装派送、免费试做等手段；正在销售中的产品或技术，有价格优惠、抽奖酬宾、顾客联谊会、赠送贵宾卡等手段；库存产品或陈旧技术，有价格折扣、附加赠送、文化活动、联谊会等手段。

② 以特定对象为目标的促销手段：这可以提高老顾客对产品的信任与认识，在他们心里树立品牌形象。不定期举行能够刺激潜在的消费者，促销手段可以不断变化。

③ 时间意义上的促销目标：淡季以维持消费需求，在保证平稳中寻求增长为目标；旺季以培养顾客信心，刺激消费来达到业绩的高增长；节假日应该营造节日气氛，以提高人均消费。

3. 促销定位

"想解决所有顾客的所有问题的人永远不会成功"，在为产品促销定位时应该牢记这句话。定位的依据可以是时间（淡季、旺季、节假日），也可以是对象（白领女性、家庭主妇），此外，还需要考虑的是产品本质（是什么时期或什么级别的产品与技术）。

4. 促销方案

促销方案是要解决用什么方式、方法和途径来影响顾客。在策略上有以下几种选择。
① 竞争策略（微笑活动月、员工最佳形象奖）。
② 利益分享策略（买二送一等折扣方式）。

③ 活动策略（文艺表演、联欢等）。
④ 服务策略（专车接送等）。
⑤ 文化策略（公益广告、公益投资等）。

在促销工具上也需要加以准备。工具也是美容院影响顾客、引导顾客的中介物，如礼仪气球、媒体广告、路牌灯箱、广告衫、广告伞、礼品袋等都非常常见。促销方案中宣传的手段也需要确定：是依靠广告、明星、专家，还是侧重公共关系方面的宣传，都需要依据促销的目标、定位来加以选择。促销预算是促销方案中不可缺少的部分，最好是比较几套促销方案的预算开支后加以选择，以便用最小的投资获得最好的效果与最大的利润。在完成促销方案中的各个环节的策划后，为确保促销工作开展得条理分明，每一个进度都能明晰有效，应该仔细整理一份"促销策划书"。这也同样是一份档案，对日后将进行的促销活动策划会有一定的参考价值。

5. 促销执行

（1）制定一个具体明确的促销活动纲要

该纲要主要包括以下几个方面的内容。

① 企业促销活动的任务是什么？
② 企业促销活动的目标是什么？（例如，增加销售额，发展新顾客，激励顾客反复、连续地购买，培养和增强顾客的忠诚度，塑造公众的品牌意识，寻求中间商的支持等）
③ 企业促销活动要针对哪些消费群体？
④ 问题到底出现在哪个环节上？
⑤ 哪个环节的问题对促销活动影响最大？
⑥ 各个环节是否协调？
⑦ 企业为促销活动投入多少费用？

（2）确定促销活动形式

其主要内容如下。

① 选择促销活动的具体形式，如公关促销、人员推销、营业推广和广告。
② 选择奖励形式，如奖品、奖金、奖券或旅游活动等。
③ 确定促销活动的程序和后援支持。

（3）确定促销活动的具体行动计划

其具体工作包括确定有关活动的各项规定、各项设计工作、所需要的广告宣传品和奖品、各项管理与辅助支援工作、必要的应急措施等。

美容企业市场营销的执行步骤

美容企业市场营销策划是一个科学的运作过程。一般来说，美容企业市场营销执行流程包括以下 7 个步骤。

1. 了解美容企业市场营销现状

了解现状不仅包括对市场情况、消费者需求进行深入调查，还包括对市场上竞争产品的了解以及对经销商情况的了解，大致有以下几点。

① 市场形势了解：指对不同地区的销售状况、购买动态以及可能达到的市场空间进行了解。
② 产品情况了解：指对原来产品资料进行了解，找出其不足和有待加强、改进的地方。
③ 竞争形势了解：对竞争者的情况要有一个全方位的了解，包括其产品的市场占有率、采取的营销战略等方面。
④ 分销情况了解：对各地经销商的情况及变化趋势要进行适时调查，了解他们的需求。
⑤ 宏观环境了解：要对整个社会大环境有所了解和把握，从中找出对自己有利的切入点。

以上是整个营销策划的基础，只有充分掌握了企业、产品的情况，才能为后面的策划打下基础。

2．分析美容企业市场营销情况

一个好的营销策划必须对市场、竞争对手、行业动态有一个较为客观的分析，主要包括以下三方面内容。

① 机会与风险的分析：分析市场上该产品可能受到的冲击，寻找市场上的机会和"空档"。
② 优势与弱点分析：认清该企业的弱项和强项，同时尽可能充分发挥其优势，改正或弱化其不足。
③ 结果总结：通过对整个市场综合情况的全盘考虑和各种分析，为制定应当采用的营销目标、营销战略和措施等打好基础。

分析情况是一次去粗取精、去伪存真的过程，是营销策划的前奏。

3．制订美容企业市场营销目标

企业要将自己的产品或品牌打出去，必须有自己得力的措施，制订切实可行的计划和目标，这个目标包括两方面：①企业整体目标；②营销目标，即通过营销策划的实施，希望达到的销售收入、预期的利润率和产品在市场上的占有率等。

能否制订一个切合实际的目标是营销策划的关键。有的营销策划方案大有"浮夸"之风，脱离实际，制订的目标过高，其结果也必然与实际相差千里；而有的营销策划则显得过于保守，同样也会影响营销组合效力的发挥。

总之，制订一个适宜的目标不但是必要的，而且是关键的。

4．制订美容企业市场营销行动方案

营销活动的开展从时间上到协调上需要制订一个统筹兼顾的方案，要求选择合适的产品上市时间，同时要有各种促销活动的协调和照应。有的营销策划忽略对产品上市最佳时机的确定，这会直接影响到营销活动的展开。而各个促销活动在时间和空间上也要做到相互搭配、"错落有致"。

5．预测效益

要编制一个类似于损益报告的辅助预算，在预算书的收入栏中列出预计的单位销售数量以及平均净价；在支出栏中列出划分成细目的生产成本、储运成本及市场营销费用。收入与支出的差额就是预计的赢利。经企业领导审查同意之后，它就成为有关部门、有关环节安排采购、生产、人力资源及市场营销工作的依据。

6．设计控制和应急措施

在这一阶段，营销策划人员的任务是为经过效益预测感到满意的战略和行动方案构思有关

的控制和应急措施。设计控制措施的目的是便于操作时对计划的执行过程、进度进行管理。典型的做法是把目标、任务和预算按月或季度分开，使企业及有关部门能够及时了解各个时期的销售实绩，找出未完成任务的部门、环节，并限期作出解释和提出改进意见。设计应急措施的目的是事先充分考虑到可能出现的各种困难，防患于未然。可以扼要地列举出最有可能发生的某些不利情况，指出有关部门、人员应当采取的对策。

7. 撰写市场营销策划书

这是企业营销策划的最后一个步骤，就是将营销策划的最终成果整理成书面材料，即营销策划书，也叫企划案。其主体部分包括现状或背景介绍、分析、目标、战略、战术或行动方案、效益预测、控制和应急措施，各部分的内容可因具体要求不同而详细程度不一。

策划书没有一成不变的格式，它依据产品或营销活动的不同要求，在策划的内容与编制格式上也有变化。但是，从营销策划活动一般规律来看，其中有些要素是共同的。

营销策划书的基本结构可分为以下 10 项。

（1）封面

策划书的封面可提供以下信息：①策划书的名称；②被策划的客户；③策划机构或策划人的名称；④策划完成日期及本策划适用时间段；⑤编号。

（2）前言

前言或序言是策划书正式内容前的情况说明部分，内容应简明扼要，最多不要超过 500 字，让人一目了然。其内容主要是：①接受委托的情况，如 X 公司接受 Y 公司的委托，就某年度的广告宣传计划进行具体策划；②本次策划的重要性与必要性；③策划的概况，即策划的过程及达到的目的。

（3）目录

目录的内容也是策划书的重要部分。封面引人注目，前言使人开始感兴趣，而目录就务必让人读后了解策划的全貌。目录具有与标题相同的作用，同时也应使阅读者能方便地查寻营销策划书的内容。

（4）概要提示

阅读者应能够通过概要提示大致理解策划内容的要点。概要提示的撰写同样要求简明扼要，篇幅不能过长，一般控制在一页纸内。另外，概要提示不是简单地把策划内容予以列举，而是要单独成一个系统，因此其遣词造句等都要仔细斟酌，要起到一滴水见大海的效果。

（5）正文

正文是营销策划书中最重要的部分，具体包括以下几方面内容。

① 营销策划的目的：营销策划目的部分主要是对本次营销策划所要实现的目标进行全面描述，它是本次营销策划活动的原因和动力。例如"长城计算机市场营销企划书"文案中，对企划书的目的说明得非常具体。首先强调"9000B 的市场营销不仅仅是公司的一个普通产品的市场营销"，然后说明 9000B 营销成败对公司长远、近期利益和长城系列产品重要性，要求公司各级领导及各环节部门达成共识，高质量完成任务。这一部分使整个方案的目标方向非常明确、突出。

② 市场状况分析：其着重分析以下因素。

一是宏观环境分析。着重对与本次营销活动相关的宏观环境进行分析，包括政治、经济、文化、法律、科技等。

二是产品分析。主要分析本产品的优势、劣势、在同类产品中的竞争力、在消费者心目中的地位、在市场上的销售力等。

三是竞争者分析。分析本企业主要竞争者的有关情况,包括竞争产品的优势、劣势、营销状况、竞争企业整体情况等。

四是消费者分析。对产品消费对象的年龄、性别、职业、消费习惯、文化层次等进行分析。以上市场状况的分析是在市场调研取得第一手资料的基础上进行的。

③ 市场机会与问题分析:营销方案是对市场机会的把握和策略的运用,因此分析市场机会就成了营销策划的关键。只要找准了市场机会,策划就成功了一半。

其一,营销现状分析。对企业产品的现行营销状况进行具体分析,找出营销中存在的具体问题点,并深入分析其原因。

其二,市场机会分析。根据前面提出的问题,分析企业及产品在市场中的机会点,为营销方案的出台做准备。

④ 确定具体营销方案:针对营销中问题点和机会点的分析,提出达到营销目标的具体行销方案。营销方案主要由市场定位和4P组合两部分组成,具体体现在以下主要问题上:本产品的市场定位是什么?本产品的4P组合具体是怎样的?具体的产品方案、价格方案、分销方案和促销方案是怎样的?

(6) 预算

这一部分记载的是整个营销方案推进过程中的费用投入,包括营销过程中的总费用、阶段费用、项目费用等,其原则是以较少投入获得最优效果。用列表的方法标出营销费用也是经常被运用的,其优点是醒目易读。

(7) 进度表

把策划活动起止全部过程拟成时间表,具体到何日何时要做什么都标注清楚,作为策划进行过程中的控制与检查。进度表应尽量简化,在一张纸上拟出。

(8) 人员分配及场地

此项内容应说明具体营销策划活动中各个人员负责的具体事项及所需物品和场地的落实情况。

(9) 结束语

结束语在整个策划书中可有可无,它主要起到与前言的呼应作用,使策划书有一个圆满的结束,不致使人感到太突然。

(10) 附录

附录的作用在于提供策划客观性的证明。因此,凡是有助于阅读者对策划内容理解、信任的资料都可以考虑列入附录。但是,可列可不列的资料还是以不列为宜,这样可以更加突出重点。

附录的另一种形式是提供原始资料,如消费者问卷的样本、座谈会原始照片等图像资料。附录也要标明顺序,以便阅读者查找。

美容企业互联网流量营销模式

互联网流量营销是以移动互联网为主要沟通平台,配合传统网络媒体和大众媒体,通过有策略、可管理、持续性的线上线下沟通,建立和转化、强化顾客关系,实现客户价值的一系列过程。从操作理念上，互联网流量营销更强调"潜移默化""细节入微"和"精妙设计"。互联网流量营销的核心手段是客户关系管理，通过客户关系管理，实现路人变客户、客户变伙伴的过程。流量营销的基本模式是拉新（发展新客户）、顾旧（转化老客户）和结盟（建立客户联盟），企业可以根据自己的客户资源情况，使用以上三种模式的一种或多种进行微营销。目前被普遍认可的互联网流量营销9大标准动作是：吸引过客、归集访客、激活潜客、筛选试客、转化现客、培养忠客、挖掘大客、升级友客、结盟换客。

流量营销实际上就是一个移动网络微系统，包括商家以智能终端所开展的一切商业交易活动，包括产品的展销、售后服务、功能开发，也可以称为移动互联网营销。

以抖音、小红书、微博、微信以及直播团购等为代表的流量营销模式正在颠覆传统营销模式，流量营销以操作简单、信息发布快捷、互动性强、成本低等特点成为现代一种低成本、高性价比的营销手段。与传统营销方式相比，其产品、渠道、市场、品牌传播、促销、客户关系等有所不同，流量营销整合了各类营销资源，达到了以小博大、以轻博重的营销效果。在某种程度上，流量营销起着非常重要的作用，甚至在产品销售方式中能起到四两拨千斤的作用。流量营销是随着移动互联网时代的到来而出现的，它能使社会化媒体与生活的联系更加紧密，营销传播开始迈向崭新的时代，一股全新营销浪潮迎面袭来，其核心就是渠道的创新、体验内容的创新以及沟通方式的创新。

案例讨论与分析：

阅读以下资料，结合社群营销的知识，分组讨论。

互联网浪潮下的人员推销方式——社群营销

社群营销就是基于相同或相似的兴趣爱好，通过某种载体聚集人气，通过产品或服务满足群体需求而产生的商业形态。社群营销的载体不局限于微信、QQ及各种平台，甚至线下的平台和社区都可以做社群营销。它们有相同的属性，有统一的目标和规则。一个社群必须具备三个要素：相同的属性标签，相同的目标，自己的运营制度。例如，一个女生最近想减肥，她就建一个减肥群，她在群里每天坚持截图晒体重，一边和别人交流减肥心得，一边学习减肥食谱。后来，她发现这个减肥社群多达几百人的时候，就开始分享减肥技巧，或者推荐减肥食品，然后就开始引入商业行为了。只要你知道自己想做什么，你便可以建立一个社群，如你爱好摄影，就可以建一个摄影群，每天讨论摄影技巧；如果你对服装搭配很有研究，就可以建个群来分享搭配经验，甚至可以在群里面销售衣服或者其他产品。

学习总结与反馈：

通过学习，我们了解到市场调研的重要性和科学性，它是形成高质量美容企业营销方案的基础和保障。学习美容企业营销方案的分类，根据不同企业特点量身打造营销方案，规范美容企业市场营销策划书的格式与写作，为美容企业营销方案的顺利实施作出保证。

模块四 美容企业人力资源管理

学习时间：12课时

 学习目标

1. 掌握美容企业员工招聘的原则和流程。
2. 熟悉美容企业员工培训的内容和方法。
3. 熟悉美容企业员工绩效考核的原则和内容。
4. 了解美容企业薪酬管理的内容。
5. 掌握美容企业员工流失的原因和对策。

电子课件

课程思政目标

在了解美容企业员工招聘内容的基础上，引导学生树立"公平、公正、公开"的观念，尤其是形成知法守法，遵守国家有关法律、法规、政策的意识；通过对员工培训内容、培训目标、培训方法的学习，引导学生形成统一的价值观念，认识到企业对社会所负的使命，并激发其求知欲、创造欲，推进企业与个人的持续发展；通过对美容企业员工绩效及考核标准的学习，引导学生树立劳动光荣、劳动者伟大的价值观，明确按劳分配和相关法律法规意识；通过人力资源配置相关内容的学习，引导学生树立爱岗敬业、积极风险、团队意识等正确的观念。

 学习方式

由教师安排学生进行模拟招聘会，分为不同需求企业类型和不同需求求职者类型，进行模拟招聘，学生互评、教师点评后，观看实际企业招聘的视频，引入员工招聘相关内容。再通过网上美容企业员工培训的视频资源，引导学生形成正确的培训学习态度，良好的鉴别能力。最后通过两张表格（企业经营情况的核算表和员工创收绩效考核统计表），引导学生学习企业薪酬管理、绩效考核的相关知识。通过设计调查问卷、走访合作企业员工等，查找分析美容企业员工流失的原因，并从企业经营者的角度给出对策，由合作企业进行评价。

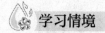 **学习情境**

多媒体教室或专业实训室，有网络环境；合作美容企业门店。

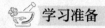 **学习准备**

课程设置学习小组，每组 4~6 人，便于集中授课和分组讨论、实地调研。

单元 9　美容企业员工招聘与培训

学习要点　　美容企业员工招聘的原则和流程；美容企业员工培训的内容和方法。

学习难点　　美容企业人力资源的培训要点。

　　美容企业在完成对本企业职工的需求预测和供给预测后，需从总量上、结构上加以平衡，制订出美容企业的人力资源计划，在此基础上进行员工的招聘及培训工作。

一、美容企业员工招聘

　　员工招聘是指美容企业及时寻找、吸引并鼓励符合要求的人到本企业任职和工作的过程。一般由招募、选择、录用等一系列活动构成。吸引、选择、保留高素质的人力资源是美容企业赖以生存和发展的基础。所以，员工招聘是美容企业员工管理的重要环节。

1. 招聘的原则

　　招聘应遵循以下原则。
　　① 效率优先：美容企业应根据不同的岗位职责、招聘要求，灵活选用适当的招聘途径和甄选手段，在保证招聘质量的基础上，尽可能降低招聘成本。
　　② 因事择人：美容企业的招聘应根据企业的人力资源规划和工作说明书进行，空缺什么样的职位，就招什么样的人。
　　③ 公平、公正、公开：员工招聘必须向全社会公开招聘条件，对应聘者进行全面考核，公开考核结果，择优录用，避免暗箱操作。这一原则是保证美容企业招聘到高素质人员和实现招

聘活动高效率的基础。

④ 合法：美容企业在招聘过程中，应知法守法，遵守国家有关法律、法规、政策。

2. 招聘的流程

美容企业应当按照一定程序并通过竞争来组织招聘工作，保证招聘工作的有效性和可行性。具体程序如图 4-1 所示。

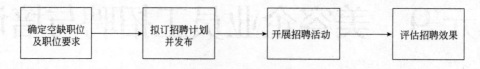

图 4-1 员工招聘流程

（1）确定空缺职位及职位要求

确定空缺职位是美容企业整个招聘活动的起点，包括数量和质量两个方面。只有明确获知美容企业中的空缺职位以及职位的具体要求后，才能开始进行招聘。

（2）拟订招聘计划并发布

美容企业根据其发展需要、岗位需求及工作说明等，对招聘规模、招聘范围、招聘时间和招聘预算等作出详细的计划，发布招聘信息。

① 招聘规模：即美容企业准备通过招聘活动吸引多少数量的应聘者。

② 招聘范围：应在待聘人员直接相关的劳动力市场上进行招聘。

③ 招聘时间：要求在职位空缺前一个月开始招聘，以避免美容企业因缺少人员而影响正常的运转为前提。

④ 招聘预算：包括招聘人员的人工费用和通信、资料等业务费用，以有效控制为原则。

（3）开展招聘活动

开展招聘活动包括了解人力资源市场的供求状况，接受求职者申请，对求职者进行甄别选择。一般先从简历中进行初步筛选，再通过笔试、面试、实践操作、背景调查和体检等测试手段进行选择。

甄别选择是美容企业招聘员工最重要的环节，必须细致，不能因为"人手不够"而盲目招人。要求应聘者要有和蔼可亲之感，以性格外向为佳，但必须注意观察应聘者是否热爱美容行业、是否具有职业操守，挑选最适合空缺职位的人，实现人员和职位的最佳匹配。美容企业确定用人决策，发出录用通知。美容企业工作最重要的就是顾客的接待技巧，录用员工的前提条件是热爱美容事业，把为顾客服务作为自己的主要工作，而不是单纯的美容护理和手工操作。

（4）评估招聘效果

对招聘效果、时间、成本、应聘比率、录用比率进行评估，以帮助美容企业发现招聘过程中存在的问题，对招聘计划以及招聘方法和来源进行优化，总结反馈此次招聘工作，并提高以后招聘的效果。

3. 招聘的渠道

美容企业员工的招聘渠道包括内部选拔和外部招聘两个方面。内部选拔有助于维持现有的正面积极的组织文化，外部招聘则有利于改善或重塑现有的弱势组织文化。

(1) 内部选拔

从美容企业内部选拔合适的人才来补充空缺或新增职位。内部选拔比较适用于招聘负责新增美容项目的美容师及店长等中层人员，其招聘的渠道主要有提升、调换及工作轮换等。内部选拔具有以下优势。

① 从选拔的有效性和可信度分析：美容企业管理者和员工之间的信息是对称的，不存在逆向选择（员工为了入选而夸大长处、弱化缺点）、甚至道德风险问题。因为内部员工的历史资料有案可查，对其工作态度、素质能力以及发展潜能等方面有比较准确的认识和把握。

② 从企业文化分析：员工在美容企业中工作过较长一段时间，已融入美容企业文化之中，视美容企业作为自己的事业和命运的共同体，认同美容企业的价值观念和行为规范，因而对美容企业的忠诚度较高。

③ 从组织运行效率分析：美容企业现有的员工更容易接受指挥和领导，易于沟通和协调，易于消除边际摩擦，易于贯彻执行方针决策，易于发挥组织效能。

④ 从激励作用分析：美容企业内部选拔能够给员工提供一系列晋升机会，使员工的成长与美容企业的成长同步，容易鼓舞员工士气，形成积极进取、追求成功的气氛，达成美好的愿景。

但是，内部选拔本身也存在明显不足。比如，内部员工竞争的结果必然是有胜有败，可能影响美容企业内部的团结；美容企业内部可能出现团体思维、长官意志现象而缺少创新；内部选拔可能因领导的好恶而导致优秀人才外流或被埋没；也可能出现裙带关系，滋生美容企业内部的小帮派、小团体，削弱组织效能。

(2) 外部招聘

美容企业按照一定的标准和程序，从企业外部众多的候选人中挑选符合空缺职位工作要求的人员。美容企业创办初期或快速发展期，需要纳入更多新人或需要新鲜血液时，多采用外部招聘的方式吸纳更多的资源。美容企业外部招聘的途径和方法主要有广告招聘、店面门口招聘、网络招聘、员工举荐、人才招聘会等。外部招聘具有以下优势。

① 新员工会带来不同的价值观和新观点、新思路、新方法，外募优秀的技术人才、营销专家和管理专家，他们将带给美容企业技术知识、客户群体和管理技能，这些往往都是无法从书本上直接学到的巨大财富。

② 外聘人才可以无形中给美容企业原有员工施加压力，形成危机意识，激发斗志和潜能，从而产生鲶鱼效应，通过标杆学习而共同进步。

③ 外部挑选的余地很大，能招聘到许多优秀的人才，还可以节省大量内部培养和培训的费用。

④ 外部招聘也是一种很有效的信息交流方式，美容企业可以借此树立积极进取、锐意改革的良好形象。

美容企业外部招聘也不可避免地存在不足。由于信息不对称，往往造成筛选难度大，成本高，甚至出现逆向选择；可能挫伤有上进心、有事业心的内部员工的积极性和自信心，或者引发内外部人才之间的冲突；外部人员有可能出现水土不服的现象，无法融入美容企业文化之中；等等。

内部选拔和外部招聘各有利弊，究竟是自家兄弟最可靠，还是外来和尚好念经，要视美容企业具体的选聘目的和环境条件来定。

美容企业员工培训

培训开发是人力资源管理的一个重要职能,其主要目的是为公司的长期战略绩效和近期绩效提升作贡献,确保公司员工在公司战略需要和工作要求的环境下,有机会、有条件进行个人绩效提升和经验阐释。公司通过组织学习、训导手段提高员工的工作能力、知识水平和发挥员工的个人潜能,最大限度地使员工的个人素质与工作需求相匹配,进而促进员工现在和将来的工作绩效提高。

培训是一种有组织的知识传递、技能传递、标准传递、信息传递、信念传递、管理训诫行为。为了达到统一的科学技术规范、标准化作业,通过目标规划设定、知识和信息传递、技能熟练演练、作业达成评测、结果交流公告等现代信息化的流程,让员工通过一定的教育训练技术手段,达到预期的目标水平,提升个人素质,提高工作效率,使员工学习掌握如何做好所承担工作的相关信息和技能。

开发则是通过教育活动使员工掌握目前和未来工作所需要的思路、知识和技巧,充分激发自身的潜能,以便更好地适应新情况、新技术、顾客和市场的新变化,促进个人职业发展而开展的正规教育、在职实践、人际互动以及个性和能力的测评等活动。

培训集中于员工现在的工作,开发集中于员工对未来工作的准备。美容企业开展培训、开发工作,主要目的是让员工全面发展,精通业务,以便提高员工的工作效率,发挥其潜能,使其更好地为企业服务,更好地适应公司发展的需要。然而,在培训与开发中有不少的误区。例如,培训开发与企业长期发展脱节;只对中层管理者培训,忽视对高层和基层的培训;培训开发没有进行科学的需求分析,因而没有针对性;认为培训开发几乎是万能的;等等。为此,企业决策者必须改变观念,把培训开发当成一项系统工程,建立科学的培训理念和机制,注重在培训中挖掘员工的潜能,使培训真正发挥促进企业发展的作用。

1. 员工培训对象

美容企业所有的员工,包括新来员工、美容师、美容顾问、店长、院长和其他员工都需要进行培训。

2. 员工培训目标

美容企业员工培训的目的是提高员工队伍的素质,促进美容企业的发展,实现以下三个方面的具体目标。

① 加强人事管理,提高员工素质。美容企业通过开展适当的教育训练,使员工学习、更新专业知识与技能,提高综合能力,同时培养其高尚的品德,使其处理事务能科学化、规范化。

② 使员工了解并尽快融入美容企业文化之中,形成统一的价值观念。使员工认识到企业对社会所负的使命,并激发其求知欲、创造欲,开发其潜能,从而督促自己不断努力向上,奠定企业持续发展的基础。

③ 使员工能够及时了解美容企业在一定时期内的政策变化、技术发展、经营环境、绩效水平、市场状况等方面的情况,熟悉美容企业团队,准确而及时地给自己定位。

3. 员工培训方法

美容企业员工培训包括管理人员的培训和一般员工的培训。

(1) 管理人员的培训

美容企业管理人员的培训方法包括工作轮换、设置职务助理、临时职务代理三种。

① 工作轮换：美容企业工作轮换可以让受训人员熟悉、积累不同门店、不同部门的管理经验，丰富其技术知识和管理能力，培养协作精神和全局观念，使其明确美容企业系统各组成部分在整体运行和发展中的作用，从而在解决具体问题时，能自觉地从整个美容企业出发，处理好局部与整体的关系。

② 设置职务助理：美容企业可在较高管理层次设置职务助理，如店长助理、区域经理助理、院长（总经理）助理等，让其接触中、高层次管理实务，积累高层管理经验，促进其成长。同时，可以减轻主要负责人的负担，使之从繁忙的日常管理事务中解脱出来，专心致力于重要问题的考虑和处理。

③ 临时职务代理：美容企业临时职务代理可以使受培训者进一步体验中、高层管理工作，并在代理中充分展示或迅速弥补所缺乏的管理能力，如代理店长。

(2) 一般员工的培训

美容企业一般员工培训方法包括岗前培训、在职培训和脱岗培训。

① 岗前培训：又称职前培训，是把人员招聘进来后，在上岗前进行的培训，或指美容企业内部的员工轮换到其他新的职位前所进行的培训。针对新员工的培训，这是美容企业最常见、最重要的培训，一般为 2 周时间。培训内容见表 4-1。

表 4-1 某美容院岗前培训计划表

时间			地点	
培训目的	使新员工了解各方面运作，以最佳心态、最短时间进入工作状态			
培训周期	12 天			
培训对象	所有新员工			
日期	时间	培训内容		主讲人
第一天	8 小时	企业文化及文化诠释和经营特色 介绍产品品牌背景 管理架构 美容师、美体师行为规范（仪容、仪表、接待用语） 规章制度和福利奖惩制度		美容院店长
第二天	8 小时	书面考核和口试 各类表格的填写及重要性 美容物料车的物品设置与橱窗产品摆设规范		美容院副店长
第三天	8 小时	书面考核和口试 接待流程实操练习 对新客和常客的接待方式 工作中的坐、立、走、迎客形体姿势和礼仪		美容院店长

续表

日期	时间	培训内容	主讲人
第四天	8小时	书面考核和口试 卫生与消毒流程 员工工作流程	美容院副店长
第五天	8小时	书面考核和口试 疗程、护理卡和产品销售技巧 掌握顾客心理的技巧	美容院副店长
第六天	8小时	书面考核和口试 美容师、美体师处理问题的技巧与举例说明 技术特点	美容院副店长
第七天	8小时	皮肤的结构特征（结合产品和疗程举例说明）	美容院副店长
第八天	8小时	仪器的作用机制和使用方法 美容护理疗程设置原理和疗程卖点	美容院副店长
第九天	8小时	各系列产品的拳头产品和卖点介绍	美容院副店长
第十天	8小时	运用销售技巧销售各系列产品并举例说明 销售模拟演练	美容院副店长
第十一天	8小时	按摩手法优点和作用原理及实操	美容院副店长
第十二天	8小时	理论考核 实操考核	美容院副店长

② 在职培训：指员工不离开其工作岗位，在工作进行的同时所实施的培训。在职培训是美容企业最常见、最普遍的培训方式。其具体方式包括：制订学习内容、安排学习时间；定期召开小型讨论会；让美容师轮流讲解产品知识、销售心得、技术探讨；师带徒，让新员工向优秀的老员工学习；定期进行横向的工作轮换，了解熟悉各工作环节之间的依存性；经常请外来老师讲课。

③ 脱岗培训：是指为了使员工能够适应新的工作岗位，让员工离开原工作岗位一段时间，专心职外培训。脱岗培训有长期和短期之分，长期培训一般指三个月以上时间的学习培训，短期培训的时间从几天到三个月不等。美容企业应不定期选派优秀员工到先进地区学习，了解新的信息，开阔职业视野，学习新项目、新技术、新方法、新管理，即"充电"。在美容行业，大多数员工非常看重脱岗培训，且表现出极大的兴趣，大家都会主动参加。脱岗培训成本很高，美容企业要将培训、员工职业规划与企业发展紧密结合起来，留住人才，用好人才。

 案例讨论与分析：

> 阅读以下资料，结合身边的企业或者调研过的美容院，分组讨论。
>
> **某美容院的用人策略**
>
> 某美容院经过两年发展，积累了大量顾客，仅靠负责人一己之力已难承担，负责人拟选一名店长，让其负责新技术、新手法的教授、管理和培训，自己负责考勤、外部联系和产品拓展。但纠结于从内部选拔还是从外部招聘，经过反复权衡利弊，负责人决定从内部员工中

选拔。内部员工有两位优秀者：一个是资深美容师，技术娴熟，耐心细致，人缘较好；另一个长期负责前台接待咨询，善于沟通，为人开朗，对工作流程十分熟悉，技术也比较熟练。负责人有意识地给这两位员工压担子，通过一段时间比较，负责人决定优先聘用第一位员工当店长，因为她的技术更过关，与其他员工的沟通更顺畅，在自己不在店里时更有凝聚力。第二位员工，负责人也准备启用她负责企业的日常管理、提成和业绩提升，自己则可以集中精力搞新产品的拓展与外联工作。

从企业内部员工中选拔人才，可使美容院迅速填补空缺，而且被提升的员工了解企业的经营状况，熟悉顾客和内部员工，一旦被委以重任，能迅速进入角色，将工作开展起来。内部选拔让员工看到了发展的机会，也会促使员工更积极努力工作。这对鼓舞士气、稳定员工非常有利。但内部选拔也有一定弊端，如人员选择的范围较小，可能选不到优秀的员工，反而会影响企业的业绩，影响员工队伍的稳定性和企业的发展。因此，负责人不应拘泥于一种方式选拔人才，而应视具体情况采用内外同时招聘的方式。

一般来说，美容企业对于基层的职位可从外部进行招聘，对于高层或关键的职位则从内部晋升或调配。当美容企业外部经营环境变化剧烈时，宜从外部选聘适合的人才。处于成长期的美容企业，外聘人才多；成长后期与成熟期，美容企业通过长期培养，已经积累了一定的优秀人力资源，内部选聘更为恰当。当美容企业需要调整发展战略，改造原有文化，宜从外部招聘；反之，可从内部晋升。

美容企业在招聘员工时会遇到各种各样的问题，需要招聘人员具备公正的态度和相应的知识储备，才能在招聘过程中避免各种误区，保证所招聘人员符合企业要求。否则，不仅不利于美容企业的发展，也不利于员工个人的职业生涯发展。

 学习总结与反馈：

人才是美容企业发展的重要资源，招聘是选拔人才的机制和契机，培训是培养人才、促进企业发展的必要环节和制度。吸引、选择、保留高素质的人力资源是美容企业赖以生存和发展的基础。建立科学的培训理念和机制，注重在培训中挖掘员工的潜能，使培训真正发挥促进企业发展的作用。

单元 10 美容企业绩效与考核

学习要点
美容企业绩效考核的原则；美容企业绩效考核的类型和内容；美容企业绩效考核工作程序；美容企业绩效考核方法；美容企业绩效考核的反馈。

学习难点
美容企业绩效考核内容。

绩效考核是企业为了实现生产经营目的，针对企业每个员工所承担的工作，运用特定的标准和指标，采取科学的方法，对员工完成指定任务的工作实绩及其对企业的贡献或价值进行考核和评价。

绩效是企业员工一定时期内在具体条件下各项素质表现的综合反映，是员工素质与工作对象、工作条件等相关因素互相作用的结果。绩效会随着各项因素与条件的变化而变化，如时间、空间、工作条件与工作对象都会直接或间接地影响绩效。因此，对于员工的绩效考核必须是多角度、多层次、多方位的。

绩效考核是企业绩效管理中的一个环节，是指考核主体对照工作目标和绩效标准，采用科学的考核方式，评定员工的工作任务完成情况、员工的工作职责履行程度和员工的发展情况，并且将评定结果反馈给员工的过程。

美容企业绩效考核是指美容企业定期对员工个人或团队的工作行为及业绩进行考评和测量的一种考核制度。绩效考核的范围比较广泛，可以涵盖美容企业战略目标的实现，同时还兼顾每一位员工的自身业绩目标完成情况。绩效考核内容主要包括能力、态度、业绩三个方面。

在企业人力资源管理中，绩效评估是非常实用的工具，美容企业通过使用此工具能够达到很多目的：对员工自身工作以及行为进行整体测评；提供员工与上级针对自身绩效沟通的机会；提供岗位调整的依据；提供薪酬与奖金调整的依据；提高员工工作积极性；提供员工培训的参照依据；提高企业的生产效率与竞争优势。

美容企业绩效考核的原则

1. 绩效考核的一般原则

① 客观、公平：美容企业的绩效考核应根据明确的考核标准，针对客观考评资料进行评价，尽可能减少主观性和感情色彩。

② 科学、明确、公开：绩效考核标准和考核程序应科学化、明确化和公开化，这样才能产生信任，考核结果能够为员工所理解和接受。

③ 坚持差别：如果考核结果不能产生鲜明的差别，也没有以此作为奖惩的依据，绩效考核就丧失了其激励作用。

④ 及时反馈考核结果：要及时反馈给被考核者本人，这样一方面可以防止考核中可能出现的偏见及误差，保证考核的公平与合理，另一方面可以使被考核者及时了解自己的缺点和优点。

2. 绩效考核的 SMART 原则

在制定美容企业员工绩效目标时，需要考虑制定的绩效目标是否具有可衡量性，员工是否可以完成，同时要规定完成的时间。因此，在绩效目标制定阶段可以考虑使用 SMART 原则。SMART 原则包括以下内容。

① S 代表具体（Specific）：绩效考核要有具体的特定的工作指标，不能过于模糊。

② M 代表可衡量（Measurable）：绩效指标是数量化或者行为化的，验证这些绩效指标的数据或者信息是可以获得的。

③ A 代表可实现的（Attainable）：绩效指标在付出努力的情况下可以实现，避免设立过高或过低的目标。

④ R 代表现实性（Realistic）：指绩效指标是实实在在的，可以证明和观察。

⑤ T 代表有时限（Time-based）：注重完成绩效指标的特定期限。

在美容企业的绩效目标制定中，无论是团队的工作目标还是员工的绩效目标，都必须符合上述原则，五个原则缺一不可。制定过程也是自身能力不断增长的过程，经理必须和员工一起在不断制定高绩效目标的过程中，共同提高绩效能力。

 美容企业绩效考核的类型和内容

1. 绩效考核的类型

美容企业员工的绩效考核可以分为三种类型：年度考核、平时考核、专项考核。

（1）年度考核

每年 7 月份进行年中考核，翌年 1 月份进行年终考核，部分人员如销售人员每季度考核一次。

（2）平时考核

美容企业各级主管对于所辖人员就平时工作能力、品德、知识、敬业精神等，随时作出考

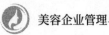

核,并在平时考核记录表上记录下来,以便作为年度考核或专项考核的重要资料。

(3) 专项考核

考核年度内,员工具有特别优秀或特别恶劣的行为时,可安排专项考核,随时进行。

2. 绩效考核的内容

在具体的考评过程中,绩效考评的内容及侧重点随着考评目的的不同而有区别。但工作能力、工作业绩、工作态度、工作潜力等方面通常是绩效考评的基本内容。

(1) 工作能力评价

工作能力评价不计入月度绩效考评成绩。原则上,美容企业每半年进行一次能力考核,该考核成绩直接影响晋升。工作能力考核分为理论知识和专业技能(实际操作能力)考核,其中理论知识考核分数占该项考核总分的40%,专业技能考核分数占该项考核总分的60%。

(2) 工作业绩评价

对工作业绩的考评实质上是对员工行为的结果进行评价和认定,也就是考核员工在一定期间内对企业的贡献和价值,主要从员工完成工作量的大小、完成工作质量、在本职工作中的自我改进和提高等方面进行定量考评。

(3) 工作态度评价

工作态度评价主要包括工作积极性、工作热情、责任感、自我开发等。由于这些因素较为抽象,因此通常只能通过主观性评价来考评,也就是说员工的工作态度通常只能由直接上级根据平时的观察予以评价。

(4) 工作潜力评价

潜力是在工作中没有发挥出来的能力。在企业中,人力资源部门除要了解员工在现任职务上具有何种能力以外,还要关注员工未来的发展空间,即员工是否具有担任高一级职务或其他类型职务的潜质,以便为企业以后的晋升做铺垫。

某美发企业考核内容见表4-2。

表4-2 某美发企业考核内容表

考核内容	赋分情况
技术熟练程度	剪吹技能20分:精通18~20分,熟练15~17分,一般10~14分,差8~9分 染发技术15分:娴熟13~15分,一般10~12分,差8~9分 烫发技能15分:娴熟13~15分,一般10~12分,差8~9分 吸收掌握新技术的能力10分
服务态度	与顾客交流沟通、主动介绍服务项目、向顾客推荐优惠卡及产品、竭尽所能使顾客满意、适当地赞美顾客、使用礼貌用语 好18~20分,中10~17分,差5~9分
敬业精神	坚守岗位、爱岗敬业、忠于职守、锐意进取、积极改进工作、不计较个人得失、圆满完成各项任务 好6分,中3~5分,差1~2分
设备管理	按计划清洁保养设备、保证保修及时、工具到位 好3分,中2分,差0~1分
团队精神	积极配合助理、收银员完成整个服务流程 好4分,中2~3分,差0~1分

考核内容	赋分情况
店纪 店规	模范遵守各项规章制度，以身作则，有很强的自我约束力 积极遵守 3～4 分，较遵守 1～2 分，不遵守 0 分
人际 关系	团结他人、合作能力强、对内有较高威信和良好的人际关系 好 3 分，中 2 分，差 0～1 分

美容企业绩效考核工作程序

绩效考核工作程序如图 4-2 所示。

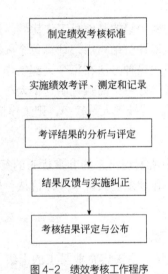

图 4-2　绩效考核工作程序

美容企业绩效考核方法

美容企业绩效考核的方法有德能勤绩考核法、小组评议法、配对比较法、关键事件评价法、360 度考核法、目标管理法等。

1. 德能勤绩考核法

① 德：包括员工的思想素质、职业道德、全局观念、团结协作、事业心和职业心、遵纪守法情况等。特别是职业道德，它直接关系到员工的工作质量、为社会所作的贡献等。

② 能：指美容企业员工工作的能力，包括对其领导能力、办事效率、创新能力、协作能力以及相关的工作业务能力进行考核。能力是美容企业员工绩效的保证，同时也是由各种具体美容技能组合而成的综合能力。对能力进行考核要注意选择与绩效相关的关键能力进行考核，并

根据各种不同能力的重要性赋予相应的权重。

③ 勤：指美容企业员工出勤情况以及工作积极性、努力程度等。勤是一种工作态度，具有主观性，更容易反映思想问题，也能反映员工的责任心、进取心、纪律性、勤奋敬业精神以及团队意识。对勤的考核既要有量的衡量，也要有质的估量。

④ 绩：指美容企业员工的工作任务完成结果。主要是对其工作量、工作质量、工作难度、工作效率以及工作效果进行衡量。对绩的考核是员工绩效评估的核心。

当然，各个考核要素的重要性不同，可以设计权重来解决，使其量化，考核工作也更加科学。

2. 小组评议法

考核人员组成评议委员会，对照职务说明书、规范或制定的标准，进行评议，采用一定的量表打分，以考核员工的绩效。

3. 配对比较法

把每一位员工的工作表现，与同一组的其他员工作比较，选出每一对中较好的一位，再就别的评定内容进行成对比较，在全部评价结束后，计算每个人被选为"较好"的次数之和，按被选次数的多少排出等级顺序。采用这种方法在每个人都工作得很好时仍能断定谁最佳、谁最差。它不仅反映了一个人工作完成得好坏，而且说明这个人与其他员工相比干得怎么样。其优点是判断范围小、准确度高。但是，若被评人数较多，则工作量较大。

4. 关键事件评价法

管理人员将下属在工作活动中所表现出来的非常优秀的行为或非常严重的错误记录下来，将此作为主要依据来评价员工的工作绩效。关键事件评价法一般与其他考评方法结合使用，并作为其他考评方法的一种补充。

5. 360度考核法

360度考核法又称全方位考核法，由美容企业员工的上级、下级、同事、客户等所有相关者对其进行评价，再结合员工本人的自我评价，通过加权平均得出考核结果。员工本人、下级、同事、客户只是绩效信息的提供者，考核主体是上级。

6. 目标管理法

将美容企业经营管理目标层层分解到各部门、各员工，根据目标的完成情况，对美容企业部门和员工进行考核。该法的关键是目标的制定和分解要合理，必须是管理者与员工共同建立目标的方式，实现双方工作态度的彻底转变。该法的核心是实现自我控制、自我管理。这种方法优点明显，通过动态反馈，每个人都非常了解自己的目标，并且由于亲自参与目标的制定，从而加强了责任感，也改善了上下级的关系，考评时主动性较高。

五、美容企业绩效考核的反馈

很多企业的管理者和员工都遇到过这样的情况，当完成了繁杂的绩效考核后，各种考评的内容和结果最终都被束之高阁。很多考核和结论都只是为了考核而考核,最终并没有对实际工作起到促进和推动作用。原有的问题依然还在,员工的工作效果与之前相比,没有什么进步,绩效考核仅仅成了食之无味、弃之可惜的鸡肋。问题的症结在于经过一系列的绩效考核后,管理者并没有将考评结果反馈给员工,管理者与员工之间并没有针对绩效结果进行良好的沟通与讨论。要使管理者与员工之间充分了解并更好地利用考核结果改进工作,就离不开绩效反馈这一环节。绩效反馈具有以下功能。

第一,明确员工在被考评绩效周期内的业绩水平,确认员工的业绩是否达到了初期制定的标准,针对当前的考评结果员工是否认同。针对同样的业务结果,管理者与被管理者之间很可能存在不同的结论。很有可能在员工看来已经达到预期目标的业绩并没有让管理者满意,因此针对考评结果的反馈与沟通就显得尤为重要。通过这个环节,管理者双方对考评结果达成一致。

第二,寻找绩效差距的原因,制订合理的业绩改进方案。如果员工的绩效考评结果与最初制订的确实存在差距,并且员工本人也认可此差距,那么下一步就需要管理者与员工共同制订行动方案弥补存在的差距。制订的方案最终要切实可行,具有实际指导意义,如果有必要还需要对员工进行相应的技能培训。

第三,分解企业的战略目标,将企业战略与愿景落到实处。通过绩效考核与反馈,可以将比较抽象的企业战略目标与愿景变得更加具体、更具有操作性。企业的战略与愿景必须通过每一名员工实现,在管理者与员工针对绩效结果沟通的过程中,员工能够更加清晰地了解企业的发展方向,并将自己的绩效目标与企业的发展相结合。

第四,管理者与员工之间针对下一考核周期的绩效目标进行讨论并最终达成一致,形成绩效考核文件。这样做的好处是员工能够持续地为达到个人目标以及企业战略而努力,同时也能够明晰下一阶段的工作方向与工作重点,同时还有利于管理者在下一个考核周期更好地考核员工。

 案例讨论与分析:

阅读以下资料,结合绩效考核的知识,分组讨论。

两熊赛蜜

黑熊和棕熊喜食蜂蜜,都以养蜂为生。它们各有一个蜂箱,养着同样多的蜜蜂。有一天,它们决定比赛看谁的蜜蜂产蜜多。

黑熊想,蜜的产量取决于蜜蜂每天对花的"访问量"。于是它买来了一套昂贵的测量蜜蜂访问量的绩效管理系统。在它看来,蜜蜂所接触的花的数量就是其工作量。每过完一个季度,黑熊就公布每只蜜蜂的工作量;同时,黑熊还设立了奖项,奖励访问量最高的蜜蜂。但它从不告诉蜜蜂们它是在与棕熊比赛,它只是让它的蜜蜂比赛访问量。

棕熊与黑熊想得不一样。它认为蜜蜂能产多少蜜,关键在于它们每天采回多少花蜜——花蜜越多,酿的蜂蜜也越多。于是它直截了当地告诉众蜜蜂:它在和黑熊比赛看谁产的蜜多。它花了不多的钱买了一套绩效管理系统,测量每只蜜蜂每天采回花蜜的数量和整个蜂箱每天酿出蜂蜜的数量,并把测量结果张榜公布。它也设立了一套奖励制度,重奖当月采花蜜最多的蜜蜂。如果当月的蜂蜜总产量高于上个月,那么所有蜜蜂都受到不同程度的奖励。

一年过去了,两只熊查看比赛结果,黑熊的蜂蜜不及棕熊的一半。

黑熊的评估体系很精确,但它评估的绩效与最终的绩效并不直接相关。黑熊的蜜蜂为尽可能提高访问量,都不采太多的花蜜,因为采的花蜜越多,飞起来就越慢,每天的访问量就越少。另外,黑熊本来是为了让蜜蜂搜集更多的信息才让它们竞争,由于奖励范围太小,为搜集更多信息的竞争变成了相互封锁信息。蜜蜂之间竞争的压力太大,一只蜜蜂即使获得了很有价值的信息,如某个地方有一片巨大的槐树林,它也不愿将此信息与其他蜜蜂分享。

而棕熊的蜜蜂则不一样,因为它不限于奖励一只蜜蜂,为了采集到更多的花蜜,蜜蜂相互合作,嗅觉灵敏、飞得快的蜜蜂负责打探哪儿的花最多最好,然后回来告诉力气大的蜜蜂一起到那儿去采集花蜜,剩下的蜜蜂负责贮存采集回的花蜜,将其酿成蜂蜜。虽然采集花蜜多的能得到最多的奖励,但其他蜜蜂也能得到部分好处,因此蜜蜂之间远没有达到人人自危、相互拆台的地步。

 学习总结与反馈:

通常情况下,绩效考核要与工资晋升、绩效奖金的确定,以及员工的职业发展相关联。要根据绩效考核结果,结合其他考核,发掘出绩效突出、素质好、有创新能力的优秀管理人员和员工,通过岗位轮换、特殊培训等方式,从素质和能力上进行全面培养,在组织调整补充人员时,优先予以提拔重用。对那些绩效不能达到要求、能力改进并不明显的员工要考虑是否有其他合适的岗位比原岗位更能发挥其作用。通过对员工职业发展的考虑,使工作绩效、工作能力或行为方式与员工个人的职业前景互为联结,从而强化了提高绩效和能力的意识,促使所有员工努力去提高能力,完成绩效目标,也使人力成本向绩效转化、向人力资本转化得到具体落实。

单元 11 美容企业员工人力资源配置

学习要点　美容企业员工薪酬管理；美容企业员工激励策略；美容企业员工流失原因和对策。

学习难点　美容企业员工激励策略的实施。

人力资源配置是对人力资源进行合理有效的选择、考评和培养，其目的是把合适的人安排在适当的职位上。人力资源的合理配置不但能节约劳动力、挖掘潜在劳动力、降低劳动成本，而且能为组织不断地改善结构、提高劳动生产率提供条件。

人力资源配置首先要满足组织的需要，同时也要考虑满足组织成员个人的特点、爱好和需要，将合适的人安排在合适的岗位上。就员工个人而言，通过人力资源的配置，员工的知识和能力得到公正的评价、认可，还可以从不断发展和提高中看到机会和希望；就组织而言，要通过人力资源配置，建立留住优秀员工的机制，促进组织健康高效地运转。

美容企业中的员工薪酬管理、激励策略及实施，以及人员流失的原因和对策分析是人力资源配置中非常重要的工作任务。

一、美容企业员工薪酬管理

薪酬是指员工从美容企业中获得的基于劳动付出的各种补偿。其广义上包括经济性薪酬和非经济性薪酬，狭义仅指经济性薪酬。

1. 薪酬的构成

狭义的薪酬包括基本工资、奖金、津贴和福利。

① 基本工资：是以美容企业员工的劳动强度、劳动熟练程度、工作复杂程度以及责任大小为基准，根据员工完成定额任务的实际劳动消耗而计付的报酬。它是员工报酬的主要部分，也是计算其他部分数额的基础。基本工资具有高刚性和高差异性。

② 奖金：是美容企业对员工超额完成任务以及出色的工作成绩而计付的报酬。其作用在于鼓励员工提高劳动生产率和工作质量。它可以是针对员工个人绩效的奖励，也可以是对集体绩效的奖励。奖金具有高差异性和低刚性。

③ 津贴：也叫附加薪酬，指美容企业为了补偿和鼓励员工在艰苦的工作环境下的劳动而计付的薪酬。它有利于吸引劳动者到工作环境脏、苦、累的职位上工作。津贴具有低差异性和低刚性。

④ 福利：是为了吸引员工到美容企业工作或维持骨干人员的稳定而支付的一种补充性薪酬，包括法定社会保险、免费或折价工作餐、生活用品的发放等。它往往不是采用目前可花费的现金形式支付，多数是实物支付和延期支付。福利具有低差异性和高刚性。

2. 薪酬管理的作用

美容企业在经营战略和发展规划的指导下，综合考虑企业内外部各种因素的影响，确定自身的薪酬水平、薪酬结构和薪酬形式，并进行薪酬调整和薪酬控制。美容企业薪酬管理目的在于吸引和留住符合企业需要的员工，并激发他们的工作热情和各种潜能，最终实现企业的经营目标。美容企业薪酬管理有如下作用。

一是吸引和保留优秀的员工。美容企业通过薪酬管理吸引和保留优秀的员工。研究表明，在企业各类人员所关注的问题中，薪酬问题排在了最重要或次重要的位置。薪酬管理的实施能够给员工提供可靠的经济保障，从而有助于吸引和保留优秀的员工。

二是激发员工的工作积极性。有效的薪酬管理使美容企业能够在不同程度上满足员工的需要，同时薪酬水平的高低也是员工绩效水平的一个反映，从而可以实现对员工的激励。

三是改善企业的绩效。薪酬可提高美容企业员工的工作绩效，进而使美容企业整体绩效得以提升。

四是控制企业成本。通常情况下，薪酬总额在企业总成本中占40%～90%的比重。通过有效的薪酬管理，美容企业能够将可变成本降低40%～60%，这就可以扩大产品和服务的利润空间，从而提升企业的经营绩效。

五是塑造良好的企业文化。合理的薪酬制度可以作为构建美容企业文化的制度性基础，对美容企业文化的发展方向具有重要的引导作用。

3. 薪酬管理的策略

美容企业薪酬管理的策略可以分为以下两个方面。

（1）内部薪酬策略

采用"基本工资＋技能工资＋奖励工资"的结构。

① 基本工资：以学历为标准，每年浮动（工龄工资），应确保高中毕业生（中专生）在美容企业工作三年以后，能拿到高职高专毕业生基本工资，专科到本科也如此类推。通过这个原则来测算基本工资的标准和上浮标准是比较合适的。

② 技能工资：即技能等级工资，对不同的职位、不同的职业技能水平，可采用不同的技能

等级工资标准。例如美容师，经考核可设置 A 级美容师、B 级美容师、C 级美容师等级序列，通过考核进行薪酬调整，以此来测算技能等级工资和每年调薪的次数是比较合适的。

③ 奖励工资：包括提成和各种奖金。奖励工资主要体现多劳多得的原则，可以拉开工资的差距。提成的"门槛"要适度，要使优秀的员工能拿到同行业中较高的工资水平，这样才有竞争力和激励作用。

(2) 外部薪酬策略

① 薪酬水平策略：主要是指企业将薪酬定在何种水平之上。其可以分为四种类型。

一是市场领先策略。它是指企业实行领先于市场的高薪酬策略。市场领先策略可以为员工提供高额的工资回报，因而容易吸引行业内的优秀人才，有利于企业的快速成长。因此，这种策略往往被处于高速成长期的企业所采用。

二是市场跟随策略。该策略不主张提供高额的工资水平，而是采取跟随的方式，向标杆企业看齐。这是一种适中的薪酬策略，既可以帮助企业节省成本，同时也可以吸引到优秀的人才。

三是成本导向策略。该策略以提供低薪资水平为核心理念。以这种策略主导的企业，其薪酬水平明显低于行业平均水平。成本导向策略以成本的节约为主要目的，这种策略多用于对技能要求不高、劳动力资源较为丰富的行业。

四是混合薪酬策略。该策略是将以上几种策略综合运用在同一个公司，针对不同部门、岗位和人才，采用不同的具体策略。

② 薪酬结构策略：主要是指按照固定薪酬与浮动薪酬比例的不同而划分的薪酬策略。其主要有以下三种模式。

一是高弹性模式。这是一种短期绩效决定模式，辅助薪酬占较大比重，以绩效高低来决定员工薪酬的体系。

适用条件：员工的工作热情不高、企业的人员流动率较大、业绩伸缩范围较大的岗位，如销售等。

优点：激励功能较强；薪酬与绩效紧密挂钩，不易超支。

缺点：薪酬水平波动较大，不易核算成本；员工缺乏安全感。

二是高稳定模式。这是一种基本薪酬占较大比重的模式，一般基于岗位、资历等来决定薪酬的高低，一经确定，则很少波动。

适用条件：员工的工作热情较高；企业的人员流动率不大；员工业绩伸缩空间较小。

优点：薪酬水平波动不大，容易核算成本；员工安全感强。

缺点：缺乏激励功能；企业人均成本稳定，容易形成较重的负担。

三是折中模式。该模式兼具稳定性和弹性，既能激励员工的绩效，又能给员工一定的安全感。但要达到理想的效果，薪酬体系各个组成部分要合理搭配。一般情况下，基本薪酬部分趋于高刚性，配合与员工个人绩效紧密挂钩的奖励薪酬，或者与企业经济效益相关联的附加薪酬。

优点：兼具激励性和安全感；薪酬制度灵活掌握，薪酬成本容易控制；适用面比较广泛。

缺点：薪酬理论水平要求相对较高。

③ 一企两制策略：顾名思义，是指在同一个企业中实行两种工资制度。其适用于平均工资水平不能完全与市场接轨、薪酬竞争力不足的企业。这样的企业碍于较低的薪酬水平，很难吸引到优秀的人才，因此就需要建立薪酬的特区，对特殊的人才特殊处理，实行谈判工资制，使

这部分核心员工的工资与市场接轨,提高吸引和保留优秀人才的能力。

4. 薪酬管理的制度要求

合理的薪酬制度要具有公平性、竞争性、激励性、经济性和合法性。

① 公平性:员工对薪酬分配的公平感,也就是对薪酬发放是否公正的判断与认识,它是美容企业设计薪酬制度和进行薪酬管理时需要首先考虑的因素。薪酬公平性表现为三个层次:一是外部公平性,即与同地区美容行业中同等规模的不同企业中类似职务的薪酬应当基本相同。二是内部公平性。美容企业内不同职位的员工所获得的薪酬应和其各自对企业所作的贡献成正比。三是个人公平性。美容企业内同一岗位上工作的员工,其所获得的薪酬应与其贡献成正比。

② 竞争性:在社会上和人才市场中,美容企业的薪酬标准要有吸引力,这样才足以战胜其他企业,招到所需人才,吸引员工。

③ 激励性:要在美容企业内部各类、各级职务的薪酬水准上,适当拉开差距,真正体现按贡献分配的原则,从而提高员工的工作热情,为企业作出更大的贡献。

④ 经济性:薪酬制度的制定及薪酬水平的确定,要考虑美容企业的实际承受能力。

⑤ 合法性:美容企业的薪酬制度必须符合现行的政策和法律,否则将难以顺利进行。

二、美容企业员工激励策略

1. 激励的含义

从心理学认识的角度看,激励是指激发人的行动动机的心理过程,是一个不断朝着期望目标前进的循环的动态过程。激励是对人的一种刺激,是促进和改变人的行为的一种有效手段。每一个人都需要激励,在一般情况下,激励表现为外界所施加的推动力或吸引力,转化为自身的动力,使得组织的目标变为个人的行为目标。

激励概念的内涵包括以下三个方面。

第一,激励是一个过程。人的很多行为都是在某种动机推动下完成的。对人的行为的激励,实质上就是通过采用能满足人的需要的诱因条件,引起行为动机,从而推动人采取相应的行为,以实现目标,然后再根据人们新的需要设置诱因,如此循环往复。

第二,激励过程受内外因素的制约。各种管理措施,应与被激励者的需要、理想、价值观和责任感等内在的因素相吻合,才能产生较强的合力,从而激发和强化工作动机,否则不会产生激励作用。

第三,激励具有时效性。每一种激励手段的作用都有一定的时间限度,超过时限就会失效。因此,激励不能一劳永逸,需要持续进行。

2. 激励与工作绩效

员工激励的程度与其工作绩效密切相关。实践证明,经过激励的工作行为与未经激励的行为,其工作效果大不相同。激励能够使员工充分发挥其能力,实现工作的高质量和高效率。美国哈佛大学心理学家威廉·詹姆斯(William James)通过对员工激励的研究发现,在计时工资制下,一个人若没有受到激励,仅能发挥其能力的 20% ~ 30%;如果受到正确而充分的激励,其能力就能发挥到 80%～90%，甚至更高。由此，他得出一个公式：工作绩效＝能力×动机激发。这就是说，在个体能力不变的条件下，工作绩效的大小取决于激励程度的高低。激励程度越高，工作绩效越大；反之，激励程度越低，工作绩效越小。

3. 激励的理论研究

关于激励的研究，有很多成熟的理论，具有代表性的有期望理论、双因素理论、需要层次理论、公平理论、强化理论、挫折理论等。

（1）期望理论

该理论是美国心理学家维克多·弗鲁姆（Victor H.Vroom）在 1964 年出版的《工作与激励》一书中提出来的。该理论认为，当人们有需要，并且有达到目标的可能，其积极性才会高。维克多·弗鲁姆认为，激励是个人寄托于一个目标的预期价值与他对实现目标的可能性大小的乘积。用公式表示为：$M=V×E$。式中，M 表示激励力，指动机的强烈程度，表示个人对某项活动的积极性程度，被激发的工作动机的大小，希望达到活动目标的欲望程度，即为达到高绩效而作出努力的程度；V 表示效价，指活动成果所能满足个人需要的程度；E 表示期望值，指个体对实现目标可能性大小的估计。期望值也叫期望概率，数值为 0～1。

期望理论具有较大的综合性和适用性，把握这一理论应注意如下几点：①对于效价应理解为目标的综合效价，即某目标给某人带来的好处、效益是多样的，效价应指各种效价之总和。②同一事件或同一目标对不同人的效价不一样，对同一个人在不同时期效价也不一样。③期望概率是指当事人主观判断的概率，它与个人能力、经验以及愿意付出的努力程度有直接关系。④效价与平均期望概率相互影响。平均概率小，效价相对增大；平均概率大，效价相对减小。

期望理论对美容企业管理者的基本启示是：①管理者应当抓多数成员认为效价最大的激励措施。②设置激励目标时应尽可能加大其效价的综合值。③适当控制期望概率与实际概率。期望概率要适度。实际概率在很大程度上是由组织或管理者决定的，它最好大于平均的个人期望概率，这样能收到较好的效果。④下属对报酬持有不同的价值观，重视下属的个人效价。

（2）双因素理论

此理论又叫激励保健理论，是美国行为科学家弗雷德里克·赫茨伯格（Frederick Herzberg）提出来的。

保健因素的满足对职工产生的效果类似于保健对身体健康所起的作用。保健从人的环境中消除有害于健康的事物，它不能直接提高健康水平，但有预防疾病的效果，它不是治疗性的，而是预防性的。保健因素包括公司政策、管理措施、监督、人际关系、物质工作条件、工资、福利等。当这些因素恶化到人们认为可以接受的水平以下时，就会产生对工作的不满意。但是，当人们认为这些因素很好时，它只是消除了不满意，并不会导致积极的态度，这就形成了某种既不是满意又不是不满意的中性状态。

那些能带来积极状态、满意和激励作用的因素就叫作"激励因素"，也是能满足个人自我实现需要的因素，包括成就、赏识、挑战性的工作，增加的工作责任以及成长和发展的机会。如果这些因素具备了，就能对人们产生更大的激励。从这个意义出发，弗雷德里克·赫茨伯格认为传统的激励假设，如工资刺激、人际关系的改善、提供良好的工作条件等，都不会产生更大的激励；它们能消除不满意，防止产生问题，但这些传统的激励因素即使达到最佳程度，也不会产生积极的激励。按照弗雷德里克·赫茨伯格的意见，管理者应该认识到保健因素是必需的，不过它一旦使不满意中和以后，就不能产生更积极的效果。只有激励因素才能使人们有更好的工作成绩。

在企业和组织管理中，双因素理论有以下借鉴和应用价值。

① 重视保健因素，创造良好的工作外部环境，可以消除员工不满意的负面情绪和态度，这对提高工作效率和管理效能有积极的作用。

② 有效的管理，应在保健因素的基础上，多采用"赫氏的工作内容丰富化"的激励因素，即改善个人工作本身的激励因素，获取成就、赏识、责任、进步和成长的机会。同时，增加核心工作要素及技能的多样性、任务的完整性、任务意义、自主权和反馈，使员工体验到工作的意义和赋予的责任，并知晓工作的结果。给予员工更多的主人翁感，多安排有挑战性、战略意义和关键性的工作，扩大工作范围，增强成就需要，让工作本身成为一种强有力的激励因素。

③ 要使工资和奖金分开，两者都成为激励因素。必须把它们与企业经营好坏，与部门、组织、个人的工作成效联系起来，才能收到应有的激励效果。如果不顾经济效益好坏，无论工作成绩大小，一律吃大锅饭，搞平均主义，把奖金变成"附加工资"，人人有份，则奖金就会变成"保健因素"，花再多钱，也起不了多大的激励作用。反而使员工认为这奖金是理所应得的；如果奖金取消了，或者个人没有得到，则会造成员工的不满情绪。

4. 美容企业激励策略

(1) 将美容企业经营目标与员工个人目标相结合

在激励中设置目标是一个关键环节。目标设置必须以体现美容企业经营目标为要求，还能满足员工个人需要，才能收到良好的激励效果。现在美容企业普遍设置的业绩提成就是一种很好的薪酬激励，员工个人的目标业绩其实就是美容企业业绩目标的分解，关键是额度设置要适度，过高或过低都起不了激励的作用，同时目标的分解过程需要员工的积极参与，这样的目标才能被员工转化为自我控制、自我管理的激励力量。

(2) 物质奖励和精神奖励并举

每一个社会人都存在物质需要和精神需要。美容企业员工的激励方式既有物质激励（如工资、奖金、福利和各种实物等），也有精神激励（如社交、自尊、成就、晋升、自我实现等）。物质激励是基础，精神激励是根本，在两者结合的基础上，逐步过渡到内在的、精神激励为主。例如，一些大中型美容企业设立一项特别的奖励，即"回报父母奖"，每月200～300元，奖励获得A级级别的美容师，存入父亲和母亲专用账户。这是基于少许物质的巨大精神激励，能让美容师在心理上获得已经自立、自强和自我实现的精神慰藉，同时也是一种感恩情怀的培养。

(3) 因人而异，按需激励

激励的起点是满足员工未满足的需要，但员工的需要存在个体的差异性和动态性，因人而异，因时而异，并且只有满足最迫切需要的措施，其效价才高，激励强度才大。所以，在制定和实施激励政策时，首先要调查清楚每个员工真正需求的是什么，并将这些需求整理归类，然后制定相应的激励政策，帮助员工满足这些需求。

针对员工的需求量身定制激励措施。美容企业提供的奖励必须对员工具有意义，否则效果不大。每位员工能被激励的方式不同，美容企业应该模仿自助餐的做法，提供多元激励，供员工选择。针对不同年龄段、不同工作阶段的员工，要采取不同的策略。例如，对于在美容企业刚刚工作的大学毕业生，其生计的压力较大，因此一定物质和金钱上的奖励远比精神上的激励更具有时效性；对于工作已久的老员工，激励的策略往往更需要的是尊重以及自我价值的展现，让老员工认识到自己的重要性，并能够获得年轻人或者上司的信任与尊重，都会对其起到一定的激励作用。

（4）对员工适度授权

根据马斯洛需求层次理论，个体都有自我实现的需求。因此在工作中，无论从事何种职位或者工作内容的员工，美容企业管理者都可以相应适度地给予其一定授权，从而增强其主人翁意识，并更加体现其价值。适度授权对员工有积极正向的激励。

（5）激励需客观公平

客观公平是员工管理中一个很重要的原则。员工感受到的任何不公的待遇都会影响其工作效率和工作情绪，并且影响激励效果。取得同等成绩的员工，一定要获得同等层次的奖励；同理，犯同等错误的员工，也应受到同等层次的处罚。如果做不到这一点，管理者宁可不奖励或者不处罚。管理者在处理员工问题时，一定要有一种客观公平的心态，不应有任何的偏见和喜好。虽然你可能喜欢某些员工，不太喜欢另一些员工，但在工作中，一定要一视同仁，不能有任何不公的言语和行为。

（6）形象与荣誉激励

一个人通过视觉感受到的信息，占全部信息量的80%。因此，充分利用视觉形象的作用，激发美容员工的荣誉感、成就感、自豪感，也是一种行之有效的激励策略。常用的方法是照片、资料张榜公布，借以表彰职业道德、业绩突出的标兵、模范，立标杆可起到榜样激励的作用。如果有条件的话，还可以通过内部网站传播公司的经营信息，宣传公司内部涌现的新人、新事、优秀员工、劳动模范、技术能手、模范家庭等。这样可以达到内容丰富、形式多样、喜闻乐见的效果。

（7）信任关怀激励

信任关怀激励是指美容企业的管理者充分信任员工的能力和忠诚，放手让其工作，并在员工遇到困难时，给予帮助、关怀的一种激励策略。这种激励策略没有什么固定的程序，总的思路是为员工创造一个宽松的工作环境，给予员工充分的信任，使其充分发挥自己的聪明才智；时时关心员工的疾苦，了解员工的具体困难，并帮助其解决，使其产生很强的归属感。这种激励策略是通过在工作中满足员工的信任感、责任感等需要达到激励作用的。

（8）多表扬少批评，让员工愉快地工作

让员工热爱美容企业，很重要的一条就是让员工在美容企业工作时感到愉快。无论是工作环境、工作责任、人员关系、技能，还是与顾客交流、沟通以及服务都能处于一种良好的气氛中。经常表扬、赞美员工身上的亮点（优点），哪怕是衣服、装饰、发式、鞋子、工作态度、工作主动性等一些小细节，都是表扬、赞美她（他）的借口，愉快、充实、满足的感觉就自然形成了。

在平常工作中，美容企业管理者应按照"用建议代替批评，用宽恕代替责备"的原则，尽可能避免当着其他人的面批评指责美容师。针对美容师的一些不足提出建议的时候，应该先恰当地赞美美容师的工作，然后针对具体存在的问题提出改善的意见和方法，引导美容师认同自己的观点。美容企业管理者对于员工之间的摩擦也应及时调解，教会美容师如何进行有效的沟通和建立良好的人际关系。

管理者要善于观察员工是否把美容企业当作自己生活、未来的主体部分，是否在此工作愉快，并仔细分析。例如，有一员工休假三天，到第二天就主动提前报到上班了，此时员工一定是感觉在此上班比较愉快。

(9) 展现美容企业美好远景

美容企业美好远景，是指宏观远景和现实前景。把美容企业优秀、好的一面进行广泛宣传和展示，把美容企业在行业中的地位适度进行夸张，把美容企业经济实力予以表现，把美容企业文化给予弘扬，把美容企业知名度进行很好利用，把美容企业人气牢牢抓紧，把美容企业发展规划告知大家。这样可以使员工对美容企业本身的远景充满信心，对美容企业发展之路亦充满信心。这是让员工热爱美容企业的基本条件和环境。

(10) 奖惩适度

奖励和惩罚不适度都会影响美容企业的激励效果，同时也会增加激励成本。奖励过重会使美容企业员工产生骄傲和满足的情绪，失去进一步提高自己能力的欲望；奖励过轻起不到激励效果，或者让员工产生不被重视的感觉。惩罚过重会让员工感到不公，或者失去对公司的认同，甚至产生怠工或破坏的情绪；惩罚过轻会让员工轻视错误的严重性，可能还会犯同样的错误。

 美容企业员工流失原因与对策

经营美容企业，最难的问题不是来自客源，而是美容师的流失，这在中小美容企业更为突出。统计数字显示，美容行业的人才平均流失大概为30%～35%，相对于其他行业来讲比较高，有的美容企业达到50%，大型美容企业（连锁机构）相对理想一些，为5%～10%，处在一个比较合理、正常的范围。可以说，美容师的流失已经成为美容行业最为关切的核心问题。

1. 美容企业员工流失的员工内在原因

(1) 发展空间有限

根据马斯洛需求层次理论，人有自我实现、自我发展的需求，如果美容企业无法给予员工一定的发展空间，无法让有理想、有抱负的员工实现自己的人生价值，势必会影响到员工的稳定性。一个老员工，或者说一个比较有能力的美容师是很注重职业发展空间的。如果在企业里没有可发展的空间，看不到希望，流失是正常的。美容企业无论规模大小都应该为员工设定合理的职业发展晋升的通道，帮助员工实现自身的价值。

(2) 业绩目标设定过高

目标管理是一种科学的管理，它的突出特点是自我控制、自我管理，从而调动员工工作的积极性，以员工、部门目标的实现来实现企业的目标。科学、合适的目标制定是目标管理的关键。有些美容企业迫于经营的压力，将美容师的业绩目标设定过高，偏离"跳一跳，摘桃子"的设定原则，结果让人无法实现，久了也就失去了管理的意义。员工对老板的信任度自然就会下降，有条件者会选择离职，留下来的员工工作积极性也会逐渐消失，业绩不升反降。这是一个常理性问题，也是一个十分危机的问题。

(3) 工作成就感缺失

工作成就感是相对于那些比较注重情感及责任心的员工，这些员工对金钱看得并不是很重，更在乎的是自己在工作中所得到的成就感、同事的认同、老板的肯定，这是一种自我实现式的高级情感需求。这些员工往往能够成为企业核心的员工，也是美容企业需要留住而又不容易留住的优秀员工。

(4) 工作环境不佳

良好的工作氛围首先是由领导者布局的,如果不是经营者直接管理,那就是由店长来主导。一种积极向上的工作氛围,能不断创造好的业绩。相反,员工之间缺少信任、认同与合作,而是相互使坏,进行不正当竞争,管理缺失公平、公正与公开,在这样的工作环境中,新员工得不到应有的指导和关怀而不能适应,老员工也容易心灰意冷,离心"叛离"企业的自然会越来越多,更谈不上会有什么好的业绩。

(5) 薪资待遇不公平

为追求更高的薪资待遇而选择离开是美容师流失最普遍的动机之一,而深层次的原因是美容师觉得在薪资待遇上自己受到不公平的对待。这种"不公平"是比较得来的,是把自己的付出与所得同其他美容师的付出与所得进行比较,当觉得不公平时,外部又存在机会,选择离开便是必然的。美容企业的薪资架构不仅要符合行业内水平,而且要体现公平、公正、公开的评定薪资标准。

(6) 生活枯燥,工作时间过长,造成心理疲劳

据统计,美容师平均工作 8~10 小时,月休 2~4 天,一般工作到晚上 9 点,加上晚间清洁卫生,至少要到 10 点以后才能休息,而人体以一天工作 8 小时为适。另外,美容师的工作大多没什么变化,整天就是在美容院狭小的空间内活动,要在单调中面对冗长的时间。这些会造成美容师生理和心理的倦怠疲劳,换工作的想法也就油然而生了。

(7) 创业愿望驱动

不少美容师在从业之初,就有很强的创业意识,认为美容行业创业门槛相对较低,掌握了一定的技术就可以自己去开美容院。这里分两类人:一类是那些事业心强、用心地去做事情的美容师,成长快,离职创业是很正常的;另一类人创业愿望虽强,但心态浮躁,不会用心去做多少事,也没多少能力,离职对美容院来说,也不是坏事。

(8) 美容企业同行"挖墙脚"

这是造成美容师流失的外部因素。同业竞争,挖人才墙脚,在人才需求大于供给的美容行业颇为激烈,往往造成严重的顾客流失和经济损失,影响恶劣。

(9) 无合同约束

有的美容企业在招聘员工时没有与美容师签订劳动合同,美容师认为不能从法律上维护自己的权益,因此在条件成熟的时候,美容师选择离职也就不奇怪了。

2. 美容企业员工流失的企业自身原因

(1) 美容企业自身业务发展停滞不前,竞争中处于劣势

美容企业出现这样的情况后会对员工的工作积极性以及未来的职业规划造成一定影响。企业业务发展缓慢甚至停滞,势必会影响员工的利益。员工在所工作的企业看不到希望后,会开始寻找新的价值实现方式以及新的收入增长方式。

(2) 企业没有良好的企业文化

想要吸引并留住优秀的员工,企业要有良好的企业文化。以下是一些常见的不利于保留员工的企业文化。

① 没有设定战略或者远景规划的企业:企业的管理者没有设定清晰的发展目标,经常变换发展方向,使员工不知道自己的努力方向和发展方向。久而久之,企业失去了凝聚力与向心力,员工也失去了工作的热情,不甘于此的员工必然会离开公司寻找新的发展平台。

② 组织机构烦冗，官僚气息浓厚：比较大型的具有一定规模的美容企业或者美容机构，为了加强管理与控制，会建构自己的组织架构和管理体系，这些设定应是为了提高企业的生产效率与收益，而并非为员工工作创造障碍。而如果组织规则过于烦冗，变得僵化与教条，官僚主义气息浓厚，那么企业就失去了活力，员工也失去了工作的热情与斗志。

(3) 缺少长期的人力资源规划，管理观念短视

健全的人力资源职能对于优秀的企业来说至关重要。要想保留住优秀的员工，需要建立健全人力资源的培训与发展职能。对员工实施有计划、有系统的在职培训，不断提高员工的职业技能，是提高员工工作能力和工作热情的重要方式。

除了要重视培训，美容企业还要鼓励员工进行一定的内部流动，包括不同岗位之间的流动，也包括一定的晋升。美容企业需要完善的岗位晋升机制，当企业内部出现空缺岗位时，应鼓励内部员工竞聘。而不是总要"空降"，或者坚持"外来的和尚好念经"的观点。

(4) 管理者的风格与管理方式也直接影响着员工工作的稳定性

据某美容营销机构数据研究中心统计，因顶头上司因素而离职的员工占整个离职员工的35%。美容企业管理者分工不明确，规章制度缺失，任人唯亲，对待下属态度蛮横，以严厉代替宽容，以指责代替指导，以完成任务代替人性关怀，以居高临下代替人格平等，造成紧张僵硬的工作管理氛围，美容企业的员工势必会选择离开。以下几种情况是管理者通常能够影响员工离开的行为。

① 员工的工作得不到赏识与认可，干出了成绩是领导的，出了问题是自己的。

② 自己的管理者在业务或者管理上水平一般，无法在工作中提高自己，感觉这么下去前途很渺茫。

③ 主管领导的授权不够，员工缺少一定的工作自由性。

④ 员工所在部门的领导做事不公正，没有一碗水端平，总是对善于搞关系或者与自己兴趣性格相投的人给予过多的关注与认可，忽略了其他员工的感受。

⑤ 领导很容易情绪化，经常批评和斥责员工，甚至做一些让员工意想不到的事情。

⑥ 领导的行为不检点，没有以身作则，经常做一些让人感觉不地道的事情。

(5) 企业给付员工的薪酬缺乏行业竞争性

合理的薪酬应该是"对外具有竞争性，对内具有公平性"。一般来说，员工会将薪酬与其他企业相对比，若企业能够给付员工合理的薪酬，那么就能够在一定程度上避免人员流失。合理的薪酬既具有竞争性，也具有公平性。有的美容企业或美容机构很少对市场进行调查，只是根据企业的情况或者低于企业的发展情况而给付员工薪酬，由于薪酬过低而导致员工走向其他高薪的企业，这就导致人才流失。有的企业也许给付达到甚至超越了同行业标准，但缺少内部公平，员工常常把自己的薪酬与比自己等级低的职位、等级相同的职位以及等级更高的职位上的人所获得的合理薪酬进行对比，从而通过这种对比来判断企业所支付的薪酬是否公平合理，员工一旦认为自己在薪酬方面受到了不公平的对待，就会造成核心人才的流失。

3. 美容企业员工流失的对策措施

企业员工流失，在一定合理的范围内，是正常的"换血造血"，有利于企业的良性发展。真正影响美容企业发展壮大的是核心员工，留住核心员工才是美容企业管理必须解决的问题。以人为本，尊重人，爱护人，在制定、实施各项措施时处处留心，只有留住心，才能留住核心员工。在解决员工流失问题上，要从根本上进行解决，不能盲目。如果员工是因为对工资不满意

而离职，不能单纯地依靠涨工资来解决这一问题，而要从多方面入手。

(1) 富有竞争力的薪资收入以及较为公平的薪酬体系

一个有竞争力的美容企业首先是员工有较高的收入，使员工的工资水平对外具有竞争力，这是美容企业经营者的责任。也就是说，让员工们生活得更好是经营者的职责。必须承认高工资对员工来说吸引力较大。然而如何提高工资，给哪些员工提高工资，是美容企业必须认真对待的问题。管理者应根据经营管理队伍、专业队伍和操作队伍的不同特点，在建立科学有效的评价体系、合理设立收入序列、完善奖惩办法等方面做深入细致的工作，让美容企业真正需要的人才脱颖而出，让真正为美容企业作贡献的人得到实惠，抓住核心员工才能抓住企业的核心。以"各得其所，永不满足"的工资分配理念，增强核心员工的归属感和成就感，解决他们在经济上的后顾之忧，让他们全身心地投入到工作中去，为美容企业创造最佳的经济效益。

目前，大部分美容企业实行的是奖励工资制，即基础工资加业绩提成。有些美容企业根据年度经营目标的完成与增长情况，在年终利润中抽出一定比例，奖励全体员工和作出突出贡献的员工，体现"奖励团队优于奖励个人"的原则。员工持股计划可以使员工与美容企业利益紧密结合，结成同舟共济的利益共同体，能有效提高美容企业的工作效率，也是留住人才最有效的方式之一。

在合理的薪酬体系中体现出公平原则。在心理学的激励理论中，对薪酬设计和薪酬管理颇具影响的理论为斯塔西·亚当斯的公平理论。该理论认为，员工首先会思考自己的收入与付出的比率，然后将自己的收入—付出比与他人的收入—付出比进行比较。如果员工感觉到自己的比率与他人相同，则为达到了公平状态；如果感到两者的比率不相同，即他们会认为自己的收入过低或者过高。这种不公平感出现后，员工就会试图去纠正它。不公平感的增加会加剧员工离职的风险。因此，薪酬体系的设计要体现出劳动与报酬的公平性。

(2) 打造优良的企业文化

从多角度、多方面努力为员工营造良好的工作氛围，进而能够激发员工的使命感，凝聚员工的归属感，加强员工的责任感，使员工在工作过程中能够获得成就感。企业文化包括企业的经营哲学、价值观念、企业形象、企业制度等内容。优良的企业文化具备以人为本的特性，企业文化是一种以人为本的文化，最本质的内容就是强调人的理想、道德、价值观、行为规范在企业管理中的核心作用，强调在企业管理中要理解人、尊重人、关心人、注重人的全面发展，用愿景鼓舞人，用精神凝聚人，用机制激励人，用环境培育人。

(3) 招聘引进员工

招聘引进员工是美容企业员工队伍建设的首要一环，引进人员的素质高低决定着美容企业未来的发展，因此在招聘计划和策略上，美容企业应根据自身人员结构和岗位需求，合理、有的放矢地招聘美容企业需要的人员。如果美容企业招到的是不够忠诚、缺乏职业道德的员工，便很难通过后期的培养和共事让他对美容企业忠诚。如果招进来的员工有频繁离职的经历，美容企业就有理由认为他不能在工作岗位上踏踏实实地做下去。类似这样的人，即使能力非常出色也不能长久地服务于企业。他们常常把企业当成自身成长的跳板，一有机会就会弃企业而去。所以，一定要抓好招聘关，设立基本的职业道德规范标准，并实施相应的心理测评及背景调查，从人员选用阶段就把控住员工的基本素质。

(4) 建立健全的沟通网络

没有沟通，就没有管理。著名组织管理学家巴纳德认为，"沟通是把一个组织中的成员联系在一起，以实现共同目标的手段"。美容企业的员工管理必须建立一个有效、健全的沟通网络，协调个人、群体、企业三者的关系和活动，使管理层工作更加轻松，使普通员工大幅度地提高工作绩效,增强企业的凝聚力和竞争力。

① 会议沟通:美容企业举行各种类型、各种规模、各种形式的会议,可以起到集思广益的作用。在会议讨论中,可以互相激发思想火花,在各种不同思想的碰撞和交锋中,从不协调到协调,从不同想法到获得相近或一致的见解。但美容企业的会议不能是简单的一端发送、另一端接收指示的收听式,而应是有中心、有目的的汇聚群体成员的智慧、思想、经验和信息的互动式。

② 个别交谈:美容企业是一个整体,员工间必须相互关怀、互相了解。个别交谈既是彼此关心建立感情的渠道,也是探讨和研究问题的重要方式。个别交谈比会议讨论可能更深入、更细致,更容易获得双向交流提升信息的质量。

③ 开放式讨论:美容企业开放式讨论采用的应是有主题无领导的讨论,事先向与会成员发出讨论的主题,要求每个与会成员事先做好发言准备。然后针对主题,在宽松的氛围中,大家敞开思路,畅所欲言,倡导创新思维,不断补充和完善,寻求多种决策思路。这是一种"头脑风暴式"讨论,是整体效益最佳的沟通交流过程,而非"1+1"的简单叠加。

④ 网络沟通:充分利用网络,能快速地传递美容企业员工所获取的最新信息和创造的最新思想。这种快速的传递会达到快速的撞击,快速的撞击有时会获得意想不到的创新成果。

美容企业成员可以通过电子邮件等网络途径表示彼此的关心和实现个体劳动的联结,员工可以利用网络请求帮助和给予帮助以求企业群体的最优绩效。

另外,沟通是双向的,就美容企业员工和管理者关系而言,员工首先应该主动与管理者沟通,管理者也应该积极与部属沟通。任何一方积极主动,而另一方消极应对,沟通也是不会成功的。只有大家都真诚地沟通,双方密切配合,美容企业才可能发展得更好更快。

(5) 合理配置人才资源

合理配置人才资源,就是要做到人尽其才,才尽其用。美容企业应通过建立合理的人才流动机制,创造公平的竞争环境,有效掌握人员流动方向和流量,形成合理的人员结构(知识结构、技能结构、年龄结构),保证核心员工迅速、有效、合理地配置。首先,要建立科学的人才选拔机制。美容企业要根据核心员工的不同特点,实行岗位动态管理,使能者上庸者下,吐故纳新,始终保持岗位人员的生机和活力。同时,要有针对性地淘汰不符合企业经营要求、知识要求、技能要求和文化要求的员工,并及时引进符合企业发展要求的新员工。这里特别注意防止二流员工的沉积。由于核心员工在知识、技能、品质等方面素质较高,往往不可避免地成为各美容企业争夺的目标,因而具有较强的流动性,二流员工由于知识、技能等综合素质较差,往往容易沉积在企业,难以流动。因此,美容企业应当通过业绩考核、技能评估等评价办法,选拔出核心员工,淘汰综合素质较差的员工。

(6) 职业生涯管理

美容企业要根据"管理人才、专业人才、操作人才"的不同特点,分别设计员工成长、成才的渠道,并有针对性地进行系统培训,这是美容企业留住核心员工的重要手段。在培养过程中既要进行普遍培训,也要有针对性地重点培养技术全面、综合素质好的员工,建立核心员工人才库,在岗位晋升、福利待遇等方面优先考虑。

在职业生涯设计过程中,要注意根据初始、成长、成熟、再提升四个阶段的特点区别对待。初始阶段为一个新进人员初来企业的头几个月。这期间,经过训练的新人,对企业内部事务渐渐由陌生到熟悉,对负责的工作刚摸索出一套处理模式。这一阶段,应注意使员工尽快适应环境,如果任其发展,很可能从此埋没这个员工,或导致其跳槽。因此,在此阶段应当采取"导师带徒弟"等方式,对新进人员加强培养。成长阶段由于员工在美容企业内已建立了一些特定的人际关系网络，对所从事的工作有了相当程度的掌握，因此是最容易施展才华、最有干劲的阶段。对这一阶段的员工，除应给予工作上的肯定外，还应适度地安排相关的技能训练课程，提高其专业水平。进入成熟阶段，员工的工作经验已较为成熟，但面临成长、突破之瓶颈，这时美容院如能给予适度的培训、调职或晋升机会，将有助于员工职业生涯的良性循环。再提升阶段是每位企业员工必将面临的自然过程，如果美容企业疏于关切和疏导，则不但会影响企业的经营，对其他员工的士气也会产生不良影响。因此，美容企业要采取适当方式来疏导员工面临再提升期的问题。

(7) 心理契约保障

美容企业防止核心员工流失的一个重要方面，是在员工管理过程中，美容企业要与员工建立起组织的心理契约。心理契约是企业与员工彼此对对方应付出什么，同时又应得到什么的一种主观心理约定，其核心成分是雇佣双方内隐的不成文的相互责任。心理契约的内容相当广泛，而且随着员工工作时间的积累，其范围也越来越广。

美容企业要建立与员工的心理契约，首先在面试之初招聘人员必须清楚地意识到，口头的没有保障的承诺会造成员工不切实际的期望，降低员工对美容企业的信任感并会产生较高的离职率。所以，在面试过程中，招聘人员要尽量提供真实可靠的信息，把对员工的期望、职位的要求、责任和义务等信息进行明确公示。在招聘时对职位的有利方面和不利方面做一个实事求是的全面介绍，这样有助于维护双方的心理契约。由于心理契约是处于不断地变革与修正的状态，美容企业和员工双方需要不断调整已有的期望。通过广泛的沟通与交流，员工与管理者详尽地相互了解企业与个人的精神、理念和事业追求，从而不断调整双方的认知和利益，产生满足相互需求的步调一致的行为，建立起稳定的雇佣关系。

(8) 降低对核心员工的依赖

美容企业各项工作的开展无疑离不开美容师的个人操作，但是美容企业千万不要把自己弄到某项工作离开了某个员工就无法运作的地步。美容企业应该通过优化业务流程，科学设计岗位，加强知识管理，来降低对个别能力出色的核心员工的依赖，弱化核心员工对企业资源的控制，避免因核心员工流失给美容企业造成无可挽回的损失。

(9) 建立人才预警机制

"冰冻三尺，非一日之寒"，跳槽事件都不是一朝一夕形成的，往往经历了漫长的积累过程，是美容企业内部管理矛盾达到极限发生的畸变。美容企业管理者不要忽略了员工的感受，可以定期对员工的满意度和忠诚度开展调查，建立科学的人才预警系统，在第一时间掌握员工的动态，防跳槽之患于初起之时。每隔一月或一个季度，对美容企业核心员工管理的现状进行调查，调查内容可以包括核心员工的出勤率、工资状况、同业在核心员工管理上有什么新动向、市场平均薪酬是否上涨等。然后根据评估情况，不断完善各项管理工作。

(10) 签订正规的劳动合同

美容企业在聘用员工之初，应该和每一位员工签订1～2年的工作合同，尽可能提高员工工作的稳定性。劳动合同是双方达成一致才签订的，它代表了双方共同的利益。《中华人民共和国合同法》规定合同内容不得偏向任何一方，否则合同被视为无效。作为美容企业管理者，需要制定一份公平互惠的用工合同，这是经营正规与否的标准，也是让员工放心与美容企业签订合同的一颗定心丸。

另外，美容企业拥有大量的顾客资源和技术秘密，员工在一个合理的期限内有保密义务，这一要求也要在合同中确定下来，也可与核心员工签订竞业禁止协议，限制其离职后若干年加盟与本企业直接竞争的美容企业。

 案例讨论与分析：

　　阅读以下两个案例，请从健全的人力资源制度、建立良好的企业文化的角度，开展分组讨论。

　　案例一：一家美容院的老板，每年中秋节都会额外给员工发 1000 元奖金。但几年下来，这笔奖金已经丧失它应有的作用，因为员工在领取奖金的时候相当平和，并没有人会为这笔奖金表现得特别努力。既然奖金起不到激励作用，加上行业不景气，老板决定停发。但停发后的结果却大大出乎意料，公司上下几乎每一个人都在抱怨老板的决定，有些员工明显情绪低落，工作效率也受到不同程度的干扰。弗雷德里克·赫茨伯格认为保健因素（如工资、工作安全感等）的作用，只有等管理者和员工都树立"有良好工作成效就会有合理的报酬""工作成效越大，所得工薪越高"的观念后，工资、奖金才会成为增强员工工作成效的激励力量。

　　案例二：顾女士是 A 城一家美容院的老板，她自 2002 年开始经营一家美容院以来，每月销售额都能达到 8 万多元。然而两个月前，正当她计划向每月 10 万元的目标大步迈进时，美容院的几位骨干美容师陆续地向她提出辞职，有的甚至直接离开。受这些员工的影响，店里的其他美容师也变得心绪不宁，客人的抱怨越来越多，不少顾客去了竞争对手的美容院，美容院的业绩直线下降，跌到了开业以来最低点。

　　小唐是 A 城的另一家美容院老板，店里有 3 位美容师。作为老板，她从不摆谱，很多时候更是为美容师着想，员工不管是在生活上还是在感情上遇到了什么样的问题，都会向小唐倾诉，小唐也都乐意为她们解决。有一天，一位美容师告诉她，由于租住房子的房东要收回房子，她想请假另租房子，虽然当时店里很忙，缺少一个美容师会有较大的损失，但是，小唐还是给她放了假。人性化、情感式的管理模式，让小唐逐渐赢得了美容师们的信任。融洽的工作氛围，顾客们也看在眼里，大家都说小唐的美容院就像一个大家庭，有一种暖暖的家的感觉。顾客们把这里当成了聊天、放松的好去处。

 学习总结与反馈：

　　人力资源是指一定时期内组织中的人所拥有的能够被企业所用，且对价值创造起贡献作用的教育、能力、技能、经验、体力等的总称。人力资源管理是美容企业的基本管理职能之一，其基本任务是为实现美容企业的目标服务，同时又要考虑员工个人的发展，强调在实现美容企业发展目标的同时，实现员工个人素质的全面提升。做好美容企业的人力资源配置，要把握好员工薪酬管理、制定员工激励策略，并且做好有效防止优秀员工流失等环节的工作。让员工与企业一同成长，才能达到人力资源配置管理的最终目标。

模块五 美容企业质量管理

学习时间：12课时

学习目标

1. 熟悉美容企业质量管理的内容。
2. 掌握美容企业质量管理体系的运行与评价。
3. 掌握美容企业服务规范管理的内容。
4. 掌握美容企业卫生管理的内容。
5. 了解美容企业客情管理的内容。
6. 掌握美容企业客户开发维护的技巧与方法。

电子课件

课程思政目标

在了解美容企业质量管理、美容企业服务规范内容的基础上，引导学生深刻领会到质量为先、高质量发展的重要意义；通过学习美容企业服务规范管理，尤其是美容师仪表、行为规范、服务流程等，引导学生树立细致严谨、立足本职、爱岗敬业的态度，掌握专业的知识技能和养成专业的服务意识，体现创造美的劳动者风采；通过学习美容企业顾客管理与沟通的内容，尤其是投诉管理等，强调尊重标准、尊重顾客，爱岗敬业，以人为本的理念。

学习方式

由教师带领学生学习美容企业质量管理的主要内容，通过在消费平台上的企业评价调研，引导学生树立美容企业质量管理的意识，以模拟接待、实境化分组演示等形式，引导学生了解美容企业服务规范管理、卫生管理的重要意义与基本要求。通过实际案例的观看与分析，了解美容企业客情管理的内容，对客户开发与维护的技巧与方法进行调研、收集和运用，对有效的举措与方法形成清晰的认知。

学习情境

多媒体教室或专业实训室，有网络环境、合作美容企业门店。

学习准备

首次课程设置学习小组，每组4~6人，便于集中授课和分组讨论。

单元 12 美容企业质量管理体系

学习要点 质量管理体系的基本概念；美容企业质量管理体系的建立及美容企业质量管理体系的运行与评价。

学习难点 如何在实际运行中评价美容企业质量管理。

美容企业所提供的服务具有无形性、差异性等一系列特征，因此在质量管理方面，服务型企业也不能像生产型企业一样采取工序质量、质量检验等管理方法进行质量控制。美容企业以顾客需求为导向，服务质量是美容企业的生命和发展基础。"宾客至上，质量第一"是美容企业的宗旨。满足顾客需求，提高消费者满意度是美容企业的重要目标。建立并运行美容企业质量管理体系，使企业管理工作系统化和规范化，不断提高顾客满意度，在激烈的市场竞争中取得主动。

质量管理体系的相关概念

1. 质量

国际标准化组织指出，质量就是"一组固有特性满足要求的程度"。"质量"可使用形容词如差、好和优秀等来修饰。"固有特性"指本来就有的、长久不变的属性。就产品质量而言，固有特性包括性能（机械性能、化学性能、电性能等）、感官的特性（嗅觉、触觉、味觉、视觉、听觉）、行为特性（礼貌、诚实、正直）、时间的特性（可信性、寿命）、人体工效方面的特性（符合生理特性及人身安全特性）、功能特性（发动机功率、飞机时速）等。"要求"是指"明示的、通常隐含的，或必须履行的需求或期望"。"程度"是特性满足的一种度量。

质量具有广义性、时效性、相对性及经济性。

2. 质量管理

质量管理就是在质量方面指挥和控制组织的协调活动。20世纪以前，产品质量主要靠操作者的实际经验来控制，靠简单的仪器以及人们的感官估计来进行检验。进入20世纪后，质量管理有了迅速发展。质量管理大体经历了以下三个阶段。

（1）质量检验阶段（20世纪初到40年代）

通过严格检验来保证工序和出厂产品的质量，是这一阶段执行质量职能的主要内容。在这一阶段，工业企业普遍设置了专职的检验机构。

（2）统计质量管理阶段（20世纪40年代到60年代）

在这一阶段，数理统计方法被应用于质量管理，解决了质量检验事后把关不足，使质量管理的职能由专职检验人员转移给专业的质量控制工程师。这标志着将事后检验的观念改变为预测质量事故的发生并事先加以预防的观念。

（3）全面质量管理阶段（20世纪60年代至今）

全面质量管理是为了能够在最经济的水平上，并考虑到充分满足用户要求的条件下进行市场研究、设计、生产和服务，把组织企业各部门的研制质量、维持质量和提高质量的活动构成一个有效的体系。

进入21世纪后，质量管理朝着更加重视创新、重视各部门的协调配合、重视国际化的方向发展。质量管理的方法、手段更加完善；满足顾客需求期望已经成为企业各种职能管理的共同目标；在质量管理中，采用国际通用的标准和准则成为一种必然。

3. 质量管理体系

质量管理体系就是在质量方面指挥和控制组织的管理体系。建立质量管理体系能够帮助组织增强顾客满意度。它鼓励组织分析顾客要求，规定相关过程，并使其持续受控，以实现顾客能够接受的产品和服务。质量管理体系能够提供持续改进的框架，促使组织持续地改进产品和过程，以增加顾客和其他相关方满意度，一般以文件化的方式，成为组织内部治理管理工作的要求。

（1）ISO 9000族标准

ISO 9000族标准是国际标准化组织（ISO）于1987年制定，后经不断修改完善而形成的系列标准。现已有90多个国家和地区将此标准等同转化为国家标准。该标准族可帮助组织实施并有效运行质量管理体系，是质量管理体系通用的要求或指南。它不受具体的行业或经济部门限制，广泛适用于各种类型和规模的组织，有助于促进国内和国际贸易中的相互理解。

（2）ISO 9000族标准产生

从20世纪70年代起，世界各国经济间相互合作、相互依赖的程度进一步增强，为适应国际贸易和国际间技术经济合作与交流的需要，提高世界范围内的质量管理水平，国际标准化组织（ISO）在总结各国质量管理经验的基础上，于1987年颁布了ISO 9000"质量管理和质量保证"系列标准，并迅速为世界各国所采用。

 美容企业质量管理体系的建立

建立美容企业的质量管理体系一般需要以下七个步骤。

1. 确定顾客和相关方的需求和期望

美容企业进行质量管理的目的就是满足顾客和相关方的需求和期望，确定顾客和相关方的需求、期望是企业建立质量方针和质量目标的前提。

2. 建立组织的质量方针和质量目标

质量方针是由组织最高管理者正式发布的该组织总的质量宗旨和方向。最高管理者应确保质量方针与组织的宗旨相适应，包括对满足要求和持续改进质量管理体系有效性的承诺，提供制定和评审质量目标的框架，在组织内得到沟通与理解，在持续性方面得到评审。

质量目标是质量方面所追求的目标。最高管理者应确保在组织的相关职能和层次上建立质量目标。质量目标包括满足产品和服务要求所需的内容。质量目标应该是可测量的，并与质量方针保持一致。美容企业在质量方针上的核心内容是顾客至上，关注顾客需求，提供让顾客满意的产品和服务。美容企业就应将顾客满意作为质量目标，落实到相关职能部门，并定期对其进行修订，以持续改进。

建立质量方针和质量目标为组织提供了关注的焦点，确定了预期的结果，可以帮助企业利用资源达成这些结果。

3. 确定实现质量目标必需的过程和职责

（1）识别过程

质量管理就是对质量形成过程进行管理。为使组织有效运行，必须识别许多相互关联和相互作用的过程。组织应识别并确定为实现质量目标所需的过程及其在组织中的应用，确定这些过程的顺序和过程之间相互关联、相互作用的关系。

（2）确定实现质量目标必需的职责、权限与沟通

为使质量管理体系能够有效运行，最高管理者应根据实现质量目标的过程，规定组织内的责任和权限，确保组织内的职责、权限得到规定和沟通。企业内的职责和权限应包括总经理、管理者代表、其他分管领导、各个部门主管的职责和权限，以及各个部门、各接口单位之间的职责和权限。最高管理者应在组织内建立适当的沟通过程，并确保对质量管理体系的有效性进行沟通。

4. 确定和提供实现质量目标必需的资源

美容企业确定和提供实现质量目标、满足顾客要求、增强顾客满意度所必需的资源，包括人力资源、基础设施与相应工作环境。人力资源主要有确定从事影响质量工作的人员所必要的能力，通过招聘、培训或其他措施确保员工接受赋权和职责并具备实现质量目标的能力。基础设施与工作环境是指具有相应的工作场所和相关设施、相应的仪器设备、卫生控制、通信、运输等其他服务。

5. 确定为确保过程有效运行和控制所需的准则和方法

为确保过程的控制和有效运行，美容企业质量管理体系范围的各个过程、质量活动都应建立相应的程序，这主要有如下几个方面。

（1）与顾客有关的过程

① 企业应确定顾客的有关要求如下：顾客规定的要求，即交付和交付后活动的要求，顾客虽然没有明示，但规定的用途或已知的预期用途所必需的要求；有关的法律法规要求，组织确

定的任何附加要求。

② 企业评审与服务有关的要求如下：评审应在组织向顾客作出提供服务的承诺之前进行；应确保有明确的服务规范，使服务的要求得到规定；对与以前表述不一致的合同或订单上的要求予以解决；企业应有能力满足规定的要求；对评审结果及评审所引发的措施记录应予以保持；若顾客提供的要求没有形成文件，企业在接受顾客要求前应对顾客要求进行确认；若服务的要求发生变更，企业应确保相关文件得到修改，并确保有关人员知道已变更的要求。

③ 企业对服务信息、问询及合同或订单的处理（包括对其修改）、顾客反馈（包括顾客抱怨）等方面进行确定，并与顾客进行有效沟通。

④ 组织应对有关是否已满足顾客要求的信息进行收集，如使用顾客评价系统获取和利用信息。

⑤ 收集顾客的感受，可以通过顾客满意度调查、来自顾客关于服务质量方面的信息、流失业务的分析、顾客赞美、索赔及销售报告等获得。

⑥ 企业应保护在企业控制下的顾客财产，应妥善安置、保管顾客随身物品，并予以标识。若发生顾客财物丢失、损坏等情况，应告知顾客，予以赔偿，并做相关记录。

⑦ 企业应保护用户的个人资料和隐私，严禁传播外泄。

(2) 采购方面

① 采购信息：采购信息应针对性地表述拟采购的产品。主要内容如下：产品、程序、过程和设备的批准要求；人员的资格要求；管理体系的要求。在与供方沟通前，企业应确保所规定的采购要求是充分与适宜的。

② 采购产品的验证：企业应确定并实施检验或其他必要的活动，以确保采购的产品满足规定的采购要求。

③ 采购过程：供方及采购方产品控制的类型和程度应取决于采购的产品对随后服务过程的影响。企业应根据供方按组织要求提供产品的能力评价和选择供方，制定选择、评价和重新评价的准则，对评价结果及评价所引起的任何必要措施的记录应予以保持。

(3) 服务提供的控制

美容企业应策划并在受控条件下进行服务提供。受控条件应包括如下几点：获得表述服务特性的信息；制定服务指导手册；使用适宜的设备；获得和使用监视和测量装置；实施监视和测量；服务提供和服务提供后活动的设施等。

(4) 产品的防护

美容企业应针对所提供的产品的符合性提供防护，这种防护应包括消毒、包装、储存和保护。防护也应适用于产品的组成部分。

(5) 不合格品的控制

美容企业应确保不符合要求的产品得到识别和控制，以防止非预期产品的使用或交付，如过期产品。对于不合格品控制及处置的有关职责和权限，应在形成文件的程序中作出规定。

(6) 纠正措施

美容企业应采取纠正措施，纠正措施应与所遇到不合格的影响程度相匹配。应编制形成文件的程序，规定以下方面的要求：评审不合格（包括顾客意见与投诉），确定不合格原因；评价确保不合格行为杜绝的措施需求；确定改进和实施所需的措施；记录所采取措施的结果等。

(7) 预防措施

美容企业应确定预防措施，以消除潜在不合格的原因，防止不合格的发生。预防措施应与潜在问题的影响程度相适应。应编制形成文件的程序，规定以下方面的要求：确定潜在不合格及其原因；评价防止不合格发生的措施需求；确定和实施所需的措施；记录所采取措施的结果；评审所采取的预防措施。

6. 质量管理体系文件编制

文件能够沟通意图、统一行动，文件的形成本身并不是目的，它应是一项增值活动。质量管理体系文件应包括以下几个方面。

① 文件的质量方针和质量目标。
② 质量手册。
③ 本标准所要求的形成文件的程序和记录。
④ 组织确定的为确保其过程的有效策划、运行和控制所需的文件和记录。
⑤ 本标准所要求的质量记录。

7. 文件控制

质量管理体系所要求的文件应予以控制，应编制形成文件的程序。记录是一种特殊类型的文件，应建立并保持，以提供符合要求和质量管理体系有效运行的证据。记录应保持清晰、易于识别和检索。应编制形成文件的程序，以规定质量记录的标识、储存、保护、检索、保存期限和处置的控制。

美容企业质量管理体系的运行与评价

任何一个质量活动的过程改进都要遵循 PDCA 循环规则进行，否则会徒劳无功。PDCA 即策划（Plan）、实施（Do）、检查（Check）和处理（Act）。质量管理体系的有效运行是依靠体系的组织机构进行组织协调、质量监控、信息管理、质量管理体系审核和评审实现的。组织应利用质量方针、质量目标、审核结果、数据分析、纠正与预防措施以及管理评审，持续改进质量体系的有效性。

1. 质量管理体系的运行

（1）内部审核

内部审核是指以组织自己的名义所进行的自我审核，又称第一方审核。

内部审核应考虑拟审核的过程、区域的状况和重要性以及以往审核的结果，应对审核方案进行策划，应规定审核的准则、范围、频次和方法。审核员的选择和实施应确保审核过程的客观性和公正性。审核员不应审核自己的工作。

策划和实施审核以及报告结果、保持记录的职责和要求应在形成文件的程序中作出规定。负责受审区域的管理者应确保及时采取措施，以消除所发现的不合格产品及其原因。跟踪活动应包括对采取措施的验证和验证结果的报告。

（2）管理评审

最高管理者应按策划的时间间隔评审质量管理体系，以确保其持续的适宜性、充分性和有效性。评审应包括评价质量管理体系改进的机会和变更的需要，包括质量方针和质量目标。

对质量方针和质量目标的评审，依据是顾客的期望和社会要求，并考虑新技术的采用以及质量概念的发展和经营环境的变化。质量管理体系改进的机会和变更的管理评审，依据的主要内容有顾客反馈、过程的业绩、产品的符合性、预防和纠正措施的状况、以前的审核结果、以往管理评审的跟踪措施、可能影响质量管理体系的变更和改进的建议。

管理评审应对质量管理体系及其过程有效性的改进、与顾客要求有关的产品改进、资源需求作出评价。管理评审定期进行，最长的间隔时限不得超过12个月。但在组织内部或环境因素有大的变化时应及时进行。管理评审应保持评审记录，并提交评审报告。

（3）数据分析

组织应确定、收集和分析适当的数据，以证实质量管理体系的适宜性和有效性，并评价在何处可以持续改进质量管理体系的有效性。这应当包括来自监视和测量的结果以及其他有关来源的数据。

数据分析应提供以下有关方面的信息：顾客满意；与产品要求的符合性；过程和产品的特性及趋势，包括采取预防措施的机会；供方数据。

2. 美容企业质量管理八项原则

（1）以顾客为关注焦点

顾客是企业之本，为此，了解顾客当前和未来的需求是美容企业经营的基本要素。将顾客需求或期望传达给整个企业，使员工加强与顾客的联络，就有关顾客体验及反馈实施监测和汇总，从而持续改进组织的过程和产品，最终提升顾客满意度。

（2）发挥领导作用

美容企业领导者确立企业统一的宗旨及方向，如良好的企业文化和正确的价值理念。领导者在企业中营造使员工充分参与的内部环境，并重点保障和规划员工的利益和职业发展，加强员工的企业文化培训，使员工与企业发展步调一致，同心同德，从而建立起一支具有正确价值观导向、较高职业道德和行为规范的团队。

（3）全员参与

美容企业成员的充分参与是组织发展之本，调动成员的积极性，使成员具备"主人翁"的自觉性，方能为企业带来收益。企业中各岗位成员应接受赋权和履行职责，并具备解决问题的能力，成员合理分工，各负其责，协调并进，并通过积极有效的目标考核，使其主动提高能力，为自己的工作岗位和组织创造效益并提高企业形象。

（4）过程方法

将过程完整记录留存，其资料作为过程方法进行管理，可以更好地提高效率达到目标。为此，组织应当识别并确定为达到预期目标所需的过程，明确职责和权限，识别并确定过程之间的相互关联和相互作用关系，评估风险及其相关方的影响。

（5）系统管理

将相互关联的过程作为系统加以识别理解和管理，有助于组织提高实现目标的有效性和效率。例如，建立顾客管理、服务评价、员工考勤、绩效考核等系统的管理结构，综合运用并了解系统各过程之间的相互关联和相互作用关系。通过测量和评估以持续改进体系。

（6）持续改进

持续改进总体业绩、不断提高顾客满意度应当是美容企业的永恒目标。为此，企业员工都应将服务、过程和体系的持续改进作为目标，企业要为每个员工提供有关持续改进的方法和手段的培训，根据系统化管理中的验收准则评估、跟踪，使员工发现改进机会，追求卓越和预防问题发生。最终建立一套指导、识别和持续改进的方法。

（7）循证决策

循证决策是基于事实的决策方法，美容企业在决策前，应当测量和收集所需的数据和信息，确保数据和信息充分、准确、可靠，并加以科学分析，使企业决策者能基于事实分析，作出决策并采取措施。

（8）关系管理

关系管理是指为了持续成功，企业需要管理与供方等相关方的关系。组织应当识别和选择关键供方，在权衡短期利益和长期利益的基础上确立与供方的关系，与关键供方共享专门技术和资源，建立明确的、透明的沟通渠道，提倡双方共同开发与改进产品和过程，鼓励供方改进业绩。

企业质量管理八项原则是世界各国多年来的理论研究成果和实践经验，体现了质量管理的基本规律，形成了质量管理体系标准的基础。

3. 美容企业质量管理体系的运行评价

第一，美容服务人员对所从事的服务活动的自检，是测量服务过程的重要部分。自检根据活动的特点分为操作者自检和所在部门自检。两种自检方式将被单独或结合使用，自检将以顾客满意度评价与服务总结方式记录。

第二，职能部门对其主管活动的定期或不定期检查是对服务提供活动的另一种控制和评价方式。职能部门采取进行电话及网络回访、接受顾客投诉、汇总顾客评价、定期举办顾客座谈会等方法了解顾客满意和不满意的反馈；采取各种方式与顾客积极沟通，使顾客了解美容企业的真实情况，同时企业了解顾客潜在与现实的需求；职能部门通过定期与不定期的检查，对美容顾问、美容师的服务作出总结，对美容师和美容顾问的业绩、能力、服务质量作出评估，并作出顾客满意度报告。

第三，美容企业通过定期的内部质量审核和管理评审对质量管理体系的全面状态做评价，其中包括对顾客服务质量的控制、服务质量效果的评价。内部质量审核将涉及顾客服务整个提供过程的每一项活动和特性。

第四，由企业管理者结合顾客满意度报告，内部质量审核和管理评审的结果作出整体业绩评估报告，并据此制定美容企业的策略。管理层通过调配资源，协调各部门的配合，制定相应的营销策略，不断完善和规范服务操作程序，并通过美容服务人员传递到每一个顾客，开始新的循环。

4. 持续改进的方法

第一，选择改进的区域。分析和评价现状，识别过程中存在的问题，选择改进的区域。

第二，确定改进的目标。体现有过程的有效性和效率；收集数据并进行分析，以发现经常性或典型问题；选择以上特定问题并确立改进目标。

第三，识别并验证问题的根本原因。

第四，寻求可能解决问题的方法，评价实施效果，确定解决问题的方法。

第五，实施新的解决办法。

第六，对已完成的改进措施的有效性和效率作出评价，确定目标是否已经实现。

第七，正式采纳新的方法并形成文件以规范化，防止问题及其根本原因的再次发生。举一反三，考虑在组织的其他地方使用这种解决办法，消除潜在问题，预防潜在问题的发生。

 案例讨论与分析：

> 阅读以下资料，结合质量管理的知识，分组讨论。
>
> 某美容店选址在某大型高层住宅小区，店面装修简约温馨，吸引了不少在小区内居住的年轻顾客光顾。但是开业一段时间后，张经理发现，美容院日间到访人数仅为晚间到访人数的30%，而且晚间美容院人员排班密度较低，导致晚间出现顾客长时间排队的情况，且顾客抱怨集中在晚间等候时间长、服务人员精力不足这两点。针对顾客反馈，并通过一段时间顾客管理系统的客流量监控，张经理作出如下调整：一是员工值班安排，增加晚班人员排班，减少日间排班；二是延长晚间工作时间，并将增加时间纳入加班补助，提高员工积极性；三是使用顾客线上预约管理系统，可让顾客实时在线预约，避免到店等待；四是设置阶梯优惠活动，日间服务可享受优惠价格。运作一段时间后，美容院客流量逐日上升，业绩屡创新高，员工收入水平也有较大提升，顾客满意度指标显著提高。
>
> 上述美容院店面装修简约温馨，符合住户休息时间的放松休闲需求。同时，美容院管理层通过顾客反馈意见及时发现问题，并针对工作时段和员工服务态度的问题，通过顾客管理系统的数据收集和分析，及时作出经营策略调整，通过修正营业时间、提高员工待遇、上线预约系统、顾客体验等方式，有效提升了业绩和顾客满意。这是有效质量管理的典型体现。

 学习总结与反馈：

> 美容企业以顾客需求为导向，服务质量是美容企业的生命和发展基础。满足顾客需求，提高消费者满意度是美容企业的重要目标。建立并运行美容企业质量管理体系，使企业管理工作系统化和规范化，不断提高顾客满意度，在激烈的市场竞争中取得主动。

单元 13 | 美容企业服务规范与卫生管理

学习要点
美容企业员工仪容、仪表、行为规范；服务规范；美容企业员工个人卫生、环境卫生的管理。

学习难点
美容企业如何结合自身发展建立对应的服务规范管理。

一 美容企业服务规范管理

服务创造价值，美容企业服务质量关系到企业的业绩与生存，企业的每个服务环节尤为重要。美容企业只有提高服务质量，建立企业标准化服务流程，才能满足顾客的需求、赢得顾客的信赖、提升顾客的满意度，才能体现自身价值和满足自身发展的需求。美容企业只有服务得到了赞同和市场的认可，才能在这个激烈的市场竞争中立于不败之地。

服务规范就是对所提供服务的完整而精确的阐述。

（一）建立美容企业服务规范

1. 美容师仪表、行为规范

（1）美容师仪表规范

① 按规定着装，衣服要干净合体，戴好工作帽。

② 头发清洁无头屑，发型利索大方，不要头发遮面，长发要用发卡盘起来并戴上发网，切勿把头发触到顾客身上。

③ 工作时一定要戴口罩，要保持口腔清洁，消除口臭，不吃刺激性影响口气的食品。

④ 做好皮肤保养，切忌长粉刺、青春痘，坚持每月做两次皮肤护理，常做手部保养，拥有一双细嫩的手。

⑤ 经常修剪指甲，保持指甲圆润，工作时不能戴戒指，不涂深色指甲油。

⑥ 美容师不准穿拖鞋和凉鞋上岗、不准赤脚上岗，袜子要保持清洁。

⑦ 美容师上岗要化淡妆，不要浓妆艳抹、喷浓烈香水。

(2) 美容师行为规范

① 美容师要说普通话、面带微笑、音量适中、声音甜美悦耳，语言要流利、简练、准确，使顾客感到亲切。

② 美容师与顾客交谈一定要抓住顾客心理，选择顾客关心感兴趣的话题，谈话气氛使顾客感到愉快。在与顾客接触中，要了解顾客、善待顾客、影响顾客，达到开发顾客的目的。

③ 美容师与顾客接触，不论遇到什么情况，都要保持平静心情，不要与顾客争辩，要有耐心，显示出较高的职业修养，在顾客面前不议论本公司他人长短和个人私事，更不能去探问顾客的隐私。

④ 美容师要养成习惯说礼貌用语，常说"谢谢""您好""对不起"等，处处显示对别人尊重、容忍、谅解的品质。

⑤ 美容师站、坐、走姿要端正。站姿：要表情自然、挺胸、两肩端平。坐姿：大腿与小腿呈90°角，工作时一条腿前一条腿后，双膝靠拢，两脚稍分开。走姿：身体挺直，提臀，用大腿带小腿迈步，双脚基本在一条直线上。

2. 营业流程规范

(1) 营业前

① 服务特性

A. 准时上班，更换工作制服，佩戴识别卡。

B. 查阅并处理昨日晚班交办的紧急事项。

C. 领取必需用品，如口罩等，检查仪器设备。

D. 听取上级主管交代的当天工作安排和注意事项。

E. 清洁环境卫生，整理美容用品、用具及货架上陈列商品，做到柜台、美容仪器设备、货架及陈列商品的干净整洁，地面无灰尘、无杂物，窗明几净。

F. 检查展示货品，及时补充、更换无损货品或即将到期产品，防止不合格产品的使用。

G. 打开店堂内外应有的照明、标志灯箱、空调，播放适宜的音乐。

H. 整理仪容仪表，保持良好的精神面貌。

I. 打开店门，正式营业。

② 验收标准：员工着装规范；环境整洁、舒适；货品陈列有序；营业准备充分。

(2) 营业中

① 服务特性

A. 开门迎客，道欢迎词。顾客距前门3米之内，前台应相视而笑，略微躬腰点头，并说："您好！请进！"

B. 顾客进门，美容顾问应热情主动上前问候："您好！我能帮您什么？"

C. 客人坐好，美容顾问应立即倒茶，并亲切交谈，递上相关资料。如果是来咨询的顾客，问候语是："您好！欢迎光临，请问您有什么需要？"如果是经常来的顾客，问候语是："您好！今天感觉皮肤怎么样？""您好！看上去皮肤滋润多了，您自己感觉怎么样？""您好！约好了美容师吗？今天想让谁给您做护理？"

　　D．美容顾问应按照服务规范为顾客提供专业咨询，根据顾客情况，向顾客推荐适合的服务项目。

　　E．美容顾问向顾客介绍美容项目时，应实事求是，不任意夸大生活美容的效果。

　　F．当顾客决定接受服务时，美容顾问要帮助顾客挑选美容师，并建立顾客档案。

　　G．美容师应按美容技术规范为顾客进行美容服务。

　　H．美容师在每次使用美容仪器前，应严格按照仪器使用说明书进行预热、调试。应确认一切正常，并用手试温度后，方可给顾客使用。

　　I．空闲时，美容顾问、美容师要及时对使用的美容工具及产品进行再整理，随时保证店堂、美容室、货架及商品整洁无尘，并保证零售商品充足；不准在空闲时会私客，办私事，聚堆闲谈。

　　J．所有工作人员应轮流用餐，以保证店内正常服务，若顾客多，应先为顾客服务再用餐，不可在顾客面前用餐，不准以各种理由影响接待顾客。

　　K．对顾客的抱怨、投诉、要求退换商品，要热情接待、耐心解释、坦诚沟通、及时处理。

　　②验收标准：服务规范、准确；接待热情、周到；环境整洁舒适；美容用具干净、卫生。

（3）交接班

①服务特性

　　A．互相清点兑换找零现金并签名，交班人员清点当班时实收现金，填写现金投库记录表，并将现金投库，接班人员按收银机责任键。

　　B．清点商品并签名。

　　C．交接班人员互相沟通，了解门市状况，填写交接班簿。

　　②验收标准：现金、商品清点准确；账务等工作交接清楚。

（4）营业后

①服务特性

　　A．检查销售产品及护理的当天收入与销售额是否相符。

　　B．清点现金，将当班实收现金投库，填写现金投库记录。

　　C．盘点库存商品，如需补货，填写好"补货申请单"。

　　D．填写交接班簿，记录当班的门市情况，记录当班库存商品存取情况，记录明天需要交办的工作和紧急事项。

　　E．整理美容用品用具，清洁美容院内外环境卫生。

　　F．检查店内外安全，检查设备及电源，关闭电源，关灯锁门。

②验收标准

　　A．确保现金与销售收入账款相符，确保现金的安全。

　　B．保证库存商品账实相符，及时补充货源。

　　C．做好安全检查，消除安全隐患。

　　D．做好第二天的工作安排。

3. 美容技术规范

（1）美容准备

①服务特性

A．美容师选配护理品

美容师根据顾客的皮肤性质，为客人选配适合的护肤品。美容师所需准备的物品有顾客用一次性帽子、围巾、洗面用的小毛巾、卸妆棉、卸妆霜、按摩膏、膜粉、倒膜用小碗、倒膜棒。

B．准备洗脸水

洗面用的盆应每次高温消毒，或用一次性小塑料袋罩在盆上，既卫生又方便。洗面用水应以温水为宜，因为过高会刺激皮脂腺的分泌，使皮肤更油腻，而水温过低，又不能很好地溶解掉面部的油污，不能彻底清洁皮肤。

C．标准配置

美容院可设立配置中心，用统一、规范、准确的标准配置顾客所需护肤品，以统一化妆品管理及用量的规范化。

D．清洁双手

为顾客做面部美容治疗前，美容师应预先清洁自己的双手，并当着顾客的面使用喷雾机且使其发出声音，让顾客感觉到美容师的双手已消毒。请勿留长指甲，以免划伤客人的皮肤。若自己手上有伤口，不应为顾客做服务。双手冰凉时，应用热水洗手，待手部温度与体温相近时，方可开始为顾客服务。

E．包头准备

将顾客头发包入毛巾内，或使用一次性纸帽子将头发包好，以免倒膜时，将头发粘住。客人的胸前应围上毛巾，以免客人的衣服被滴上水，或粘上护肤品，毛巾应直接围到领口。对于穿高领衣服的顾客，应将高领卷下，以充分暴露颈部的皮肤。

F．面部卸妆

对于化了浓妆的客人，应先卸妆，再洁面。卸妆时，应先用 1% 的生理盐水打湿的棉片给皮肤做全面清洁。

② 验收标准：按规定的要求做好美容准备的各项工作。

（2）美容服务

① 清洁皮肤

A．服务特性

a．表面清洁。温水是最好的溶剂，对面部的灰尘、汗液有极好的溶解作用。

・将毛巾浸湿：把洗面用的小毛巾或棉片，在温水中充分浸湿。

・拧干：拧干毛巾时，要适度，毛巾既不可过湿，否则容易将水滴到顾客衣服上或脸上，也不可过干，以免无法使皮肤湿润而擦伤皮肤。

・洗面的顺序：应先从额部开始，依次是眼部、面颊部、口周部、鼻部。面部油污重的地方，应最后擦洗，如此顺序，应重复两遍，颈部皮肤及耳部皮肤应拧干毛巾后单独清洁。

b．洗面奶表层清洁。在用温水清洗面部皮肤后，应使用具有溶解油脂作用的洗面奶，以进一步清除面部的油污。

・方法一：挤出 2 分硬币大小的洗面奶于掌心，揉开后再涂抹于面部，这一方面是检查洗面奶中是否有异样的颗粒，以防划伤客人皮肤，另一方面是使洗面奶的温度与人体体温相近，以防在冬季时，冰凉的洗面奶刺激客人的皮肤，而后，用双手的中指、无名指按摩 1～2 分钟。

・方法二：挤出 2 分硬币大小的洗面奶于掌心，分五点涂于顾客面部皮肤，即额部、鼻部、口周、左右面颊部。其中，鼻尖部和下颌洗面奶可略少，而后，用双手的中指、无名指按摩 1～2 分钟。

用毛巾或棉片将洗面奶彻底清洗干净,切勿将洗面奶残留在面部,尤其应注意鼻孔内、耳边、发际、下颌等边缘部位。

c. 喷雾蒸面
- 开机准备:喷雾机中,一定要加蒸馏水。如没有蒸馏水,可临时用凉开水或开水代替,总之,要避免使用自来水,以防加热器老化甚至影响喷雾机打开。一定要在水加好后,再将电源接通,以免水少,将机器烧坏。电源接通后,按亮开关即可。
- 预热:使用离子喷雾机需预热 2~5 分钟才能喷出蒸汽。在用洗面奶洗面时,可预先将喷雾机打开,进行预热,以免客人等候时间过长。
- 喷雾操作程序:喷头切勿直接对准客人面部,可先用手试温度,确认喷出的完全是雾状,没有水滴时,方可喷向客人面部皮肤,以防出现喷伤意外。由于眼部肌肤较敏感娇嫩,进行操作前可用棉片覆盖眼部进行保护。喷头可对准顾客下颌部,由中下颊部喷向面部。若面部有局部泛红或敏感部位,要用棉片覆盖进行保护。进行热喷雾可达到软化角质层畅通毛孔、促进血液循环的目的。喷雾时间及距离见表 5-1。

表 5-1 喷雾时间及距离

肤质	中性皮肤	干性皮肤	油性皮肤	混合性皮肤	过敏性皮肤
时间	5分钟	5~8分钟	5分钟	8分钟	5分钟(冷喷)
距离	30厘米	30厘米	35厘米	30厘米	35厘米

- 喷雾期间严禁离人:喷雾机的工作原理是将水加热到100℃,使液态水变为气态水,利用雾状的气态水,对皮肤进行美护,所以热水雾的温度很高。若喷雾中夹有水滴喷出,那么高温的水滴喷到面部娇嫩的皮肤上,后果将不堪设想。因此,确认喷出的完全是雾状,没有水滴时,方可喷向面部皮肤,喷雾期间应密切观察,严禁离人,防止意外发生。

d. 深层清洁。可以使用去死皮膏或去角质霜,或其他各种品牌的深层清洁用品,对皮肤毛孔内的污垢部位进行清洁。去角质啫喱具有一定的滋润性,因而适用于任何皮肤。痤疮性皮肤使用时,应避开痤疮部位。

e. 暗疮针的使用
- 使用范围:面部有黑白头者、面部有脓包者。如果是暗疮为红肿者,则不宜挑破。
- 进行的部位:选白头最薄的部位,或脓包欲破溃处。
- 进针的方向:持针时,应与皮肤呈水平方向,刺破最薄处,而后用暗疮针的另一头,按压在针刺点的对侧,稍用力,将暗疮内的脓血挤出。若垂直于皮肤进针,则不利于将暗疮内的脓血顺利地挤出,过度挤压容易造成面部的逆行感染,严重者甚至可引发脑膜炎。
- 消毒:每个部位在处理之前都应用酒精消毒,每刺一针前后,都应消毒,以防交叉感染。

f. 超声波声头的消毒。每次用完超声波后应用 75% 酒精对声头进行消毒。

B. 验收标准

彻底清洁皮肤表面的灰尘、油脂,清除毛孔内的污垢;去除面部暗疮脓包;使皮肤外观富有光泽弹性。

② 徒手按摩

A. 服务特性

a. 按摩前的准备

美容企业管理与营销

- 按摩在清洁皮肤之后,倒膜之前。按摩前应保证面部无任何化妆品残留,以免损伤皮肤。
- 被按摩者应闭眼,勿说话,全身肌肉放松,进入半睡眠的休息状态后,按摩的效果最好。
- 按摩者应清洁双手,保持手的温度与体温相似。

b．按摩膏的选用

- 按摩时,为了增加皮肤的润滑度,应使用一定量的优良按摩膏,以防止摩擦系数过大时,过度牵拉皮肤,形成人为的皱纹。
- 根据皮肤的性质不同,可选用不同的按摩膏。油性皮肤或痤疮性皮肤可选用有收敛毛孔、平衡油脂作用的按摩膏,并缩短按摩时间。干性和混合性皮肤多选用具有补充水分、滋养作用的按摩膏等。
- 按摩膏使用量不宜过多,正常情况下,按摩结束时,面部皮肤呈现自然的光泽、红润、白净,则说明按摩膏的量适中;若按摩结束后,皮肤表面仍可见白色的按摩膏,或口周、鼻旁、耳边、发际仍有按摩膏堆积,则说明按摩膏用量过多,这一方面造成浪费,另一方面也容易堵塞毛孔,而且会影响按摩的力度;若按摩过程中,感到手在皮肤上的滑动有生涩感,则说明按摩膏用量过少。

c．按摩时间。面部皮肤的按摩要按照不同皮肤和产品的要求进行。

d．按摩手法。美容师在按摩时,应该训练用手的触觉去了解客人身体状况,如紧张、不适、某一部分疼痛等现象,然后按照需要按摩,不同的肤质、肌肉组织亦可由手部触觉而决定按摩手法。按摩手法要遵循以下原则。

- 按摩手法的首要原则是要顺着脸部肌肉的方向。
- 手法要稳定服帖,位置要准确。
- 手法要尽量灵活,应付不同的按摩动作。
- 根据肌肉及所观察到的特殊皮肤状况,调节所用的力度。
- 手法力度要刚柔结合,动作要保持节奏感。
- 按摩频率以顾客的心律为标准,要使客人尽量放松心情。
- 按摩动作次数视皮肤情况而定,要懂得控制时间。
- 未完成按摩前,应避免中途停止,如有必要,双手离开脸时要轻柔缓慢。

e．按摩的顺序。在做按摩时,通常情况下,先从额部开始,依次是眼部、鼻部、口周部、面颊部、颈部、耳部、头部,最后是肩部、胸部、背部。

- 额部:在额头,按摩动作开始时,应先轻柔、舒缓地将每一手法重复一两遍之后,逐渐加大力度,加快节奏,切忌一开始就猛打猛拍,应给顾客一个适应的过程。
- 眼部:眼部整套手法,都要求轻柔、舒缓、到位。因为眼部的皮肤最娇嫩,易出现皱纹,皮肤组织较疏松,易出现水肿即形成眼袋和黑眼圈,而眼周的穴位又最敏感,所以要求按摩者的手法要轻柔、舒缓。眼部是顾客最易产生舒适感的部位。手法做到位易达到放松肌肉、消除疲劳、调整气血的作用。因而,眼部的按摩应该是头面部按摩中的重点。
- 鼻部和口周部:这两个部位的节奏和力度都可以比眼部略快些、重些(鼻尖部应略轻),但要注意的一点是,不要将按摩膏揉进鼻孔内或嘴里。
- 面颊部:按摩面颊部的特点是要按标准手法中的三条线进行,对面颊部做全面的按摩,切勿只按摩三条线,应该顺着三条线将面颊做到位,切勿有遗漏的区域。
- 颈部:由于其肌肉群的走向,颈部基本上都是纵向的,因而无论哪一种手法,其方向应该是从锁骨抹向下颌部,要注意杜绝顺着颈部横纹的方向拉抹。

- 耳部：耳部按摩的重要性可以说仅次于眼部，因为耳部拥有全身穴位的反射点。将耳部按摩的手法、力度、方向、频率掌握得恰到好处，顾客会产生舒服、全身放松甚至想睡觉的感觉。如果说眼部是整套手法的第一高潮，那么耳部就可以列为第二高潮。
- 头部：头部的按摩可以说是整套按摩手法中的最后一个高潮，因为头部有许多大的穴位，如百会、神庭、风池等。在做头部的按摩时，力度可适当加大。点穴时，可用拇指，停留时间应略长，以手指按摩头皮为主，切忌用指甲抓挠头皮。叩头时，应有震颤感，切忌硬敲乱叩。
- 肩、胸和背部：肩、胸和背部的按摩可在头部做完后延续下来，也可在上面膜或卸膜后再做。无论何时做，都是以放松为主，手法要以揉、捏、拍、打为主，至此，按摩才算全部完成。

B．验收标准

通过按摩，顾客有明显的热、麻、酸、胀等舒适感，达到放松肌肉，消除疲劳的功效。

③ 实施治疗

A．服务特性

对于面部有皱纹、色素斑、痤疮的顾客，要在按摩后，实施治疗的方案。方案应根据每个人的具体情况而制订，常用的有精华导入治疗、超声波导入治疗等。在导入时间上，整个面部不应超过8分钟，时间过长反而会导致皮肤组织的疲劳。

a．面膜护理。面膜是全套美容中三大主要内容的最后一项（即清洁、按摩、面膜）。面膜的主要作用就是营养和治疗。在操作时，美容师应能够根据顾客皮肤的状况，选择最适合的面膜（表5-2）。

表5-2 皮肤类型及面膜选择

皮肤类型	面膜的种类
油性皮肤	果酸类软膜、平衡油脂类软膜、芦荟面膜
痤疮性皮肤	薄荷软膜、海藻软膜、中药去痤疮软膜、芦荟面膜
干性皮肤	维生素E软膜、蛋白牛奶软膜、活性软膜
混合性皮肤	人参软膜、植物软膜、珍珠软膜
色斑皮肤	当归珍珠软膜、活血去斑类软膜、漂白软膜
过敏性皮肤	珍珠软膜、人参软膜、维生素E软膜

b．卸膜方法。操作时，直接从下颌部向额部揭起即可。若边缘部位衔接紧密，可用压舌板插入，轻轻揭起，切勿残留膜片。

c．爽肤和润肤。卸膜之后，除了应用清水将面部彻底清洗后，还应对皮肤进行爽肤和润肤方面的保养（表5-3）。

表5-3 爽肤水种类及作用

皮肤类型	爽肤水种类	爽肤水作用
油性、痤疮性皮肤	各种收缩水、平衡液	可收缩毛孔、平衡分泌
干性、过敏性皮肤	只可使用营养水，不可使用含酒精的收缩水	可抑制皮脂
混合性皮肤	除冬季外，可使用各种收缩水，但要避开眼部	可平衡皮肤的pH值

美容院的爽肤水种类应齐全,既有收敛性的爽肤水,以用于油性皮肤,也应备有营养性的各种爽肤水,以用于干性皮肤;若因条件有限,仅备有收敛性的爽肤水,那么,过敏性皮肤的人可免爽肤这一步,而干性皮肤在炎热夏季,可适当地用一些收敛性的爽肤水,但应避开眼周。

润肤是皮肤护理的最后一步,目的主要是利用润肤霜保养,滋润皮肤,减少外界恶劣环境对皮肤的损伤(表5-4)。

表5-4 润肤霜种类及作用

皮肤类型	润肤霜种类	润肤霜作用
油性、痤疮性皮肤	各种乳液、润肤液	补充水分
干性、混合性皮肤	夏季用各种乳液,冬季则用各种膏、霜	补充水分,并隔绝空气对皮肤水分的蒸发,以保持皮肤的含水量

B. 验收标准

达到营养洁面、嫩肤、增白的效果。

美容服务应以专业化的服务水准、好的美容效果,赢得顾客满意与信任。

为方便顾客及美容师,可将经营的项目制作成项目规范,具体可参考表5-5。

表5-5 ××护理项目规范表

××护理项目规范			
项目名称:			
针对问题:			
功效介绍:			
护理时间:			
准备工作:			
护理步骤	时间	使用产品	方法及效果
卸妆			
洁肤及爽肤			
蒸汽			
去角质			
皮肤清理及消炎			
按摩			
面膜			
爽肤润肤			

(3) 收尾工作

① 服务特性

A．护理收尾

a．护理结束后，为顾客摘去包头的毛巾或帽子，同时告知顾客全套美容已做完。

b．将顾客胸前毛巾对折并提起将里面的污物倒掉，避免污物遗洒到顾客衣服上。

c．撤去盖在顾客身上的被单，并扶顾客坐起。

d．协助顾客整理好衣物、头发。

e．征求顾客的意见及感受，如有不妥，及时处理。

f．用镜子向顾客展示效果，并帮助顾客整理好容妆，一举一动都应体现美容师的细致及专业水准，真诚地赞美顾客，如"你很漂亮""你穿这套衣服很合适""你气质很好""衣服很好看，你很有眼光"。

B．送别顾客

a．主动帮顾客取鞋。

b．带顾客去收银台。

c．顾客离开时提醒顾客是否带好所有物品，可恰当地送精美小礼品，送顾客到门口，希望顾客下次光临，态度要诚恳，用词要真挚。

d．认真做好存档工作，几天后主动与顾客联系，了解情况并进行下次预约工作，建立友谊卡，用实际行动感动顾客，留住顾客的心。

C．整理物品

a．美容车上的卫生

·拧紧、密闭护肤品的瓶盖，将各类护肤品归位。

·洗净并擦干洗面的小盆、倒膜用的小碗及面刷。

·将暗疮针送去消毒。

·将美容车里面的水迹擦干。

b．美容床的卫生

将美容床单上的头发、面膜残渣等抖干净，更换新床单，做好迎接下一位客人的准备。

c．地面的卫生

切断各种美容仪器的电源，并对仪器做简单的维护、保养，将地面清扫干净。

d．检查自身仪容是否符合美容院要求。

e．做好接待下一位顾客的准备，并在工作空余时间帮助做好顾客的售后跟踪服务。

② 验收标准

A．收尾工作应细致周到，争取顾客的再次光临。

B．及时清理工作场所，换床单、毛巾及清洗、消毒物品。保证美容美发用具要一客一换、一客一消毒。

C．做好接待下一位顾客的准备。

（二）建立美容企业服务提供规范管理

服务提供规范就是对服务提供过程的方法和步骤所做出的规定。如小型美容机构由于面积小，在岗位设置上除了主管，主要是服务顾客的技师，辅助岗位的工作一般都是由主管完成，服务提供规范显得不是特别重要。大型美容企业由于员工、项目比较多，辅助岗位也多，没有服务提供规范将会影响企业运转，美容企业服务提供规范内容如下。

1. 目的

规定美容业服务提供过程的服务提供特性和验收标准,确保服务要求的实现。

2. 范围

适用于美容业服务提供过程。

3. 服务提供特性和验收标准

(1) 人员培训

① 服务提供特性。各部门必须对员工进行必要的培训,保证员工掌握必需的商品知识和服务技能。

② 验收标准。各部门依据《岗位职责和岗位标准》的要求对员工进行考核,确保只有经考核合格的人员方可上岗。

(2) 技术设备的采购

① 服务提供特性

A. 各部门对所需之技术设备以书面方式提出申请,详细列明需购置设备的原因、用途、型号规格、预计价格、数量等,报请公司领导批准。

B. 公司领导批准后,各部门应将批准的采购报告以及设备的型号规格、检验标准、设备维修办法、零件的供应办法等提供给采购部门,由采购部门列入采购合约,进行采购。

C. 设备到公司后,由各部门组织专业人员对所需设备进行检验,检验合格后方可使用。各部门应指定相应使用人员负责技术设备日常维护保养。

② 验收标准。确保采购的技术设备符合企业的实际需求,价格合理。

(3) 产品的采购、保管、使用

① 服务提供特性

A. 产品的采购由采购部门根据产品的销售使用及库存状况,填写采购订单提出申请,经公司领导批准后进行。

B. 企业应直接从厂家或厂家指定的代理商处进货。从代理商处进货时,应查看代理商营业执照、税务登记证及代理授权书等相关证明。

C. 采购的美容美发业所用的各种由化学或天然物制成的用品应符合国家卫生标准的要求,并经国家有关部门检验合格;使用护肤、化妆、洗发、护发等正规产品,外包装上至少有生产批号、卫生许可证号、生产许可证号、产品标准四类批号;染发、祛斑、防晒等特殊用途化妆品应该有特殊类化妆品批号,进口化妆品应标有"卫妆进字"字样;严禁使用"三无"产品、过期产品、变质产品。

D. 产品在接收时,应对产品的规格型号、包装、出厂日期、合格证书、检验标记、生产批号、卫生许可证号、生产许可证号、产品标准等进行检查,对不符合要求的产品有权拒收。

E. 严格按照产品要求的储存环境、储存条件进行储存保管。在产品保存期到期前1个月,应及时通知采购人员处理,并单独标示、码放。采购人员应在接到通知后半个月内处理完毕。

F. 产品购入后,服务部门应建立产品档案(表5-6),以便于管理;产品在使用销售前应再次检查产品的保存期限,防止过期产品的使用;产品在使用销售时,应登记产品的批号,以便追溯。

表 5-6　产品档案

产品档案

产品编号_____

产品名称_____

品　　牌_____

系列名称_____

容量_____　单位_____

销售价_____　进货价_____　特价（会员价）_____

折扣率_____%　库存报警线_____　到期日期_____

建档日期_____　使用次数_____

适用对象

主要成分

产品功效

使用方法

② 验收标准。按照《采购管理程序》《产品检验规则》《产品搬运、储存、防护交付程序》《不合格品控制程序》执行，确保采购产品符合相应的产品标准、行业标准和国家法律法规的要求，确保采购产品能满足顾客需求，确保产品按规定的要求进行储存保管，防止不合格品的使用。

（4）价格制定

① 服务提供特性：价格的制定应符合国家有关部门的管理规定，并报请公司最高主管核准后执行。

② 验收标准：按照公司《定价、调价、核价规定》执行。

（5）前台接待

① 服务提供特性。顾客到来后，前台服务人员应面带微笑，热情接待顾客。服务人员接听

电话时应声音悦耳，礼貌地询问："您好！请问想咨询点什么？"

② 验收标准。接待热情周到，严格按照服务规范执行。

(6) 美容顾问

① 服务提供特性

A. 分析顾客需求。美容顾问要谨记顾客需求是很广泛的，顾客在某一时期的消费行为取决于该时期最迫切的需求并受其支配。一个需求满足后，又会产生新的需求。顾客走进美容院有的可能是需要变得更美丽，有的可能是需要放松，但顾客并不知道自己需要怎样的服务，也不能很好地表达自己的需要，作为美容顾问要能通过仔细观察，分析顾客的收入水平及主要的消费投向，准确判断顾客的需求层次。

B. 确定顾客需求。美容顾问应该努力使顾客的需求显性化。通过主动与顾客交谈，如了解顾客以前曾做何种美容、使用哪类产品、有多长时间等，引导顾客说出心中的期望，或者细心观察，结合顾客的谈话发掘他们的潜在期望，将潜在的期望转化为显性期望，并准确定位消费者的需求。

C. 引导顾客需求。由于顾客的需求可能与美容院可提供的服务有差异，美容顾问要对顾客的需求进行引导。例如，顾客需要快速减肥项目，美容顾问就要将各种减肥方法的优缺点向顾客进行介绍，并建议顾客放弃有可能对身体健康产生危害的方法，而选择更加安全的方法。顾客在了解了全面的情况后，一般都会接受美容顾问的建议。

美容顾问要能结合自己的实际经验，帮助顾客检查并分析出皮肤情况，与顾客一起讨论针对其美容保养应注意的事项，不单只是从科学的角度理论上去分析，还要涉及日常生活的一些细节。就顾客的实际状况，以及从交谈中得知其内心所需寻求的帮助方式，提出具有针对性的、合理化的、建设性的护理意见，让顾客能放心把自己"交"给你。

D. 建立顾客档案，介绍美容师。当顾客决定接受服务时，美容顾问要帮助顾客建立顾客档案，推荐技术服务相匹配的美容师为其服务。顾客档案内容见表 5-7。

表 5-7　顾客档案

某企业顾客档案表

美容顾问：

卡号：　　　　　　　　　　　　　　填表日期：　　　年　　月　　日

基本情况

姓名：　　　　　　　　　　　　　　性别：

出生日期：　　　　　　　　　　　　电话：

地址：　　　　　　　　　　　　　　E-mail：

身高：　　　　cm　　三围：　　　　cm　　　　cm　　　　cm

标准体重：　　　kg　　目前体重：　　　kg　　差距：　　　kg

婚姻状况：□未婚　　□已婚

每日进食餐数：□早　　□午　　□晚　　□下午茶　　□夜宵（定时/不定时）

平均睡眠：　　时至　　　时　　□充足　　□不充足

运动：（项目）　　　　（目的）　　　　（汗）　　□多　　□少

兴趣爱好：

健康状态

敏感：□否　　□是：皮肤敏感　　（□轻微　　□普通　　□严重）

续表

　　　　　　　　药物敏感　　（□轻微　　□普通　　□严重）
怀孕：□无　　□有
病态：□贫血　　　□便秘　　　□肠胃疾病　　□糖尿病
　　　□心脏病　　□高血压　　□易疲劳　　　□其他
常服药物：□无　　□有：请列出：_____
减肥经历：□无　　□有：减肥方式：
□成功　　□失败　　原因：
化妆习惯：□淡妆　　□浓妆　　□不化妆
个人性格：□内向　　□好动　　□动静皆宜
影响美容坏习惯：□没有　□有：请列出：_____

职业状况
职业：
工作压力：□很少　　□普通　　□大　　□非常大

皮肤状态
检查日期：
皮肤性质：
皮肤色泽：　　　　　　角质厚度：　　　　　皮脂分泌：
毛孔：　　　　　　　　光泽：　　　　　　　皱纹：
弹性：　　　　　　　　含水量：　　　　　　暗疮：
黑头：　　　　　　　　雀斑：　　　　　　　色斑：
痣：　　　　　　　　　伤痕：
其他情况：

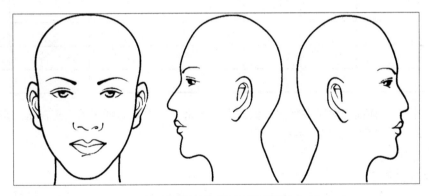

标记皮肤问题的面部正面及侧面图

顾客的期望：

续表

目前使用护理用品：

对顾客建议的产品及服务：

顾客接受的产品及服务：

顾客感兴趣的产品及服务：

顾客档案至关重要，顾客每次光临都要记录在档案上，每个美容师对顾客的服务建议等也要记录清晰，这样即使是不同的美容师为其服务，只要依靠档案就可以了解顾客的一切情况，而不会让顾客感到不舒服。顾客档案需要进行分析和总结（表5-8）。

表 5-8　客户档案的分析及总结

客户姓名	上次到店时间	每次消费	客户需求	最近联系日期	最后联系内容	预约到店日期	美容人员

② 验收标准。详细了解顾客状况，做好专业咨询；努力了解顾客的真正需求，选择适合顾客的美容项目；做好顾客档案的填写与更新。

（7）美容师

① 服务提供特性

A. 迎接顾客，安置顾客随身物品。美容师将顾客引领到指定的床位后，将更衣柜钥匙交给顾客，请顾客安置随身物品。调节好室内灯光亮度、音乐的音量，再去准备物品，以免顾客无所适从。

B. 介绍治疗方案。美容师接待顾客时要认真查阅顾客档案，根据顾客的服务项目与职能部门协调，准备设备、产品，要告诉顾客将为其进行的治疗方案，告诉顾客治疗方案在哪些地方是领先的，这些方法是和其他美容院不同的，还要告诉顾客，其要做的就是放松自己，自己会认真地像对待自己的皮肤一样对待顾客的皮肤问题，使顾客获得预期的效果。

C. 开始第一步服务。当顾客可以完全信赖技师时，开始为顾客进行第一步服务。在服务过程中要随时观察顾客的反应，如发现顾客有紧张或不舒服时，要及时询问顾客是否有不明白或不满意的地方，并及时改正或沟通。由于顾客有自己的偏好，有时顾客对美容师的评判标准各不相同，如果顾客对技师的服务不满意，要及时为顾客更换美容师。

D．了解顾客需求，提供延伸服务建议。美容师在服务过程中要努力了解顾客的需求和购买动机，可以适时提出开放式问题。例如："您现在是用什么类型的润肤霜？""您为什么选择这个品牌的化妆品？"聆听顾客回答并总结出顾客的需求，并给出一定建议。

如果顾客没有接受建议，美容师也不必气馁，遇到不同的意见，表明顾客对你的行为有反应，顾客需要从你那里得到更多的信息，掌握处理反对意见的方法对于美容师非常重要。如果顾客接受了延伸服务建议，美容师要按照蓝图从新项目的第一步开始循环服务。

E．送别顾客。顾客没有接受建议，美容师就要在顾客起来后帮助顾客整理容妆；帮顾客拿提包和衣服，并端茶给顾客喝；带顾客去收银台交款；提醒顾客带好所有物品；告诉顾客经过这次服务其皮肤已有所改善，如"您的皮肤比以前滑嫩了"或"您看，脱水的部位已开始好转"。这些话语是非常重要的，它能建立顾客对美容师的信任。将准备的家用护肤品推荐给顾客平时在家使用，告诉顾客这些产品对其的作用、正确的使用方法和顺序，同时告诉顾客其家中现有的哪些护肤品可以继续使用，哪些不适合，应停止使用，以保证治疗的效果。同时，告诉顾客家中现有的产品用完后，还有更适合她（他）的产品推荐给她（他）。以友善的态度与顾客告别。

F．评估服务，进行服务总结。在与顾客告别时，应请顾客对服务进行评价（表 5-9 为某美容企业顾客评价表），并将服务情况记录在顾客档案中。对填写顾客评价表的顾客，赠送印有公司服务介绍与联系方式的小礼品，以表示谢意。认真做好存档工作，几天后主动与顾客联系，了解情况并进行下次预约工作，建立友谊卡，用实际行动感动顾客，留住顾客的心。

表 5-9　某美容企业顾客评价表

项目	内容	分值	满意程度	备注
环境	风格品位	5	4	
	卫生状况	5	5	
美容顾问	服务态度	8	8	
	表达能力	5	4	
	专业知识	8	7	
美容师	服务态度	8	8	
	表达能力	5	5	
	专业知识	8	8	
	操作技能	8	7	
设备	先进程度	5	3	
	使用感受	5	3	
售后服务	产品评价	7	6	
	延伸服务	5	5	
企业形象		8	7	
效果评价		10	9	
合计		100	89	

从顾客评价表可以看出，顾客总体是满意的。但观察各分项就可以发现，顾客在"设备"这一项给出的分数较低。从顾客档案记录看，给顾客使用的是超声波治疗仪，后经电话与顾客联系，顾客认为在使用仪器过程中，探头的温度在不断升高，故而认为或是仪器有问题，或是美容师使用不当，故而给出了低分。美容顾问及时向顾客做了解释，超声波仪器有温热效应，使用过程中仪器温度会略有升高，可以使皮肤更好地吸收产品，并非仪器的故障。经顾客回访后，顾客消除了疑虑，对企业也更加信任了。由此，企业也发现美容师在操作前未向顾客说明仪器使用过程中会出现的现象，因而要加强对技师的操作规范培训。这样通过顾客评价表就可以发现企业存在的问题，并及时解决以使顾客满意。

为了保证这些规范得到严格的落实，美容企业还应经常聘请一些专业人士到店里去明察暗访。这些陌生的顾客非常专业，也非常挑剔。在享受完服务之后，这些顾客会将从进店开始到离开店面的所有感受及对服务的意见和建议详细填写到一份表格中。企业会根据这些顾客意见对服务和流程进行改进。

② 验收标准

严格执行服务规范，提供优质服务，及时进行服务总结。

(8) 顾客满意度评估

① 服务提供特性。职能部门采取电话回访、汇总顾客评价表、接受顾客投诉、进行流失业务分析、定期举办顾客座谈会等方法了解顾客不希望或者不满意的地方，进行顾客满意度评估，作出顾客满意度报告。

② 验收标准。按照质量控制规范做好顾客满意度的调查与评估。

 美容企业卫生管理

1. 个人卫生管理

美容师给顾客的第一印象是非常重要的，是美容院形象的具体展示。因此，美容师的穿着、妆容要洁净得体，提高顾客的第一印象好感度，反之，美容师将可能失去与顾客建立信任和了解的机会，严重者会导致顾客流失。良好的清洁习惯，高标准的卫生要求，不仅能增加美容师的自尊、自信，也是美容工作的需要，其具体要求如下。

(1) 面部

美容师的面部皮肤要洁净、润泽、肤色健康。如果皮肤颜色不好，可以淡施粉底，切不可浓妆艳抹，给人粉饰过重的感觉；平日要注意皮肤的清洁和养护，如有皮屑和粉刺等要及时清除。

(2) 头发

头发要保持清洁，经常洗发，头发不要黏腻、带有头皮屑；发色要正常、健康，不要怪异；发型要适合脸型，美观。留长发者工作时要束发。

(3) 口腔

口气清洁，无异味；如有口腔疾病要及时治疗，胃肠功能不好、气味污浊的，要进行调理；工作前不吃葱、蒜、韭菜等异味食品，饭后漱口；不吸烟、不喝酒，工作中不嚼口香糖。

(4) 手部

① 手部直接接触顾客皮肤，卫生清洁消毒最重要。操作之前，不仅要洗手，还要用酒精消毒双手，操作中途接触过其他物品，如仪器、护肤品盒、瓶、面盆等，也要先消毒后再行操作。每次做完护理后要彻底清洗，做完文刺后更要消毒双手以免交叉感染。

② 美容师不能留长指甲，较长的指甲易划伤客人的皮肤，并且指甲缝里容易藏存污垢，因此在清洗双手时，要注意清洗指甲，并清除指甲缝里的污垢。美容师操作时不能戴戒指，不能涂指甲油。

(5) 服装

① 工作时要身着工作服。美容师的工作服要舒适、合体、美观、大方，适合美容服务工作的需要。工作服要经常清洗并消毒。

② 工作时不穿高跟鞋，保持鞋袜清洁无异味，保持工作鞋面洁净。

2. 美容企业环境卫生管理

(1) 卫生守则

① 美容院环境：美容院整体环境整洁是吸引顾客上门寻求美容服务的基础，因此要求光线、温度、通风要符合标准，墙壁、窗帘、地板、地毯保持清洁无灰尘；电器、电线、插座安装放置妥当；供应充足的冷、热水；卫生间有冲洗装置及洗手池，供应肥皂、纸巾；室内不得住宿、煮饭；不得饲养宠物等。

② 消毒要求：有效的消毒措施能使美容院和美容工具保持清洁，免受细菌污染，促进公共卫生、预防疾病和保障消费者及美容师的健康。例如，毛巾专人专用，用后应及时清洗、晾晒并放在密闭消毒柜内；任何工具或物品落地后不经消毒不得使用；废弃物品应放置在专用加盖容器内，不可随地乱丢；使用乳剂或其他黏稠剂时不得用手直接接触；脸部护理所用盆碗应专人专用；美容工具使用前后须消毒等。

(2) 消毒及杀菌方法

① 物理方法：主要有以下几种。

A．高温干燥杀菌法：将美容物品放置于300～320℃高温下杀菌。

B．沸水消毒法：将美容物品浸没在沸水中蒸煮20分钟以上进行消毒，该法简单易行。

C．紫外线辐射消毒法：把清洗干净的美容物品放置在紫外线消毒柜内进行消毒。

② 化学方法：主要使用消毒剂，是美容院内消毒的必备品。消毒时应先用肥皂清洗，使工具或物品表面清洁；再将上述工具或物品放入化学药液中彻底浸泡20～30分钟，达到消毒的效果。美容院常用的消毒剂见表5-10。

表5-10 美容院常用消毒剂

名称	形态	浓度	作用
酒精	液态	75%溶液	清洗手、皮肤及小的擦伤
碘伏	液态	1%～2%溶液	消毒刺伤、割伤及其他伤口
硼酸	粉末状	2.5%溶液	洗眼
甲醛	液态	35%溶液	清洗工作台、美容工具等
次氯酸钠	粉末状	0.5%溶液	洗手
金缕梅酊剂	液态	14%酒精	清洗手、毛发等，常用于修眉和美甲

美容企业管理与营销

（3）消毒容器

目前市场上销售的消毒容器有以下几种。

① 消毒液容器：市场上有各种类型的消毒液容器，购买时应注意容器的容积。此外，还应注意有些消毒液不宜用金属的容器存放。

② 干燥消毒箱：一般由木材、金属、玻璃或塑料制成，用于保存消过毒的工具，以备使用。

③ 紫外线消毒柜：箱内安装发射紫外线的灯管，操作时应严格按照操作规范进行。一般用于不耐高温的材料消毒，因其安装方便、消毒效率较高而得到市场的青睐。

 案例讨论与分析：

> 阅读以下资料，分组讨论，如何"投资"员工的未来。
>
> 某大型美容公司，从2005年开始推进校企合作，每年进入校园招聘。为了使新人尽快适应公司业务发展，公司实施系统的新员工发展培训计划，全面培养应届毕业生的技能及素质。公司新员工培训分为以下几个步骤。
>
> 1. 大学生入职后，首先要到总部培训中心集中参加为期两周的入职培训。
> 2. 入职培训结束后，被输送到集团各分支机构和职能部门岗前学习培训。
> 3. 日常工作中对入职大学生给予持续的激励和辅导，通过每月编辑的电子培训刊物，不断传递工作方法和自我激励与发展信息，协助其从学生到公司职业员工的角色转换。
> 4. 在薪资待遇上有新员工保底薪资，考核晋升的星级薪资，企业每月直接发给家长的慰问津贴，定期、不定期的星级考核奖金等薪资待遇。
> 5. 在帮助入职大学生尽快适应新环境、快速成长的同时，对其工作技能和业绩表现也紧密跟踪与评估，确保培养和保留符合公司发展需要的人才。
>
> 通过上述方法，该美容公司吸引了较好素质人才，企业有完整、系统、科学的人才培养、企业管理等机制来培养员工、稳定人事……这是其在激烈的美容市场竞争中占有更大优势的奥秘。对员工的发展有所投资，投资员工的未来，帮助员工实现梦想，最大化人力资源个人利益，从而最大化人力资源的使用价值，实现企业的目标。

 学习总结与反馈：

> 美容企业服务质量关系到企业的业绩与生存，企业的每个服务环节尤为重要。美容企业只有提高服务质量，建立企业标准化服务流程，建立良好的美容企业服务规范、美容企业质量控制规范，才能体现自身价值和满足自身发展的需求。同时，注重美容企业员工个人卫生管理和美容企业环境卫生管理，才能够满足顾客的需求、赢得顾客的信赖、提升顾客的满意度。

单元 14 美容企业客情管理

学习要点　顾客管理系统组成要素；顾客满意度测量评价；顾客沟通技巧；提高顾客满意度技巧；顾客开发与维护策略。

学习难点　美容企业建立拓展客源和维护顾客管理系统。

美容企业顾客管理与沟通

1. 美容企业顾客服务系统

美容行业主要以服务取胜，最终目的在于创造顾客并留住顾客，顾客是美容企业的生存之源。每一个美容企业都应该清楚地认识到，做好服务工作，以真诚、温情打动顾客的心，培养长期顾客，刺激重复消费，才是谋求发展的长久之道。

（1）美容服务的特殊性

美容服务的一般特征包括无形性、同步性、异质性、易逝性和缺乏所有权。

美容顾客服务不仅包括对现实顾客的服务，而且包括对潜在顾客的服务；不仅要提高顾客现实的（售后）满意程度，还要提高预期的（售前）满意程度。

美容企业通过硬、软服务策略，追求的是买卖双方的共同满足，获得双赢。硬服务是"物对人"的服务，以"物"的形态如服务设施来实现；软服务是"人对人"的服务，由美容师来提供。相对于硬服务来说，软服务更有弹性，更容易"变形"。美容企业"软服务"的质量往往取决于经营管理者的重视程度，管理者抓得紧一点，其质量就会有明显提高，稍一放松，它就很容易滑坡。即使美容企业中只有一位美容师服务态度差，顾客也会对再次上门接受服务有所顾忌。

服务可以使美容企业创立个性，增加竞争优势，有效地增加美容企业的新销售和再销售的实现概率。如果一家美容企业或一位美容师认为"别人能做到的,我也能做到;别人做不到的,我也做不到",这种完全没有"个性"化的服务态度,顾客对其评价将会是"既不特别满意,也不特别不满意"。顾客既需要"标准化服务",也需要"个性化服务"。"个性化服务"并不是对"标准化服务"的否定,因为顾客所需要的"个性化服务"是建立在"标准化服务"基础之上的。

(2) 建立顾客服务系统

一个完整成熟的美容顾客服务系统应由传送系统、生产系统和管理系统三部分组成,三个系统各有侧重。传送系统主要属于前台迎接工作;生产系统主要侧重于美容师提供美容技术服务,是支持顾客服务传送系统正常运作的、顾客接受服务的平台;管理系统主要是对前两个系统进行资源整合,也就是为了协调、控制客户服务传送系统和顾客服务生产系统的正常运行而设置的。这样既能提高顾客服务的效率又能提高顾客服务的质量水平。完整的顾客服务系统组成要素如图 5-1 所示。

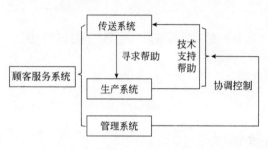

图 5-1 顾客服务系统的组成要素

美容顾客服务系统包括顾客进入美容企业的心理需求和服务需求两方面。美容企业应有意识地从"功能"和"心理"两方面去赢得顾客的满意,也就是应该自觉地为顾客提供包括"功能服务"和"心理服务"在内的"双重服务"。

① 顾客的美容心理诉求:心理性服务是指一种不一定能够为顾客解决实际问题却能够让顾客得到心理上满足的服务。这是一种较高层次的服务,需要美容师良好的个人修养、崇高的敬业精神和健康的心理素质。

顾客的心理诉求包括舒缓压力的休闲需要、以求品牌保证的安全需要、心理评价的实惠需要以及实现美丽梦想的需要等。

A. 对美充满希望:人们把美容院比作"出售美丽和梦想"的场所。

B. 安全感:市场上的美容产品繁多,品质良莠不齐,产品安全越来越受到顾客的关注,顾客安全感是美容企业首先要满足的。

C. 满足身心需求:美容不仅能改善顾客的外在形象,满足生理需求,还能为顾客带来愉悦的心灵感受,满足心理需求。

D. 休闲:美容院是人们舒缓压力的理想场所。

E. 实惠:美容院在提供优质服务的同时,又让顾客享受到价格的实惠,从而使顾客在心理上得到平衡,提高顾客的满意度。

心理性服务使服务更具诱导力,给人以美的享受,是服务的魅力因素,良好的心理性服务会使服务的层次上升,让顾客感到心满意足,物超所值。

心理性服务在为顾客提供功能性服务的同时,还能使顾客得到心理上的满足。美容企业要做好心理性服务,应该做到以下几点:营造一种轻松的气氛;善解人意;不直截了当地批评顾客的错误;使顾客有被尊重感;当个好听众。

② 顾客对美容消费的服务需求:功能性服务是指能够为顾客解决实际问题的服务,美容师以技能、技艺为顾客提供的服务就是功能性服务,如化妆、护肤、丰胸、减肥等。在提供功能性服务时,要求服务程序周全、品料质价相当、操作技能优质高效。美容师的功能性服务是服务的基础,更是服务的必要因素。

美容企业的顾客服务过程包括售前服务、售中服务及售后服务三个方面。服务顾客是一项全程的系统工作，美容师需要用心在服务过程中加以实践，给顾客以服务好感，留住顾客。服务过程中应以感谢的态度、正确的礼仪、记住对方姓名来尊重顾客，使顾客在与美容师打交道的"全过程"中体验愉快的人际交往。这种体验并不是顾客进美容企业才开始的，也不是顾客走出美容企业大门就结束的。

2. 顾客满意度的测量

（1）顾客满意度测量评价的原则

① 全面原则：测评应体现影响顾客满意所涉及的全部项目，如商品质量、价格、服务方式、服务态度、服务效率、设施、环境、人员素质、公司形象、营销策略、售后措施等。每一项目应细分展开为具体的评价内容。

② 准确原则：项目内容应简明、通俗、易懂。

③ 符合实际原则：调查评价项目的设计要符合本组织实际，具有本行业特点。

④ 实用原则：调查和评价项目内容要实用、有价值，抓住顾客所关注的重点内容，充分表达顾客的观点和立场。

⑤ 保密原则：调查项目一般不应涉及敏感的和组织机密方面的内容。

⑥ 程序性和合法性原则：调查和评价项目内容，应使全体员工理解认知，广泛听取有关方面意见，并应经组织领导批准。

⑦ 可行性和可评价原则：明确顾客满意信息收集的渠道、方法和频次；收集到的信息要充分分析利用，如进行统计分析，确定顾客满意程度的趋势等。

（2）顾客满意度评价（测量）方法

顾客满意度评价（测量）方法主要有P—E（认知—预期）模型法、四分图模型法、KANO模型法、调查表法。综合性管理沙龙通常采用顾客满意度调查表法，即在顾客接受服务后，邀请顾客填写顾客满意度调查表，以收集数据分析顾客满意度。

3. 美容企业顾客满意战略

（1）顾客信任策略

信任是顾客消费的前提，更是质量和服务的保障，没有了信任，一切将无从谈起。美容企业应具备如下条件以让顾客产生信任感。

① 合法证照：包括美容院的营业执照、卫生许可证、物价局统一的价目表、医疗机构执业许可证（医疗美容项目）等，以上证件应在审核的有效期内。

② 专业卫生消毒设施：美容企业是"公共"服务场所，使用的毛巾、床罩、洗脸海绵扑、化妆品、卫生环境都必须具备一定的水准，早、晚要用紫外线灭菌消毒，避免交叉感染。

③ 优秀的美容师：美容师应为顾客提供优质的技术服务，同时也为顾客提供专业的美容知识。

④ 建立和维护顾客档案：通过建立和维护顾客档案，美容企业可为顾客提供如应季皮肤护理计划在内的全面、周到的系列服务，对顾客情况进行查询、分析、归类，制订个性化顾客服务计划。

⑤ 保护消费者权益：当顾客不慎被误导或用错化妆品，致使面部受到不同程度的损伤或发生争议时，美容企业应及时采取有效措施，保护消费者的合法权益，同时也保证了美容企业的

可持续发展。

⑥ 专业皮肤检测设备：专业、规范的美容企业在接待新顾客前，应进行科学的皮肤检测。皮肤检测是专业美容企业的一项基本工作，既能体现企业的专业性和权威性，又为顾客提供最佳的美容护理疗程及产品搭配，达到理想的护理效果，提高顾客满意度。

(2) 顾客满意策略

美容企业的顾客满意策略应从顾客角度出发，"顾客第一"和"顾客至上"理念贯穿从美容产品采购到销售的全过程，做到以下几个方面。

① 走进顾客内心，探求顾客期望。

② 重视"关键时刻"。

(3) 招徕顾客策略

① 营造顾客喜爱的店面形象：店面形象是美容企业吸引顾客的首要因素，是美容企业开拓客源的基本依据。美容企业的内外装潢及整体经营品位对吸引新顾客具有很大影响。多数新顾客会在多次观察店面环境以及进出顾客人数后，才会抉择。

② 丰富店内活动：美容院企业宣传工作有着自身特点，顾客之间的口碑宣传对开拓客源有着相当大的影响力。因此，为激励顾客进行口碑宣传、开拓客源，美容企业可通过平时店内的活动，向顾客宣传美容技术和服务项目，给顾客留下美好的印象。

③ 顾客组织化：多数美容企业都以一定区域内的顾客为服务对象，以确保固定客源，实行顾客会员制，谋求固定的组织化非常重要。

④ 充分利用老顾客转介绍：各个渠道的顾客总是有限的，但是在每个顾客背后还有更多的准顾客。美容师应选择恰当时机主动与顾客沟通，让顾客转介绍。对于老顾客，美容师可找一个合适理由，如介绍卡、新品上市、促销或宣传单等，让转介绍取得一定成绩。

(4) 不同类型顾客接待方法

待客，作为一门专业的接待技术，是专业美容师必备的技能。顾客的个性心理差异很大，需求也有所不同。顾客在店面停留的时间每次在两个小时左右，体会店内气氛的机会较多，但损害顾客心情的机会也相对增多。美容企业可采取以下方法接待不同性格的顾客。

① 含蓄型：该类型顾客性情固执，对周围事物不熟悉，规规矩矩，一丝不苟，对别人的关心不加理睬。美容师应从其动作或表情中留意其想要的事物或购买动机，谨慎对答，仔细观察其肢体语言以给予正中下怀的服务。

② 健谈型：该类型顾客聪明，适应性强，为人大方，但多对人漠不关心，常感情用事。此类顾客有发表倾向的个性，美容师很容易探查其购买动机及对产品的意见，从交谈中掌握其偏好，适时促销。

③ 性急型：该类型顾客性情急躁，容易动怒，性格多变。对此类顾客的服务应迅速招呼接待，切勿让其感到不耐烦。

④ 迟钝型：该类型顾客性格爱好不强烈，不易兴奋，不会轻易决定购买或确定服务类型。美容师应耐心倾听，与对方多沟通，以使其接纳最合适的服务项目或产品。

⑤ 抑制型：该类型顾客爱好永久性事物，不易兴奋，眼神不定，难作决定。美容师应详细说明产品类型、颜色、效果、价格或服务项目等，设法排除顾客的抵触心理。给顾客内心以安全感，方能两全其美。

⑥ 疑虑型：该类型顾客聪明，缺乏独创性，且多疑、嫉妒心强。此类顾客个性偏执、多疑，谈话时美容师应耐心细致地解开其心中各种疑虑，以使其成为长期顾客。

⑦ 知音型：该类型顾客易兴奋，爱好改变不强烈，对产品似懂非懂。美容师应设法迎合，争取共鸣，关心顾客对产品的使用心得，可以以请教方式与其沟通。

⑧ 包容型：该类型顾客外表斯文、自尊心较强、乐观、亲切、害怕权威。此类顾客好面子，所以对话时要客气、谨慎，使其感觉实在、可信度高。

⑨ 挑剔型：该类型顾客个性偏执，爱挑剔，不轻易相信他人。对于此类顾客，切忌多言，言多必失；切忌与其恶言辩论；细心听取顾客意见，想办法解开其心结。

4. 顾客服务管理

(1) 相关概念

部分从业者认为，"好的顾客服务"就是端茶倒水、拿杂志，与顾客聊天、亲切有礼地迎送等，但这都只是表面性的顾客服务。顾客服务是一个过程，是在合适的时间、场合，以合适的价格、方式向顾客提供合适的产品和服务，使顾客的需求得到满足，价值得到提升的活动过程，又称客户服务。

顾客服务兼具营销与管理的功能。当一个好的服务使顾客有所感受、有所感动时所得到的回报就是口碑宣传。当顾客和企业共同管理这个服务系统时就会建立起一个共同努力的目标，企业的竞争力和盈利能力就会不断地得到提升。

顾客服务管理是企业为了建立、维护并发展顾客关系而进行的各项服务工作的总称，是了解与创造顾客需求，以实现顾客满意为目的，全员、全过程参与的一种经营行为和管理方式。其目标是建立并提高顾客的满意度和忠诚度，最大限度地开发利用顾客。其内容包括营销服务、部门服务和产品服务等几乎所有的服务内容。

(2) 运作并管理优质的顾客服务系统

① 树立正确的客户服务理念：美容企业应制定以顾客需求为导向的服务宗旨，动员和鼓励全员参与，树立满意的员工造就满意的顾客服务、服务就是为顾客创造价值的服务理念。

② 认识顾客：美容企业必须熟悉顾客，而且必须了解顾客对美容院的喜好，以及希望如何改善。对于顾客的消费需求与期望、消费的动机、满意程度如何，以及如何才能持续赢得顾客的心，美容企业应建立顾客信息档案，使美容师对所服务的顾客有一个全面的认识。

③ 建立服务品质标准：顾客服务并不是抽象的概念，每一项业务都可能在改善之后形成特有标准的服务操作流程。例如在做美容护肤时，如何正确判断顾客的肤质，并建议顾客选用适当的护理项目和护肤品；在护肤时通过标准的操作过程，正确表达每一个程序对顾客皮肤的作用。正确的资讯传递会使顾客产生信任感。

④ 与顾客维持密切的关系："优质服务系统"的诀窍在于持续不断地联系、研究顾客，并从中学习，而其中"倾听"是最重要的技巧。当顾客接受你的服务或购买你的产品之后，你们之间才真正建立起关系，而且此时也是销售、留客的最佳时机。

⑤ 唯才是用：唯有称职的员工才能提供优质的顾客服务，才能有效地留住顾客。为此，企业就必须雇用优秀的员工，并有效、有系统地培训员工，使员工确切了解美容院的服务标准，为顾客提供最佳的服务。对突发事件的危机处理能力是美容师培训教育的重点。

⑥ 建立合理的激励机制："鼓励是灵魂的补药"，奖励杰出者的表现是绝对必要的。同样，顾客的优良行为也值得奖赏，美容院的善解人意将使顾客对美容师产生信任感。认同顾客，才能和他们建立长期的合作关系。

⑦ 好，还要更好：没有任何一个系统是完美的，美容企业必须持续努力改善服务顾客和保

留顾客的实施计划。顾客和员工对于企图超越现状的动机，通常都会给予正面的评价，因为他们了解企业正在尝试做到最好。

⑧ 建立标准化的信息管理系统：顾客档案管理应采用电子信息化技术。顾客的基础资料、美容护理资料、消费记录、办卡记录，都需要随时可以查询，随时记录，顾客生日需要随时能够提醒，顾客消费频率也需要提醒。这样顾客才能真正感受到好的、标准化的服务。

5. 美容企业顾客意见处理策略

（1）顾客对美容企业的意见反馈

① 美容师素质：顾客对美容师的反馈意见包括以下几点。

A. 专业知识不够，产品或美容疗程认识不足，产品的特性及副作用讲解不清楚。

B. 部分美容师未受过专业训练，由学徒或家庭佣工充当美容师为顾客服务。

② 收费及缴费模式：常见的反馈意见包括以下几点。

A. 疗程长及产品的收费高。

B. 没有明确列出各项收费，随意性较大，或因人而异。

C. 因疗程套餐多有期限，或遇上美容企业停业，消费者权益难获保障，预先缴费的模式对顾客不公平。虽然购买疗程套餐比单次服务获若干折扣优惠，但美容企业可先提高价钱，再给予折扣，因此也不一定划算。

③ 销售及广告手法：常见的反馈意见包括以下几点。

A. 热衷介绍高价产品或疗程。

B. 夸大产品或服务的效用。

C. 硬推销产品或疗程。

D. 在疗程进行时，向顾客推销产品或疗程，甚至未经顾客首肯，已替其涂上用料。

E. 以免费或优惠价试做招徕顾客，却出现顾客不购买疗程套餐便收取材料或服务费用，或以半价优惠其实只做半边面等欺骗顾客的现象。

F. 利用优惠期有限等手法，让顾客没有充裕的时间考虑，而立即作出购买决定。

④ 环境及方便程度：常见的反馈意见包括以下几点。

A. 希望美容企业扩宽铺面，改善环境及卫生，增加设施和美容仪器等。

B. 希望改善预约安排及延长工作时间，方便上班族。

此外，顾客对美容企业在环境、设施等方面还有如下要求：空气应流通；提高清洁程度；播放轻音乐，舒缓情绪；间隔距离适中，光线不能刺眼；应增设先进仪器；美容师谈话声音勿大等。

（2）获取顾客意见的途径

① 顾客主动反馈：为了获取顾客主动反馈的信息，美容企业应方便顾客投诉，并鼓励投诉，如设立免费投诉电话、投诉台、意见簿、投诉电子邮箱等。为鼓励顾客主动投诉，可对提出有价值意见的顾客奖励，或对提出意见的顾客表示衷心感谢。但最好的鼓励方法是根据顾客反馈的情况，立即查清事实，尽快给予明确答复。

② 顾客流失分析和新顾客调查：美容企业应高度重视流失顾客的意见，尤其是流失核心顾客的意见。深入了解他们流失的原因，才能发现经营管理中存在的漏洞，及时采取改进措施，防止其他顾客流失，甚至将流失的顾客拉回来。

同时，深入了解新顾客购买产品和服务的原因，有利于保持提升企业产品和服务相对竞争优势,提高市场沟通活动的效果。

③ 人员接触:美容企业工作人员与顾客频繁接触。美容企业必须培训员工沟通和倾听的技巧,形成重视顾客意见的意识,同时还应采取奖励措施,鼓励员工反馈顾客意见。管理人员更应利用各种途径接触核心顾客,了解他们的意见。

④ 战略性活动的开展:如邀请核心顾客参加新员工的招聘活动;选聘与核心顾客有较多相似性的员工;邀请顾客参与产品和服务的设计活动;邀请顾客加入企业的管理决策机构,参与部分经营决策,这是一种更高层次的战略性活动。

(3) 处理棘手顾客的投诉和抱怨技巧

如何处理合理的或不合理的顾客投诉和抱怨,关系到美容企业的信誉与长期健康发展。无论是从个人经验还是从职业经验来说,美容企业都不可能满足所有顾客的要求,让他们都满载而归,但是美容企业一定要有改进服务、争取顾客满意的愿望和方法。

① 学会倾听:倾听是认识了解对方真意的一种技能。唯有倾听,了解顾客真意方能谋而后定。美容师应抱着积极的态度去听,不仅用耳朵听,还应调动自己的眼睛、身体、声音,激发对方说话的兴趣。倾听的关键在于集中精力、全神贯注。倾听的一般做法有以下几点。

A. 表现出兴趣,不争辩。

B. 全神贯注,不打断。

C. 使用中性短语迎合对方,重复陈述。

D. 该沉默时必须沉默,不做与谈话无关的活动。

E. 摘记要点,总结反馈等。

② 积极寻找解决办法:通常可先提出一种办法供顾客考虑,然后询问顾客的办法,再将两个方案进行比较。让顾客提出解决办法的优点是先了解顾客的要求,清楚自己所处的确切位置,方能找到解决办法,并使顾客满意。

如果尽了一切努力,但与顾客关系依然无法处理好,此时应尽可能地幽默,避免以争吵的方式让其离去。一位不可理喻的顾客拂袖而去并没有什么,但是其怒气冲冲地离开,告诉别人美容企业的产品、服务恶劣,对企业的负面影响就会很大。因此,有效地掌握处理棘手顾客的方法和技巧显得尤为重要。

(4) 提高顾客满意度技巧

目前,美容企业已遍布全国各地,经营者对顾客满意度的关注日益加强。顾客对服务的质量和期望值需求也日趋强烈,他们不但需要纯正的专业技术服务,同时希望能以最低的价格获得最满意的服务。

① 有效沟通:提高顾客满意度首先应建立彼此友好和谐的人际关系。有效的沟通可帮助美容师超出美容话题,进而延伸到表达关心及了解顾客心理、生理状况的层面,以真正了解顾客需求并满足其需求。

② 微笑服务:微笑服务是世界通用的语言,人际关系的润滑剂。

③ 自我介绍:一种友善得体的自我介绍,有助于美容师避免或化解面临消极不利的状况而发生的不愉快,或消除被误会为助理的窘境。此外,说明交谈目的,可以引起顾客的注意,表示对顾客的关心,以此达到不同类型顾客的满意度。

④ 聆听和询问:善于言谈者必善于聆听,在聆听基础上进行有方向的询问,可以增进顾客和美容师交流的融洽度和信任度。

⑤ 传达信任:"话中带有感情"是美容专业人员应具备的一个重要特色。如果期望自己的

话会带来重大的意义，就必定先发展和顾客之间的信任关系。

⑥ 彻底了解顾客：顾客导向型的企业认为顾客是最宝贵的资源。因此，美容企业必须像管理其他资源一样对顾客进行管理，像了解企业商品一样了解顾客，像了解库存变化一样了解顾客的变化。

⑦ 内部顾客也是"上帝"：员工在经营中的参与程度和积极性很大程度上影响着顾客满意度。某著名快递公司认为："无法想象一个连内部顾客都不满意的企业，能够提供令人满意的服务给外部顾客。"当其内部顾客的满意率提高到85%时，他们发现公司的外部顾客满意率高达95%。

⑧ 现场管理更高效：在体育比赛中选手身边都有教练在急切地关注着他们，注意他们的每一个细节，并在必要时给予鼓励或建议，这就是现场管理。在美容企业员工改进服务态度和技巧的过程中，类似的方法非常有效。

二、美容企业顾客的开发与维护

1. 顾客开发策略

顾客开发是美容企业收集和利用顾客信息的一项基础工作，也是提升美容企业销售业绩、保持良性运作的必要方法。以下介绍几种开发新顾客的方法。

（1）开展促销，就近派发宣传资料

这是美容企业最常用的方法，即由美容师或其他工作人员在店面周围派发一些诸如传单、优惠券、免费卡之类的宣传资料，以吸引新顾客。

（2）老顾客转介绍

美容企业的老顾客向同事或亲戚朋友介绍自己的美容经历，说服其来店面体验，为企业带来新的顾客。

（3）电话营销

主要对象包括老顾客和潜在顾客。营销时间分为非促销时间和促销时间。非促销时间的电话营销主要是与老顾客保持一定的联络，为潜在客户提供产品和服务信息，以吸引新顾客的光顾。促销期间的电话营销主要向团体客户提供促销信息，以吸引他们前来消费。

（4）开发团体客户

首先，应确定开发对象。开发对象以商圈内20人以上的行政机关、企事业单位公司为主，并收集他们的基本资料，包括正确的名称、电话、地址、人数。其次，以电话事先预约。方式大抵同电话营销但主要以见到面为原则，然后登门拜访，拜访完毕应做好拜访登记。

（5）缔结关联店

缔结关联店即联合其他企业进行双赢的促销活动。一般美容院规模小、实力弱，单个促销往往达不到有效的目的，容易湮没于嘈杂的市场之中，而联合其他企业一道促销，招徕客源，则可以达到投入少、影响大的目的，为美容企业带来显著的客源增长。

缔结关联店应注意选择客源与本店有互补作用，其主要顾客为本店目标消费群体，日消费频率高的关联店；商圈范围以1千米内为佳。同时还应考虑关联店的成立时间和经营状况，以形象较佳、成立较久、经营财务状况良好者为主。关联店的合作方式包括：基本顾客资料交换；宣传资料相互寄放或联合寄发宣传资料；共同举办区域性联合促销活动或社区休闲、公益活动。

(6) 网络营销

在这日新月异的时代，网络营销已被越来越多的企业所重视。就网络企业本身而言，它们十分重视美容，如著名的新浪、网易、搜狐等网站都开设了专门的栏目。社交平台如抖音、小红书等，还有专业网站如中国美容网、中国美容人才网等，此外还有很多地方性网站，这些都为美容企业的拓展提供了一个良好的平台。

(7) 电视报纸广告宣传

这也是美容企业经常采用的一种方法，它不仅为企业带来可观的客源，还能有效地扩大美容院的知名度。

2. 老顾客维护管理策略

许多企业的实践证实，顾客忠诚度与企业的获利能力有着密切的关系，顾客忠诚率提高 5%，企业的利润就能增加 25%～85%。

(1) 忠诚顾客的行为特征

① 经常性高频率地重复购买本店产品。

② 经常惠顾本店提供的其他产品或服务。

③ 建立良好的口碑宣传。

④ 对竞争对手提供的产品和促销活动有"免疫力"。

(2) 影响顾客忠诚度的因素

① 顾客满意度：根据鲍勃·哈特利（Bob Hartley）和迈克尔·W. 斯塔基（Michael W. Starkey）的《销售管理与客户关系》一书中的研究，在高度竞争领域，导致客户忠诚的客户满意的基点较高，满意和比较满意难以有效地令客户产生再购买以及积极的人际宣传行为。如果客户的满意度下降，客户的忠诚度会急剧下降。如果客户不满意，不仅不会再购买，而且可能劝阻其周围的人购买，甚至通过现代信息传播媒介劝阻更多的人购买，从而置企业于困境。只有让客户感到相对于主要竞争对手而言，高度满意或者意外惊喜，才可能令客户产生高度忠诚。

② 顾客信任感：通常顾客对所购产品或服务首先会建立起一种信任预期，在这种信任预期指导下建立自身的消费体系。凡是符合自身信任预期的产品或服务，就会成为可选购的目标，不符合自身信任预期的商品则被排斥。这就是说，信任感是顾客产生首次购买及持续忠诚购买行为的主要影响因素。信任购买与购买风险密切相关，购买的风险越大，顾客信任感对其忠诚度的影响就越强。

③ 有效信息和情感沟通：顾客忠诚包括行为忠诚和情感忠诚两个密切相关的组成部分。行为忠诚是情感忠诚的基础，而情感忠诚反过来左右行为忠诚。忠诚度越高，情感成分所起的作用就越大。

④ 购买便利程度："酒香不怕巷子深"早已过时，如果顾客不能较方便地购买，即使对以前的购买高度满意或信任也会因急于需要而转向购买竞争对手的产品或服务。如果此时竞争对手能满足其需要并能令其高度满意，再想挽回顾客就比较困难了。

(3) 培养顾客忠诚度的作用

① 可以减少营销费用。

② 增进交叉销售的成功率。

③ 赢得更多正面的口碑效应。
④ 减少失败的费用。
⑤ 减少顾客成本的花费。

（4）培养顾客忠诚度的手段
① 逢年过节的问候。
② 顾客生日时送礼物。
③ 记住顾客，并能提供个性化的服务。
④ 举办顾客联谊会。
⑤ 适时递送最新生活与时尚资讯。
⑥ 适当的时候能满足顾客的一些特殊要求。
⑦ 适当的时候进行电话联系。
⑧ 当知道顾客家中有事时，登门拜访。
⑨ 给予老顾客的其他优惠。

（5）提高顾客忠诚度的策略
① 给顾客提供超值服务：顾客认为美容院技术好其实包含着心理上的满足感。
② 以树立美容师专业形象来提升顾客满意度：一个优秀的美容师，不仅要具备娴熟的专业技术和专业知识，更要具备像专业医师一样的"专业形象和权威"。
③ 将顾客组织起来：将顾客组织起来不应局限于美容院的服务，可举办如假日休闲活动、聚会、美容新知识咨询会、流行发布会、亲子活动会等活动。此外，如果时间与能力许可，还可以定期发行会讯或俱乐部会刊。
④ 预防顾客喜新厌旧：研究显示，美容企业是一个经营美丽和流行时尚的服务行业，如果认为只要技术和服务好，就不怕顾客不上门，这是完全不正确的。因为顾客难免有喜新厌旧的心理，所以若没有推陈出新的观念或领先的技术，即使技术和服务再好，顾客心理上也会觉得疲乏和无趣，若有其他选择的可能，顾客就会试一试。

为了避免这一现象的发生，经营者必须考虑如何根据季节的变换来改变店面形象，如更新产品、更换海报、更换橱窗，以及根据季节性皮肤问题而推出新的疗程设计等。
⑤ 注意小细节：一个小小的细节折射到顾客心里的却是个人素质、员工形象、公司管理、企业文化，以及由此种种堆砌而成的美容企业品牌大厦。顾客对企业的信任就蕴藏在美容服务中的每一个细小的环节中，处理好了细节，巩固了企业的形象和信誉，才能真正地赢得顾客的信任。

3. 稳定客源维持策略

美容企业的顾客 80% 以上都是附近地区的居民及上班族，其中 90% 左右为稳定客源。据有关调查，每年有 10% 的稳定客源被替代，即每年有 10% 的稳定客源流走。因此，不论是竞争对手原因还是企业自身因素，或是顾客喜新厌旧的心理，都必须采取对策留住顾客。

（1）尝试改变店面形象或店内的风格

可结合气候季节的变化，改变店内的色彩、背景音乐。定期变换橱窗的陈列和布置，结合顾客生活品质的需要，提供相关的生活情报和流行资讯。

（2）稳定客源的宣传

稳定客源的宣传要点见表 5-11，必须清楚地了解自己所处的地域环境及地域发展趋势，然后考虑与之适应的宣传策略。

表 5-11 稳定客源的宣传要点

地区	对顾客的宣传要点	固定客源平均百分比
住宅区	宣传其服务热情、亲切，给顾客良好的印象	90%
商业区	一般顾客的流动性大，因此不只是对固定客源进行宣传，还要注意对自由流动的顾客进行宣传，开拓新客源	80%
写字楼办公区	宣传以办公室工作人员为主要对象，应特别宣传技术上的方便性（预约制、技术、速度、服务等）	80%
火车站前面	因交通便利，商业圈能够扩大到很宽的地区，应特别加强技术方面的宣传，树立时尚形象	75%
乡镇	加深时尚印象，强调与大城市的美容服务之间没有技术差异，同时宣传其服务热情、亲切	93%
农村	应给予在本店美容的顾客以轻松爽快的印象，不仅宣传美容，还要宣传休息室	95%

为稳定客源，必须耐心细致，对于个别顾客可采取电话宣传、会员制度、票券优待预约制度等宣传方法。

(3) 培养顾客的信赖心理

为了培养顾客的信赖心理，要求每一名美容师都必须同时是一名合格的生活艺术导师，真正做到详尽地了解顾客日常生活中的美容细节，并能针对顾客的身体状况、皮肤特征制订一个作息计划和饮食计划。当然，这与美容师自身文化素质有相当关系，如果美容师对专业或医学知识知之甚少，那么这些专业指导就无从谈起了。

(4) 服务见真情

美容企业的服务并不是无目的的漫谈，而是要让顾客在从进门到出门的每一环节中都能体验到美容院的服务精神。服务的重点在于"人性化服务"，而不是教条的机械化过程。服务的要素在于微笑和细心。发自内心的微笑可舒缓对方的情绪以及增加亲和力，而细心观察、细心对待顾客是留住人心的关键。

(5) 专业技术让人有美的享受

一般而言，专业美容师令人信服的程度无法高于或达到和专业医师一样的专业权威。究其原因：一是美容专业教育环境未上轨道；二是美容师的工作包含了浓重的商业色彩。为此，美容师更应该加强专业技术的培训，毕竟专业技术是美容院经营的存亡关键，顾客满意最终还是取决于美容效果。

此外，美容师还要求保持得体的仪容仪表，做到针对顾客的皮肤类型谨慎推荐保养品和护理疗程，注意顾客的时间，提高服务效率。

(6) 热情周到的专家服务

近年来，有的美容企业融合了穿着打扮、全身美容的技术等服务内容，美容不仅包括服饰在内的全身美容，也包含美化心灵的心理美容。美容师应有经考核得到承认的技术职称，同时也应是美容专家。

(7) 亲切的美容交流

在美容企业的经营调查中，有一个问题：美容师与顾客除交谈发型之外，还谈论诸如服饰等其他方面的内容吗？这个问题主要是从顾客对美容企业的信赖感和美容师的美容知识两个方面，来调查顾客与美容师之间的思想交流达到何种程度。调查结果表明，美容师接受顾客疑问而且能热情回答问题的美容企业，其拥有固定顾客的比例在90%左右。顾客没有疑问而且美容师又缺乏美容方面知识的美容企业，其拥有固定顾客的比例在60%以下。

（8）密切关注顾客对美容院的评价

美容企业经营有三要素：店面形象、顾客服务和美容技术，而顾客正是根据这三要素，从不同的立场对美容院进行评价的。而美容企业的特征就是待客时间比一般商店要长，顾客在店内的时间越长就越容易发现美容院的不足之处。因此，必须调查顾客对美容企业的评价，研究顾客是从哪个角度来评价，以此作为开拓客源的参考依据。

4．美容企业员工与顾客沟通技巧

（1）美容师的语言素质

美容师也是服务员，必须遵循服务行业的礼仪要求，特别是在与顾客交流时，也必须遵守语言规范。

① 多用请求式语言：美容师在与顾客沟通时，应避免用命令式语言，多用请求式语言。请求式的语言，可分成三种说法。

A．肯定句。例如："请您稍等。"

B．疑问句。例如："请稍微等一下，可以吗？"

C．否定疑问句。例如："马上就好了，您不等一下吗？"

一般来说，疑问句比肯定句更能打动人心，尤其是否定疑问句，更能体现出美容师对顾客的尊重。

② 多用肯定式语言：肯定语与否定语都是常见语，它们的意义虽然恰好相反，但如果运用得巧妙，肯定句可以代替否定句，而且效果更好。例如：

顾客："这款还有其他颜色的吗？"

回答："没有。"

这里用的就是否定语，顾客听了这话，一定会说："那就不买了。"如果换个方式回答，顾客可能就会有不同的反应。比如回答："真抱歉，这款目前只有黑色的。不过，我觉得高档产品的颜色都比较深沉，与您的气质、身份、使用环境也相符，您不妨试一试。"

③ 推荐产品或服务时，应先贬后褒。如果顾客说："太贵了，能打折吗？"回答不外乎两种：

A．"质量虽然很好，但价钱稍微高了一点。"

B．"价钱虽然稍微高了一点，但质量很好。"

这两句话除顺序颠倒以外字数、措辞没有丝毫变化，却让人产生截然不同的感觉。先看第一句，它的重点放在"价钱高"上，顾客可能会产生两种感觉：一是该商品尽管质量很好，却不值那么多钱；二是这位美容师可能小看我，觉得我买不起这么贵的东西。再分析第二句，它的重点放在"质量好"上，顾客就会觉得正因为商品质量很好，所以它才会这么贵。

④ 语言要生动委婉：先看看下面三个句子。

A．"这件衣服您穿上很好看。"

B．"这件衣服您穿上至少年轻十岁。"

C．"这件衣服您穿上很高雅，像贵夫人一样。"

第一句说得很平常，第二、三句比较生动、形象，顾客听了便知道你是在恭维她，心里会很高兴。除语言生动以外,委婉陈词也很重要。对于一些特殊的顾客,要把忌讳的话说得很中听,让顾客觉得你是尊重和理解她的。例如,对较胖的顾客,不说"胖"而说"丰满";对肤色较黑的顾客,不说"黑"而说"肤色较暗"。

(2) 美容师用语的技巧

① "是、但是"法:在回答顾客异议时,这种方法比较常用,也非常有效。具体而言就是:一方面,美容师表示同意顾客的意见;另一方面,美容师又解释了顾客产生意见的原因及其看法的片面性。这种方法可以让顾客心情愉快地改变对商品的误解。

② 高视角、全方位法:任何产品都不可能是十全十美的。因此,顾客可能会抱怨产品某个方面的缺点,此时美容师可以通过强调产品的突出优点,以弱化顾客提出的缺点。当顾客提出的异议基于事实根据时,可采用此方法。

③ 问题引导法:有时可以通过向顾客提问题的方法引导顾客,让他们自己排除疑虑,找出答案。通过提问,美容师可以让顾客自己比较商品的差异,作出选择。

④ 直接否定法:当顾客的问题来自不真实的信息或误解时,可以使用直接否定法。然而,这是回答顾客问题时的最不高明的方法,等于告诉顾客,其看法是错误的,是对顾客所提意见的直接驳斥。故必须有比较明显的事实和充分的理由。例如:

顾客:"你们的产品比别人的贵。"

美容师:"不会吧,我们这里有同类产品不同企业的报价单。我们产品的价格是最低的。"

⑤ "介绍他人体会"法:利用使用过该产品的顾客的"现身说法"来说服顾客。一般而言,顾客都愿意听听使用者对产品的评价,所以那些感谢信、表扬信等都是说服顾客的活教材。当然,这种情况必须实事求是,不能杜撰。

⑥ "展示流行"法:通过揭示当前美容流行趋势,劝说顾客改变自己的观点,从而接受美容师的推荐。

(3) 接待顾客的技巧

① 接近的技巧:接近顾客时,美容师的动作宜迅速而敏捷,同时注意接近顾客时的角度,最好能与顾客面对面。千万不要过于唐突或无礼,以免惊吓到顾客。必要时,不妨给顾客一些动作暗示,再伺机与之搭讪,试探其需求。

② 招呼的技巧:尊重对方最基本的表现是主动与对方打招呼。作为美容师,如果不能主动向客人打招呼问好,很容易被误认为是骄傲、耍威风、看不起人,从而招致反感。美容师向顾客打招呼时应注意:

A. 要先向对方打招呼。

B. 要显得很开朗、有诚意,保持亲切的态度。

C. 要使用有创意的话题,如恭维的、顾客感兴趣的、幽默有趣的话题等。

(4) 询问顾客的技巧

对顾客的到来,美容师不能视而不见,而应主动、积极地与其交谈,询问她(他)们的需要,同时也应注意询问技巧。

① 不连续发问。

② 产品或服务的说明要与顾客的回答相关。

③ 询问顾客应先易后难:如选购护肤品,先问皮肤类型等容易回答的问题,若先向顾客询问"预算价格",一定会引起反感。只有引导顾客进入"接受询问—回答问题—再听说明"的心理流程后,顾客在回答私人问题时才不会产生抗拒感。

④ 促进购买心理的询问方法：美容师在询问之前，要先预测这样的询问是否能够得到促进购买心理的回答。例如，当顾客对产品爱不释手一再观看时，就可判定"顾客喜欢这个产品"。此时，美容师应该过去询问："您中意吗？"让顾客回答"是啊"或"这产品不错"，如此才可达到销售效果。

⑤ 使用询问以达成让顾客回答的目的：如果美容师独自说话太多是不会得到好效果的。

 案例讨论与分析：

> 阅读以下资料，分组讨论，如何留住顾客。
>
> 小黎作为一名注重自身形象的职场女性，一般听说哪里有新美容院开业都愿意去体验。然而，每次坚持时间都不长，不是嫌美容院距离太远，就是不满意新美容院的服务或美容师的技术。
>
> 一天，小黎得知公司附近一家新型皮肤管理中心开业了，且对新顾客有优惠，于是与同事相约下班后去体验。一进门，她们就迎来前台顾问的热情接待，也体验了该门店的身体基础护理。之后，小黎和同事都感觉效果不错且方便，于是都办理了会员卡。可自从成为那里的会员后小黎就后悔了，因为没几天就会接到该美容机构的电话，不是介绍新产品，就是介绍新项目，但并没有针对小黎的皮肤状况提出什么有价值的护理建议，让其不胜其烦。同为会员的同事也纷纷表示不满，皮肤最差的小何说："我去的次数最多了，也没多少优惠，倒是经常推销买这买那，说我这有问题那有问题。没问题我去美容院干什么？"最挑剔的小美则说："每次去都要问我贵姓？还会员呢！"

 学习总结与反馈：

> 美容企业如何接待老顾客、优质顾客，并把她（他）们稳定下来，需要美容企业各方面的努力，应从小细节入手，如待客技巧、电话回访、产品营销等，应注意与顾客进行恰当交流，并取得顾客的信任感，防止顾客的满意度、忠诚度下降。应不只是批量营销，千人一单的粗放式销售模式，因为这样很难真正做到精细化顾客管理，从而导致顾客的流失。一对一的效果管控及个性化服务设计，才是稳步发展的有效路径。

模块六 美容企业财务管理

学习时间:6课时

 学习目标

1. 掌握美容企业财务管理的原则。
2. 了解美容企业财务管理的制度。
3. 了解美容企业财务报表。
4. 了解美容企业财务管理的内容。
5. 熟悉美容企业财务管理的分析与评价。

电子课件

 课程思政目标

在了解美容企业财务管理的原则、美容企业财务管理的制度等的基础上,引导学生深刻领会到了解、遵守国家财务法律法规、遵纪守法的重要意义;通过对美容企业财务报表的学习,落实财务管理制度中财务人员的工作标准和全员财务意识,引导学生树立爱岗敬业、恪守职责的工作态度;学习美容企业成本费用管理,美容企业财务分析,引导学生学习细致严谨、认真负责的工作态度,可以发现机会、控制风险。

 学习方式

由教师指导学生学习美容企业财务管理的主要内容,通过对美容企业财务报表的介绍与解读,引导学生了解美容企业财务管理制度、原则和具体的内容,在企业运行与发展中的重要意义;通过对企业财务管理案例的分析与讨论,引导学生认识到有效美容企业财务管理制度对美容企业良性发展的重要作用。

 学习情境

多媒体教室或专业实训室,有网络环境。

 学习准备

课程设置学习小组,每组 4~6 人,便于集中授课和分组讨论。

单元 15 美容企业日常财务管理

学习要点

美容企业财务管理原则；美容企业财务管理制度；美容企业财务报表。

学习难点

落实财务管理制度中财务人员的工作标准和全员财务意识；读懂财务报表中的关键数据，清晰企业当下经济状况和发展能力。

企业财务管理从企业筹备开始，一直贯穿整个经营过程，从多个维度保障经营成果。核心维度包括投资评估、预算决算、会计核算、经营数据分析、资金筹集及管理、货品采购及管理、成本费用控制等。专业的财务管理帮助企业良性运营，有效进行风险控制。

企业财务管理是指企业筹集资金、合理分配和使用资金，处理各种财务关系，以取得经济效益，促进企业发展的一项经济管理工作。

美容企业财务管理是美容业经营管理的重要组成部分，它能够动态地反映美容企业的经营状况，同时还能够影响和促进美容企业的其他各项管理工作，如节约资金、增加积累、实行经济核算等。加强企业财务管理，发挥财务管理制度的应有作用，提高美容企业的经济效益，对美容企业的可持续发展有着重要意义。

一、美容企业财务管理原则

企业在组织开展各种财务活动时应遵循财务管理的基本规则。这些规则是人们在长期的财务管理实践中总结出来的，体现了理财活动的规律性，是企业财务管理必须遵循的一般要求。

1. 资金合理配置

美容企业要通过资金活动的组织和调节来保证各项物质资源具有最优化的结构比例。企业物质资源的配置情况是资金运用的结果，同时它又是通过资金结构表现出来的。在资金占用方面，有对外投资和对内投资的构成比例、固定资产和流动资产的构成比例、货币性资金和非货币性资金的构成比例等；在资金来源方面，有负债资金和主权资金的构成比例、长期负债和短期负债的构成比例等。

资金配置合理、资源构成比例适当，保证生产经营活动的顺畅运行，并由此取得最佳的经济效益，否则会危及企业内部购、产、销活动的协调，甚至影响企业的兴衰。因此，资金合理配置是企业持续、高效经营必不可少的条件。

2. 收支平衡

所谓收支平衡，就是要求资金收支不仅在一定期间总量上取得平衡，而且在每一个时点上也要协调平衡。

资金收支平衡归根结底取决于企业购、产、销活动的平衡。企业应坚持生产和流通的统一，使企业购、产、销三个环节相互衔接，保持平衡，既要量入为出，又要量出为入。

3. 成本效益

这里的"效益"是指收益，"成本"是指与效益相关的各种耗费。成本效益是投入产出原则的价值体现，它的核心是要求企业在成本一定的条件下应取得尽可能大的效益，或是在效益一定的条件下应最大限度地降低成本。

4. 收益风险均衡

在财务管理中，风险与收益形影相随，高收益的投资机会必然伴随高风险，而风险小的投资机会收益又较低，二者呈同向变化。

收益与风险均衡原则的核心是要求企业不能承担超过收益限度的风险，在收益既定的条件下，应最大限度地降低风险；在风险既定的条件下，最大限度地争取更多收益。例如，在流动资产管理方面，持有较多的现金，可以提高企业的偿债能力，减少债务风险，但是银行存款的利息很低，而库存现金则完全没有收益；在筹资方面，发行债券与发行股票相比，由于利率固定且利息可在成本费用中列支，对企业留用利润影响很少，可以提高自有资金的利润率，但是企业要按期还本付息，需承担较大的风险。

所以，企业决策时应对风险和收益作出全面的分析和权衡，以便选择最有利的方案，特别是要注意把风险大、收益高的项目同风险小、收益低的项目适当地搭配起来，分散风险，使风险与收益平衡，做到既降低风险又能得到较高的收益。

5. 利益关系协调

利益关系协调原则要求企业在收益分配中，包括税金缴纳、股利发放、利息支付、工薪计算等方面，应兼顾国家、企业自身和员工的利益，兼顾投资人和债权人的利益，兼顾所有者和经营者的利益，不断改善财务状况，增强财务能力，为提高效益创造条件。

 美容企业财务管理制度

企业财务管理直接关系到企业内部的资金流通问题。健全完善的财务管理制度对于美容企业的资金流通具有一定的保障作用，能够让企业顺畅地运营，帮助企业在日常的经营过程中减少投资风险，增加盈利。

1. 财务管理人员配置

① 依据财务职能分工，基本需配置总账会计、销售会计、成本费用会计、商品会计、出纳会计。

② 原则上，核算会计和出纳会计不可以设同一人。

2. 财务管理人员职能

① 建立健全美容企业财务管理的各种规章制度，编制企业财务计划，加强企业经营核算管理，反映、分析企业财务计划的执行情况，检查、监督企业内的财务纪律。

② 积极为美容企业的经营管理服务，促进企业取得较好的经济效益。按照经济核算原则，定期检查、分析企业财务、成本和利润执行情况，挖掘增收节支潜力，考核资金使用效果，及时向企业领导者提出合理化建议，做好企业资金流通参谋。

③ 进行企业成本费用预测、计划、核算、控制、分析和考核，督促企业有关部门降低消耗，节约费用，提高经济效益。

④ 合理分配企业收入，及时完成需要上缴的税收及管理费用。配合财政、税务、银行等部门，检查企业财务工作，主动提供企业有关资料，如实反映情况。

⑤ 完成企业交给的其他工作。

3. 财务工作管理

① 企业的会计凭证、会计账簿、会计报表和其他会计资料必须真实、准确、完整，并符合会计制度的规定。

② 财务工作人员办理会计事项时应填制或取得原始凭证，并根据审核的原始凭证编制记账凭证，有关人员都必须在记账凭证上签字。

③ 财务工作人员对本企业实行会计监督，对与事实不符的原始凭证，不予受理；对记载不准确、不完整的原始凭证，予以退回，要求更正、补充。

④ 财务工作人员应当会同主管进行财务盘点，保证账簿记账记录与实物、款项相符。

⑤ 财务工作人员发现账簿记录与实物、款项不符时，应及时向主管领导进行书面报告，并请求查明原因，作出处理。财务工作人员对上述事项无权自行作出处理。

⑥ 财务工作人员应根据账簿记录每月编制会计报表上报主管。

⑦ 财务工作人员调动工作或者离职，必须与接管人员办清交接手续。财务工作人员办理交接手续时，应由主管部门监督交接。

4. 财务工作流程

（1）每日工作流程

① 将昨日晚班的收款小条与现金进行核对整理，发现问题及时提出。

② 准确收取营业款项，保管好收款账本，以作业绩统计。

③ 填写日营业收入单。

④ 填写产品日销售表。

⑤ 保管、汇总领用产品表。

⑥ 根据产品进销存明细表，看是否需要订货，填写订货单（每周一次）。

（2）每月工作流程

① 每月定时盘点产品，填写产品进、销、存明细表，如实反映缺损情况。
② 作出每月领用产品汇总表，以监控产品用量与开卡数量的比例是否相符。
③ 作出月营业收入表。
④ 作出月产品销售表。

5. 财务收支管理制度

① 在生产性开支满足美容企业提供美容服务的正常需要又要库存合理的前提下，产品采购人员根据"请购单"和主管审批的用款计划购买产品，一般情况下采用货到验收付款的方式。
② 严格控制非生产性开支。
③ 严格管理固定资产购置。

6. 现金和支票管理制度

① 美容企业可在下列范围内使用现金：A.职员工资、津贴、奖金；B.个人劳务报酬；C.出差人员必须携带的差旅费；D.结算起点以下的零星支出（结算起点由主管确定）；E.企业主管批准的其他开支。
② 财务工作人员支付个人款项，超过使用现金限额的部分，应当以支票支付；确需全额支付现金的，应店长批准后支付现金。
③ 美容企业固定资产、办公用品、劳保、福利及其他工作用品必须采取转账结算方式，不得使用现金。
④ 财务工作人员支付现金，可以从企业库存现金限额中支付或从银行存款中提取，不得从现金收入中直接支付。
⑤ 财务工作人员从银行提取现金，应当填写"现金领用单"，并写明用途和金额，由店长批准后提取。
⑥ 财务工作人员要进行往来业务的现金提送，数额巨大时，应加派人员办理。
⑦ 每日营业结束，除酌留一部分为次日营业开始时必要的支付资金外，所有款项应尽量送存银行。
⑧ 美容企业职员因工作需要借用现金，需填写"借款单"，经财务工作人员审核，交主管批准签字后方可借用；超过退款期限即转应收款，在当月工资中扣还。
⑨ 凭发票、工资单、差旅费及美容企业认可的有效报销或领款凭证，填制记账凭证，经手人签字，财务工作人员审核金额数量无误，主管批准后支付现金。
⑩ 工资由财务工作人员依据每月提供的核发工资资料，代理编制职员薪资表，交主管审核和签字后按时提款，当月发放工资，填制记账凭证，进行财务处理。
⑪ 无论何种汇款，财务工作人员都需审核"汇款通知单"和有关凭证，分别由经手人、主管签字。
⑫ 财务工作人员应当建立健全现金账目，逐笔记载现金支付；账目应当月结，每日结算，账款相符。
⑬ 支票由财务管理人员专人保管。支票使用时需有"支票领用单"，经店长批准签字，然后将支票按金额填上，加盖印章，填写日期、用途、登记号码，领用人在支票领用本上签字备查。
⑭ 支票付款后凭支票存根、发票由经手人签字、财务管理人员核对、店长审批；填写金额无误，完成后交财务管理人员；财务管理人员统一编制凭证号，按规定登记银行账号。

⑮ 凡与企业业务有关款项的支票，不分金额大小由主管审批签字。

7. 财务盘点制度

（1）盘点范围

① 美容产品：使用一次美容产品，价值即变成营业收入者（无形消费商品的营业收入），属于每日需盘点的对象，如洗面奶、化妆水、润肤乳等。

② 固定资产：一次购入即可长期使用，只需每年盘点一次的物品，如空调、美容仪器、床铺、凳椅等。

③ 消耗品：辅助美容服务，不需重点盘点，如办公用纸、笔、纱布、棉花、卫生纸等。

④ 现金、票据、租赁契约等。

（2）盘点方式

① 年中、年终盘点。

② 月末盘点。

③ 不定期抽点。

（3）盘点注意事项

① 财务管理人员拟定盘点计划表，主管批准后签发通知，按期限办理盘点工作。

② 盘点应尽量采用精确的计算器，避免主观的目测方法，每项项目数量确定后，再继续进行下一项，盘点后不得更改。

③ 现金、存款等项目，除年中、年终盘点外，店长至少每月抽查一次。

④ 现金、存款等项目盘点，应于盘点当日下班未行收支前或当日下午结账后办理。

⑤ 存货盘点，以当月最后一天及翌月1日进行为原则。

⑥ 盘点物品时，实际盘点数均应详细记录于"盘点统计表"。

⑦ 盘点完毕后，财务管理人员应对盘点情况进行汇总，编制"盘点盈亏报告表"，核算盘点盈亏金额。

美容企业财务报表范例

1. 财务日报表

财务日报表见表6-1。

表6-1 财务日报表

人数	操作者	收款金额	新会员	旧会员	免费试做	项目	赠品	销售产品	备注
开支金额							赠品金额	产品金额	总计

续表

人数	操作者	收款金额	新会员	旧会员	免费试做	项目	赠品	销售产品	备注
收入金额			赊账金额						
总人数			新客总数：　　　人			包月人数：　　　人			
			旧客人数：　　　人						

美容师业绩：　　　　　　护理：

销售：　　　　　　　　　付清会员：

其他：　　　　　　　　　查核人：　　　　　　店长：

2. 财务月报表

（1）美容师财务月报表（表 6-2）

表 6-2　美容师财务月报表

项目日期	脸部	眼部	轮廓	健胸	减肥	保养	手部护理	唇部护理	纤臂	会员卡	年卡	月卡	单次	特惠	产品销售	扣款	奖金	总计	美容师签名	店长签名	备注
总计																					

底薪：　　　　　护理提成：　　　　　销售提成：

扣款：

实领金额：

店长签名：

核签：

（2）美容院财务情况月报表（表 6-3）

表 6-3　美容院财务情况月报表

单位：元

项目	产品销售收入				购入成本			
	单位	单价	数量	金额	单位	单价	数量	金额
（一）院装产品								
1								
2								
3								
4								

续表

项目	产品销售收入				购入成本			
	单位	单价	数量	金额	单位	单价	数量	金额
5								
6								
(二) 客装产品								
1								
2								
3								
4								
5								
6								
(三) 销售收入合计								
(四) 服务收入								
(五) 其他收入								
(六) 经营收入合计					说明:			
(七) 毛利					本表格适用于产品经营状况的核算;			
(八) 经营费用					本表每栏目要详细填写;			
(九) 营业净利润					本表核算方法为:			
其他　1. 业务人员费用					(一) + (二) = (三)			
其他　2. 水、电费					(二) + (四) + (五) - (六)			
其他　3. 房租，电话费								
其他　4. 设备折旧费								

3. 财务年报表：资产负债表

资产负债表见表 6-4。

表 6-4　资产负债表

年　月　日　单位：元

资产	行次	年初数	期末数	负债和所有者权益（或股东权益）	行次	年初数	期末数
流动资产：				流动负债：			
货币资金	1			短期借款	68		
短期投资	2			应付票据	69		
应收票据	3			应付账款	70		
应收股息	4			应付工资	72		
应收账款	6			应付福利费	73		
其他应收款	7			应付利润	74		
存货	10			应交税金	76		

续表

资产	行次	年初数	期末数	负债和所有者权益（或股东权益）	行次	年初数	期末数
待摊费用	11			其他应交款	80		
一年内到期的长期债券投资	21			其他应付款	81		
其他流动资产	24			预提费用	82		
流动资产合计	31			一年内到期的长期负债	86		
长期投资：				其他流动负债	90		
长期股权投资	32			流动负债合计	100		
长期债权投资	34			长期负债：			
长期投资合计	38			长期借款	101		
固定资产：				长期应付款	103		
固定资产原价	39			其他长期负债	106		
减：累计折旧	40				108		
固定资产净值	40			长期负债合计	110		
工程物资	44						
在建工程	45			负债合计	114		
固定资产清理	46			所有者权益（或股东权益）：			
固定资产合计	50			实收资本	115		
无形资产及其他资产：				资本公积	120		
无形资产	51			盈余公积	121		
长期待摊费用	52			其中：法定公益金	122		
其他长期资产	53			未分配利润	123		
无形资产及其他资产合计	60			所有者权益（或股东权益）合计	123		
资产合计				负债和所有者权益（或股东权益）合计	135		

4. 产品领用管理登记表

产品领用管理登记表见表 6-5。

表 6-5 产品领用管理登记表

年 月 日

序号	货号	产品名称	规格	单位	数量
	合计：				

5. 产品销售表

产品销售表见表6-6。

表6-6 产品销售表

序号	货号	产品名称	规格	单位	数量	金额
		合计：				

美容企业只有充分地认识到并且运用控制好财务表格及财务管理制度，财务管理才能完善健全，财务问题才能得到最根本的改善，减少不必要的开支，巩固财务状况的稳定性。

案例讨论与分析：

阅读以下资料，分组讨论，大学生如何开展美容企业创业。

小赵是一位学美容护理专业的大学生，大学毕业后回到自己家乡发现周围美容院里的美容师都没有她专业，于是决定自己开一家小型美容院，她想凭借自己熟练的美容护理技术和良好的服务品质赢得市场。前期投资了近30万元，配齐了仪器设备，请了8个店员。在开业初期大做宣传，大搞促销活动，以高品质的服务和产品、低端的价格来吸引顾客。美容院的生意确实门庭若市，可是一两个月下来，她发现根本就没赚到什么钱。接下来，她决定涨价来增加营业收入，当价格涨起来后，她发现那些老客户都不再来了。

制定合理的经营策略需要完整的财务管理思维，通过各类财务报表数据分析来确定。单一地追求营业收入，对成本和费用没有评估和有效地控制，无法保障企业利润。而这个时候，被动地采用涨价策略，势必影响客户信心，经营很难持久。

学习总结与反馈：

有效的财务管理是保障企业能够持续经营的重要管理手段。建立完整的财务管理制度，保护拥有的财务资源；读懂企业财务报表，更为有效地调整经营策略。

单元 16 美容企业运营财务管理

学习要点　美容企业利润与分配管理；美容企业资金筹集；美容企业成本费用管理；美容企业采购及存货管理；美容企业财务分析。

学习难点　美容企业经营成果以利润为衡量标准，而利润必须有合理的分配方式，保障企业持续发展和投资人、从业者均获得匹配的分配利润；企业成本费用的控制直接影响利润率；经营者懂得财务分析，可以发现机会、控制风险。

一 美容企业利润与分配管理

利润是企业在一定时期内所取得的收入减去其所发生费用之后的余额。利润是企业及其投资者所追求的直接目标，财务活动的最终结果，利润额的高低直接关系到企业的生存与发展。美容企业开展利润管理就是要努力寻求利润来源，增加企业利润总额。

1. 企业利润构成

企业利润总额包括营业利润、投资净收益和营业外收支净额。其计算公式是：
利润总额 = 营业利润 + 投资净收益 + 营业外收入 − 营业外支出
营业利润 = 主营业务利润 + 其他业务利润 − 营业费用 − 管理费用 − 财务费用
主营业务利润 = 主营业务收入 − 主营业务成本 − 主营业务税金及附加
其他业务利润 = 其他业务收入 − 其他业务成本 − 其他业务税金及附加
主营业务利润是指美容企业经营主要业务所取得的利润。
主营业务收入是指美容企业经营主要业务所取得的收入，即美容企业按照营业执照上规定的主营业务内容所发生的营业收入。
营业费用是指美容企业产品销售过程中发生的费用。其包括广告费、展览费、保险费、运输费、装卸费、包装费，以及为销售本企业产品而专设的销售机构的职工工资、福利费、差旅费、办公费、折旧费、修理费、物料消耗、低值易耗品摊销等经常费用。

管理费用是指美容企业为组织和管理企业生产经营所发生的各种费用。其包括管理部门经费，如职工工资、修理费、物料消耗、低值易耗品摊销、办公费和差旅费等；工会经费；待业保险费；劳动保险费；职工教育经费；研究与开发费；排污费；存货盘亏或盘盈（不包括应计入营业外支出的存货损失）；计提的坏账准备和存货跌价准备等。

财务费用是指美容企业为筹集生产经营所需资金而发生的费用。其包括利息支出（减利息收入）、汇兑损失（减汇兑收益）以及相关的手续费等。

投资净收益是指美容企业投资收益与投资损失的差额。

营业外收入与支出是指与美容企业生产经营无直接关系的各项收入与支出。固定资产盘盈、处理固定资产净收益、资产再次评估增值、债务重组收益、接受捐赠转入、罚款净收入、确实无法支付而按规定程序经批准后应付款项归属营业外收入。固定资产盘亏、处理固定资产净损失、资产评估减值、债务重组损失、罚款支出、捐赠支出、非常损失等则归属营业外支出。

2. 企业利润管理

利润管理是指企业对利润的形成与分配进行计划、监督和控制。美容企业利润受美容服务营业额、美容用品销售额、成本、价格等多因素变动的影响。企业进行利润管理，一方面要努力扩大服务范围，提高服务质量，开展增收节支活动，降低服务成本，增加企业利润；另一方面要加强利润分析，从利润总额变动情况、利润率变动情况和利润总额构成项目三个方面全面分析影响企业利润的各种因素的影响程度和方向，加强服务过程和销售过程的管理与控制，实现企业的利润目标。

3. 企业利润分配

利润分配影响到企业的长远利益和股东收益。美容企业一方面通过降低成本减少风险，增加企业内部积累，保留更多的盈余进行各种新的投资，另一方面也要考虑股东的近期收益，发放一定的股利，以调动股东的积极性。

根据现行《企业财务通则》的规定，美容企业缴纳所得税后的利润按下列顺序进行分配。

第一，弥补企业以前年度亏损。企业发生的年度亏损，可以用下一年度的税前利润来弥补。下一年度利润不足弥补的，可以在 5 年内延续弥补，5 年内不足弥补的，用税后利润弥补。税前弥补和税后弥补主要反映在当年缴纳的所得税的不同。

第二，提取法定盈余公积。法定盈余公积按照税后利润扣除弥补企业以前年度亏损后的 10% 提取。法定盈余公积已达到注册资金 50% 时可不再提取。法定盈余公积用于弥补企业亏损、扩大企业生产经营或者转为增加企业资本金。但转增资本金后，企业的法定盈余公积一般不得低于注册资金的 25%。

第三，提取公益金。公益金通常是按照税后利润扣除弥补企业以前年度亏损后的 5% 到 10% 提取。公益金主要用于企业职工集体福利设施支出。公益金属于所有者权益，因而不能用于职工个人消费性福利支出。

第四，向投资者分配利润。企业弥补亏损和提取法定盈余公积、公益金后所余利润，才是可供投资者分配的利润。对于以前年度没有分配的利润，可以合并到本年度向投资者分配。企业利润按照股东的出资比例或按照股东持有的股份比例分配。

企业向投资者分配多少利润，由企业的利润分配政策、法律规定、股东要求以及企业经营需要等多方面因素加以确定。

4. 利润表与附表分析

利润表是把一定会计期间的营业收入与同一会计期间的营业费用（成本）相配比，以"收入－费用＝利润"会计等式为基础，按照各项收入、费用以及构成利润的各个项目分类分项编制而成的、反映企业经营成果的会计报表。利润表是一张动态会计报表，也称损益表、收益表，是基本会计报表之一。

利润表的主要作用是为报表使用者提供企业盈利能力方面的信息。通过利润表提供的信息，报表使用者可以了解企业利润的形成情况，据以分析考核企业经营目标及利润指标完成情况，分析企业利润增减变动情况及原因，据以检查企业是否足额缴纳了税款，评价企业的经济效益、盈利能力，评价或考核企业经营管理者的经营业绩和能力。

（1）利润表的格式

利润表一般有表首、正表两部分。其中，表首说明报表名称、编制单位、编制日期、报表编号、货币名称、计量单位等；正表是利润表的主体，反映形成经营成果的各个项目和计算过程。

利润表正表的格式一般有两种：单步式利润表和多步式利润表。

单步式利润表是将本期发生的所有收入汇聚在一起，将所有的成本、费用也汇聚在一起，然后将收入合计减成本费用合计，计算出本期净利润（表6-7）。

表6-7 单步式利润表

| 收入 1.…… |
| 2.…… |
| 费用 1.…… |
| 2.…… |
| 利润 |

多步式利润表是将利润表的内容做多项分类，即从营业收入到本期净利润，要做多步计算，分别计算出主营业务收入、主营业务利润、营业利润、利润总额和净利润，以便形成几种损益信息。组合列示见表6-8。

表6-8 多步式利润表

一、主营业务收入	－财务费用
－主营业务成本	三、营业利润
－主营业务税金及附加	＋投资收益
二、主营业务利润	＋/－营业外收支净额
＋其他业务利润	四、利润总额（税前利润）
－营业费用	－所得税
－管理费用	五、净利润

在我国，利润表采用多步式，每个项目通常又分为"本月数"和"本年累计数"两栏分别填列。"本月数"栏反映各项目的本月实际发生数，在编报中期财务会计报表时，填列上年同期累计实际发生数。如果上年度利润表与本年度利润表的项目名称和内容不相一致，则按编报当年的口径对上年度利润表项目的名称和数字进行调整，填入本表"上年数"栏。在编报中期和年度财务会计报告时，将"本月数"栏改成"上年数"栏。本表"本年累计数"栏反映各项目

自年初起至报告期末止的累计实际发生数。

(2) 利润表的内容

利润表主要包括以下四个方面的内容。

① 构成主营业务利润的各项要素：主营业务利润以主营业务收入为基础，减去为取得主营业务收入而发生的相关成本、税金后得出。

② 构成营业利润的各项要素：营业利润在主营业务利润基础上，加上其他业务利润，减去营业费用、管理费用和财务费用后得出。

③ 构成利润总额的各项要素：利润总额是在营业利润基础上，加减投资收益、补贴收入、营业外收支净额后得出。

④ 构成净利润的各项要素：净利润在利润总额的基础上，减去所得税费用后得出。

表 6-9 为某美容公司 2020 年度利润表。

表 6-9　某美容公司利润表

2020 年 12 月　单位：万元

项目	行次	上年数	本年累计数
一、主营业务收入	1	60	80
减：主营业务成本	4	34	46
主营业务税金及附加	5	2	2.4
二、主营业务利润（亏损以"-"号填列）	10	24	31.6
加：其他业务利润（亏损以"-"号填列）	11	0.8	1.5
减：营业费用	14	3	3.5
管理费用	15	4.8	5
财务费用	16	1.2	1.5
三、营业利润（亏损以"-"号填列）	18	15.8	23.1
加：投资收益（亏损以"-"号填列）	19		1.5
补贴收入	22		0
营业外收入	23	0.2	0.2
减：营业外支出	25	1	0.8
四、利润总额（亏损以"-"号填列）	27	15	24
减：所得税	28	4.95	7.92
五、净利润（亏损以"-"号填列）	30	10.05	16.08

(3) 利润表附表

利润表附表即利润分配表。利润分配表是反映企业利润分配和年末未分配利润的结余情况的会计报表。利润分配表按年编制，属于对外报送的会计报表，是利润表的附表。

利润分配表的重点是基础部分。利润分配表也采用"多步式"结构，要通过几个步骤分别计算出主体可供分配的全部利润、可供投资者分配的利润和年末结余的未分配利润。具体方法如下。

计算可供分配的全部利润：

可供分配的全部利润 = 净利润 + 年初未分配利润 + 其他收入

计算可供投资者分配的利润：

可供投资者分配的利润＝可供分配的全部利润－提取的法定盈余公积－提取的法定公益金－提取职工奖励及福利基金－提取储备基金－提取企业发展基金－利润归还投资

计算年末结余的未分配利润：

年末结余的未分配利润＝可供投资者分配的利润－应付优先股股利－提取任意盈余公积－应付普通股股利－转作资本（或股本）的普通股股利

例如，以表 6-9 中的净利润为例，该美容公司 2020 年度利润分配情况为：按税后利润的 10% 提取法定盈余公积；按税后利润的 10% 提取法定公益金。年初未分配利润为 1.7 万元。

依据上述资料编制利润分配表，见表 6-10。

表 6-10　某美容公司利润分配表

2020 年 12 月　单位：万元

项目	行次	本年数	上年数
一、净利润	1	16.08	
加：年初未分配利润	2	1.7	
其他转入	4		
二、可供分配利润	8	17.78	
减：提取法定盈余公积	9	1.608	
提取法定公益金	10	1.608	
提取职工奖励及福利基金	11		
提取储备基金	12		
提取企业发展基金	13		
利润归还投资	14		
三、可供投资者分配的利润	16	14.564	
减：应付优先股股利	17		
提取任意盈余公积	18		
应付普通股股利	19		
转作资本（或股本）的普通股股利	21		
四、未分配利润	25	14.564	

美容企业资金筹集

资金筹集也称资本筹集，简称筹资，是美容企业根据其生产经营、对外投资和调整资本结构的需要，通过金融市场，运用筹资方式，经济有效地筹措和集中资本的财务活动。

1. 企业筹资目的

企业筹资目的具体可概括为以下四个方面。

① 企业创建的需要：美容企业的创建是需要充分的资本准备的。

② 企业发展的需要：因扩大经营规模或追加对外投资而筹资，通常是处于成长期的美容企业会有这种筹资需要。

③ 偿还债务的需要：一是为了调整原有资本结构而举债，使资本结构更加合理；二是企业现有支付能力不足而被迫举新债还旧债。

④ 外部环境变化的需要：企业外部环境的变化会直接影响企业生产经营所需的筹资总额。例如，国家税收政策的调整会影响企业内部现金流量的数量与结构，金融制度的变化会影响企业筹资结构，通货膨胀会因原材料价格上涨而导致资本需用量的增加等，这些外部环境的变化都会产生新的筹资需要。

2. 筹资要求

以最低的成本，适量、适时、适度地筹集企业生产经营所需的资本。具体地讲，有以下基本要求。

① 筹资的数量应当合理：企业无论从什么渠道、用何种方式筹资，都应首先确定一个合理的资本需要量，使资本的筹集量与需要量达到平衡，防止筹资不足影响生产经营或筹资过量而降低筹资效益。

② 筹资的时间应当及时：筹资要按照资本的投放使用时间来合理安排，使筹资与用资在时间上衔接，避免因筹资时间过早而造成使用前的闲置，或因筹资时间滞后而延误有利的投资时机。

③ 尽可能降低筹资的成本：企业通过不同渠道和不同方式筹资的难易程度、资本成本和筹资风险有所不同，因而在筹资时应综合考虑各种筹资方式的资本成本和筹资风险，力求以最小的代价取得生产经营所需的资本，提高资金筹集效益。

④ 负债经营要适度：指负债在全部资本中的比重应适度。利用负债开展经营具有很多优点。比如，负债可以降低资本成本。债务资本的利息率一般低于权益资本的股息率，且负债利息在税前利润中列支，负债利息的支付可以使企业少交所得税。因而，债务资本成本一般低于权益资本成本。负债可以减少货币贬值损失，在通货膨胀比较严重的条件下，利用负债扩大经营，可以把一部分财务风险转嫁给债权人。负债还有利于企业经营的灵活性。债务资本的增加意味着企业总资本来源的增加，有更多的资本可用于生产经营，从而给企业经营带来较大的灵活性。

然而，过多的负债会使企业财务风险增加。当企业的总资产报酬率小于债务资本利息率时，负债比率越高，企业的亏损越多，财务风险越大。因此，企业应合理安排负债比率，使负债经营适度。

3. 美容企业资金筹集的类型

① 按所筹资本权益性质分为权益资本和债务资本。权益资本又称自有资本，是指企业依法筹集并长期拥有、自主支配的资本来源，其内容包括实收资本、资本公积、盈余公积和未分配利润。债务资本又称负债或借入资本，是指企业依法筹措并依约使用、按期偿还的资本来源，其内容主要包括银行或非银行金融机构的各种借款、应付债券、应付票据等。

② 按筹资是否通过金融机构分为直接筹资和间接筹资。直接筹资是指企业不通过银行等金融机构，以直接面对资本供应者借贷或发行股票、债券等方式所进行的筹资活动。在直接筹资

过程中，筹资者和投资者通过双方都接受的合法手段，直接实现资金从所有者转移到资金使用方。间接筹资是指企业借助于银行等金融机构进行的筹资，主要形式为银行借款、非银行金融机构借款、融资租赁等，它具有筹资效率高、交易成本低的优点，但筹资范围较窄。

4. 美容企业权益资本的筹集

美容企业权益资本主要通过吸收直接投资、发行股票和企业留存收益等方式筹集。

① 吸收直接投资：是指美容企业以协议合同形式吸收个人、其他法人、外商等直接投入的资本，形成企业资本金的一种筹资方式。投资主体可以是个人、其他法人和外商，以个人资本金为主；投资的方式有现金、实物资产和无形资产。

吸收直接投资是美容企业筹资中最常用的一种方式，筹资速度快、风险较低，但筹资成本较高。

② 发行股票：股票是股份公司为筹集权益资本而发行的有价证券，是股东拥有公司股份的凭证。股票筹资是股份公司筹集权益资本的基本方式。

股票筹资没有固定的股利负担，也无须偿还，筹资风险小。同时，普通股筹资形成权益性资本，能增强公司信誉。但股票筹资相对于债券，资本成本较高。

③ 留存收益筹资：也称"内部筹资"，它是美容企业将利润的一部分甚至全部作为资本来源的一种筹资方式。

留存收益筹资的具体方式有按法定要求提取盈余公积、当期利润不分配、不向股东送红股（即股票红利）等。留存收益的实质是所有者向企业追加投资，对企业而言是一种筹资来源。

5. 美容企业债务资本的筹集

债务资本是美容企业一项重要的资金来源，是美容企业依法筹措使用并按期还本付息的资金。债务资本筹集方式主要包括银行借款、发行债券、融资租赁和商业信用。

（1）银行借款

银行借款是美容企业根据借款合同从银行借入的款项，是债务资本筹集的一种重要方式。

根据借款期限，银行借款可分为短期借款和长期借款。前者的偿还期为一年以内，包括周转借款、临时借款和结算借款；后者偿还期为一年以上，包括固定资产投资借款、设备更新改造借款、科技开发和新产品试制借款。

根据借款是否需要担保，银行借款分为信用借款和担保借款。前者是以借款人的信誉为依据而获得的借款，无须以财产做抵押；后者是以一定的财产做抵押或以一定的保证人做担保为条件所取得的借款。作为抵押的财产一般有房屋、建筑物、机器设备、股票、债券等。

银行借款的资金成本是支付借款利息。银行借款的利息支付方式主要有收款法、贴现法和加息法。

收款法是在借款到期时向银行支付利息的方法，是最常见的利息支付方式。

贴现法是银行向企业发放贷款时，先从本金中扣除利息部分，而到期时借款企业则要偿还全部本金的一种计息方法。采取这种方法，企业可利用的贷款只有本金减去利息部分后的差额，因此贷款的实际利率高于名义利率。

例：某美容院从银行取得借款50000元，期限为一年，年利率（即名义利率）为10%，按照贴现法付息，计算企业实际可利用的贷款额和实际利率。

$$\text{实际可利用贷款额} = 50000 \times (1-10\%) = 45000 \text{（元）}$$

$$实际利率 =5000/(50000-5000)×100\%≈11.11\%$$

加息法是银行发放分期等额偿还贷款时采用的利息收取方法。在分期等额贷款的情况下，银行要将根据名义利率计算的利息加到贷款本金上，计算出贷款的本利和，要求企业在贷款期内分期等额偿还。由于贷款分期均衡偿还，借款企业实际上只使用了贷款本金的平均半数，却支付了全部利息。这样，企业所负担的实际利率便高于名义利率大约一倍。

例：某化妆品店借入年利率为10%的一年期借款100000元，按月等额偿还本息，要求计算该项借款的实际利率。

$$实际利率 =(100000×10\%)/(100000÷2)×100\%=20\%$$

（2）发行债券

债券是债务人为筹集债务资本而发行的，约定在一定期间内向债权人还本付息的有价证券。发行债券是企业筹集负债资本的重要方式，通常是为大型投资项目筹集大额长期资本。

债券有很多种类，按其是否需要担保，可将其划分为信用债券和抵押债券。前者无须担保，后者必须以特定的财产作抵押。

根据《中华人民共和国公司法》的规定，具有公司债券发行资格的有股份有限公司、国有独资公司或两个以上国有企业或者两个国有投资主体投资设立的有限责任公司；外商投资企业和个人独资企业都不具备公司债券发行资格。美容行业以民营经济成分占绝对优势，就规模来说多为中小型美容机构，只有极少数的大型美容民营股份有限公司能够发行债券筹集资金。

（3）融资租赁

租赁是一种契约性协议，它是以承租人支付一定租金为条件，出租者在一定时期内将资产的占有权和使用权转让给承租人的一项交易行为。租赁是一种融物筹资，用以解决企业急需设备而又资金不足的困难。传统的租赁形式是经营租赁，通常为短期租赁。

融资租赁又称财务租赁，是指租赁公司按承租人的要求融资购买设备，在契约或合同规定的较长期限内提供给承租人使用的租赁业务。融资租赁一般是为了满足美容企业对长期资金的需求。融资租赁是现代美容企业租赁的主要形式。

融资租赁筹资速度快，限制条件少，财务风险小，其最主要缺点就是资金成本较高。一般来说，其租金要比银行借款或发行债券所负担的利息高得多。

（4）商业信用

商业信用是企业在商品交易中以延期付款或预收货款的方式进行购销活动而形成的借贷关系，是企业之间的直接信用行为。它形式多样、适用广泛，已成为美容企业筹集短期资金的重要方式。其主要形式有以下几种。

① 应付账款：应付账款是美容企业购买商品或接受劳务暂未付款而形成的欠款。对于卖方来说，延期付款等于向买方融通资金购买商品或接受劳务，可以满足短期资金需要。应付账款有付款期限、现金折扣等信用条件。

② 应付票据：应付票据是美容企业延期付款时开具的表明其债权债务关系的票据。根据承兑人的不同，应付票据分为商业承兑汇票和银行承兑汇票，支付期最长不超过9个月。应付票据可以为带息票据，也可以为不带息票据，我国多数为不带息票据，且使用应付票据提供的融资，一般不用保持补偿性余额，所以资金成本很低，几乎为零。

③ 预收账款：预收账款是在卖方交付货物前向买方预先收取货款的信用形式，主要用于生产周期长、资金占用量大的商品销售，在美容企业使用较少。

美容企业成本费用管理

成本费用是指企业在生产经营过程中发生的各种耗费。合理降低成本费用对美容企业节约资金使用、增加利润具有决定意义。

1. 成本与费用的界定

成本与费用虽然同是企业在生产经营过程中的耗费，但是成本在财务管理中有严格的规定，是费用的一部分。成本与费用的界定如图6-1所示。

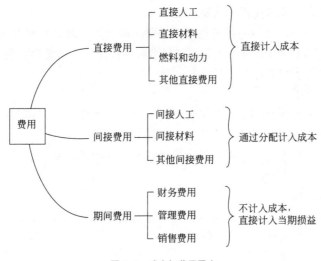

图6-1 成本与费用界定

2. 成本费用管理的基本要求

（1）以提高经济效益为中心

美容企业提高经济效益，必须降低成本费用。成本费用是美容企业各种生产服务耗费的集中体现。成本费用越低，效益越高。因此，美容企业的成本费用管理必须以提高经济效益为中心，不断挖掘潜力，努力降低成本费用。

（2）遵守国家规定的成本开支范围和费用开支标准

成本开支范围和费用开支标准是国家对产品成本费用的经济内容所作的统一规定。美容企业在生产经营过程中，要发生多种费用，有些费用按规定可以列入产品成本，通过产品成本得到补偿；有的费用则不得列入产品成本，直接体现为当期损益。

企业在遵守成本开支范围的同时，还必须遵守国家规定的费用开支标准。企业不得任意调整开支标准，如职工福利费、工会会费的标准以及业务招待费的开支标准等。

（3）实现成本管理现代化

现代化成本管理即全面成本管理，就是对成本管理的各个环节和成本形成的全过程进行全面管理，而且要动员全体成员参加成本管理。采用计算机和成本管理软件等现代科学管理技术，建立健全成本数据管理系统。

(4) 实行成本管理责任制

成本管理责任制是以提高经济效益为目标,明确规定美容企业内部各职能部门和各基层单位应实施成本管理责任人制度。实行成本管理责任制应贯彻责、权、利相结合,国家、集体、个人利益相统一,职工劳动所得同劳动成果相联系的原则,并且应明确规定企业内部各层次、各单位的成本管理责任。

3. 降低成本费用的基本途径

成本费用管理的目的就是要降低成本费用。美容企业降低成本费用的基本途径可从以下几个方面入手。

(1) 节约原材料和能源动力消耗

原材料和能源动力费用在企业成本中占有一定的比重,在保证服务质量的前提下降低原材料和能源动力消耗是降低成本费用的重要途径。

降低原材料和能源动力费用的措施包括:加强采购管理,降低原材料的采购成本和储存成本;加强使用管理,制定消耗定额,进行原材料消耗的控制,完善管理制度,提高材料利用率;采用低能耗设备,降低能源动力费用等。

(2) 提高劳动生产率

美容企业的劳动生产率是指员工在单位时间内完成的工作量。提高劳动生产率还表现为单位时间内完成工作量的增加,能使固定费用支出相对减少。

为此,必须加强对企业员工的业务技术的培训和绩效考核,采用多种激励方法和手段,调动员工的生产积极性,提高劳动生产率。

(3) 提高设备利用率

提高设备的利用率不仅可以增加美容企业单位时间内的营业收入,还能降低单位时间营业收入应负担的折旧费和修理费,从而降低成本。

(4) 加强各种费用管理

企业管理费用、财务费用、销售费用中有许多开支属于固定性费用,如管理人员工资、办公费、差旅费等。这些费用的发生与服务数量的增减无直接关系。因此,美容企业要提高经营管理水平,精简机构,提高管理人员的工作效率,减少各种费用支出。比较有效的方法是通过编制和执行费用预算进行成本控制。

四 美容企业采购及存货管理

采购产品一定是按企业实际需要时间分批交货,尽可能减少存货。一是可以减少存货占用的资金成本,因为是货到付款;二是可以减少仓库租赁面积,方便存货的管理,降低仓储成本;三是一旦有新产品面市或者消费者需求发生变化,可以及时修改尚未交货产品订单,防止因产品在保存期内没有用完而造成产品过期报废。

存货是指企业在日常经营管理中为生产或销售而储备的物资。存货在运营中所占比重较大。因此,要加强存货规划与控制,使存货保持在一个合理水平,以降低存货占用的资金成本,还要做好存货日常管理,减少因管理不当而造成的损失。

1. 企业日常采购管理

(1) 订货点的确定

$$\text{订货点} = \text{预计每日最大耗用量} \times \text{订货提前期}$$

预计每日最大耗用量应根据企业以前的实际耗用情况制定，并定期调整。

例：某商品预计每日最大耗用量为 20 件，订货提前期为 3 天。

$$\text{订货点} = 20 \times 3 = 60 \text{（件）}$$

当该商品库存小于 60 件时，企业需要订货。

(2) 经济订货批量

经济订货批量是指能够使一定时期存货的相关总成本达到最低的进货数量。该时期可以是产品的保存期或者更新换代期，也可以是产品生产、经营的周期。

$$\text{存货总成本} = \text{采购成本} + \text{进货成本} + \text{存储成本} = AP + AB/Q + QK/2$$

式中，A 为某一时期内产品需求总量；P 为产品的单价；B 为每次的进货费用，是产品的订货成本（如差旅费、电话费等）；Q 为每次产品的订货数量；K 为该时期内单位存货平均储存成本。

① 无折扣时经济订货批量：其计算公式如下。

$$\text{经济订货批量} = \sqrt{2AB/K}$$

② 有折扣时经济订货批量：供应商为扩大销售，往往会对购买商品超过一定数量的客户给予价格优惠。此时，应分别计算不同条件下企业的存货总成本，确定经济订货批量。

例：企业某种产品在某季节的需要总量为 500 件，每件标准单价为 30 元，每次购买 200 件以下按标准单价执行，200 件以上 500 件以下，价格优惠 1%；500 件以上，价格优惠 2%。每次进货费用为 20 元，该产品在该季节的单位平均储存成本为 2 元。

无折扣时经济订货批量为：

$$\text{经济订货批量} = \sqrt{2 \times 500 \times 20/2} = 100 \text{（件）}$$

每次进货 100 件时存货总成本为：

$$\text{存货总成本} = 500 \times 30 + 500/100 \times 20 + 100/2 \times 2 = 15200 \text{（元）}$$

每次进货 200 件时存货总成本为：

$$\text{存货总成本} = 500 \times 30 \times (1-1\%) + 500/200 \times 20 + 200/2 \times 2 = 15100 \text{（元）}$$

每次进货 500 件时存货总成本为：

$$\text{存货总成本} = 500 \times 30 \times (1-2\%) + 500/500 \times 20 + 500/2 \times 2 = 15220 \text{（元）}$$

所以，该季节每次进货 200 件时成本最低，经济订货批量为 200 件。

2. 存货的日常管理

建立存货管理的岗位责任制度，对存货的验收入库、领用、发出、盘点、保管及处置等关键环节进行控制，防止各种存货的被盗、毁坏和流失。

(1) 储存区域、储存环境的管理

存货应根据产品的类别进行分区域保管。对产品实行分类：将金额占仓库产品总金额 70%、数量只占仓库产品总数量 10% 的产品设定为 A 类；将金额占仓库产品总金额 20%、数量占仓库产品总数量 20% 的产品设定为 B 类；将金额占仓库产品总金额 10%、数量占仓库产品总数量 70% 的产品设定为 C 类。应将不同产品存放于不同区域，并按照仓库号、货架号、层号进行编号，建立储位。

产品的储存环境应符合产品要求。对于有特殊温度、湿度要求的，应有空调、加湿器等相应设备，并进行温度、湿度监控。对于化学品应单独存放，并有相应的安全措施。所有仓库严禁烟火，并有消防保障措施。

(2) 产品的采购管理

合理设置采购与付款业务的机构和岗位，建立和完善采购与付款的会计控制程序，加强申购、审批、合同订立、采购、验收、付款等环节的会计控制，把控采购环节，减少采购风险，对于采购量大的产品，要求供应商按企业需要的时间、数量，分批次交货。

① 产品的交货验收。供应商交货时，先由采购人员对送货单位产品名称、数量、规格、订单编号、交货日期、交货数量等进行核对，核对签字后，方可办理入库。仓库人员应对产品名称、数量、出厂日期、外包装、合格证书、检验标记、生产批号、卫生许可证、生产许可证、产品标准等进行仔细检查，检查合格签字后办理入库手续。财务人员依据采购单对送货单进行核对后，办理记账和付款手续。

② 产品的保管。其一，负责产品保管的人员与记账人员应分开。仓库员负责产品的保管，依据入库、出库单据存取产品并登记，及时将结余与实物核对。会计依据入库、出库单据登记产品账。

其二，产品应按照先入先出原则进行存取管理。在码放时，按出厂日期先后顺序，由下往上、由后往前码放，出厂日期在前的应放在最上面、最前面；在使用时，按照由上往下、由前往后的原则，先使用出厂日期在前的货物。

其三，及时盘点。在产品保质期到期前一个月应通知相关人员处理，并单独标示码放。例如，A 产品为贵重产品，要求每日盘点一次，B 产品每星期盘点一次，C 产品每月至少盘点一次。

五 美容企业财务分析

财务分析即每日、每月进行经营结算，并定期进行成本、盈亏核算，以了解美容企业的经营情况。

1. 损益平衡分析

计算准确的损益平衡点，美容企业每个月的营业额要达到或超过损益平衡点，以帮助美容企业制定有效的拓展销售计划和控制成本。

计算损益平衡点要从成本和当地商圈的消费营业额两方面来考虑。例如，根据成本算出美容企业每月营业额要 20 万元才能持平，但如果美容企业当地商圈根本没有 20 万元的消费能力，则要想办法降低成本，如换租金较便宜的店面，使损益平衡点的营业额接近实际消费力，否则只有坐等亏损。

2. 投资回收期静态分析

投资回收期的计算公式为：

$$投资回收期 = 开店资金 / 每月营业净利$$

如果开店资金为 30 万元，每月营业净利为 5.6 万元，则投资回收期为 30/5.6≈5.38，即约 6 个月才能收回成本。投资回收期越短，说明投资的经济效益越好，投资回收的速度快，未来承担的风险小。

3. 方效与劳动效率分析

方效与劳动效率的计算公式分别为：

$$方效 = 每月经营额 / 店面面积平方数$$

$$劳动效率 = 每月经营额 / 员工人数$$

如果每个月营业额为 56000 元，店面为 30 平方米，员工人数为 8 人，则其方效为 56000/30≈1867，即平均每平方米达到 1867 元的营业额，劳动效率为 56000/8 = 7000，即平均每名员工达到 7000 元的营业额。美容企业的方效大小和劳动效率，可以和经营成功的同一类型美容企业做对比，作为扩大或缩小店面的参考，避免花高租金却不能发挥最大空间效益的情况发生，参考员工的工作效率，看是否需要提高员工工作效率和增减员工。

4. 营运能力分析

营运能力是指企业经营效率的高低，用资金周转的速度及其有效性来反映。营运能力的分析评价指标主要有流动资产周转次数、存货周转率等。

流动资产周转次数的计算公式为：

$$流动资产周转次数 = 营业收入 / 流动资产$$

周转次数越多，说明周转速度越快，利用效率越高。例如，某美容企业 2017 年营业收入为 180 万元，平均流动资产为 30 万元。其流动资产周转次数为 180/30=6。

存货周转率的计算公式为：

$$存货周转率 = 营业成本 / 平均存货$$

$$平均存货 = （期初存货 + 期末存货） /2$$

5. 盈利能力分析

盈利能力是指企业获取利润的能力，它是衡量美容企业经营效果的重要指标。盈利能力分析指标有总资产报酬率、资本收益率和营业利润率。

(1) 总资产报酬率

$$总资产报酬率 = （税前利润 + 利息支出） / 平均资产总额 \times 100\%$$

总资产报酬率越高越好，它表明企业盈利能力强，运用全部资产所获得的经济效益好。在运用这个指标时，一般可与自身进行纵向比较，也可与同行业先进水平进行横向比较。

(2) 资本收益率

$$资本收益率 = 利润额 / 实收资本$$

它是衡量投资者投入资本的获利能力与企业管理水平的综合指标。例如，某美容企业 2017 年实收资本总额为 50 万元，净利润为 14 万元，2016 年实收资本总额为 50 万元，净利润为 12.5 万元。资本收益率计算结果为 2017 年为 28%、2016 年为 25%，提高 3%，说明资本使用效率是提高的。

(3) 营业利润率

$$营业利润率 = 营业利润额 / 营业收入净额$$

营业利润率是反映营业收入的收益水平指标，营业利润率越高，企业获利能力越强，营业收入的收益水平越高。

6. 偿债能力分析

偿债能力是指企业对各种到期债务偿付的能力。如果到期不能偿付债务，则表示企业偿债能力不足，财务状况不佳。分析偿债能力的主要指标有流动比率、速动比率和资产负债率。

(1) 流动比率

$$流动比率 = 流动资产 / 流动负债$$

流动资产是指资产负债表上的期末流动资产总额，包括资产负债表中的货币资金、短期投资、应收票据、应收账款、预付账款、其他应收款、存货、待摊费用等；流动负债是指资产负债表中的期末流动负债总额，包括资产负债表中的短期借款、应付账款、预收账款、其他应付款、应付工资、应付福利费、未交税费等。

美容企业流动比率达到 1.5 以上，即被认为具有较好的短期偿债能力。合理的流动比率因行业而异，如生产性企业合理的流动比率一般是 2，主要考虑存货水平一般占流动资产 50% 左右。评价时，要与同行业比较、与本企业历史水平比较。

(2) 速动比率

$$速动比率 = 速动资产 / 流动负债$$

它是衡量企业近期偿债能力的比率。

速动资产是企业在较短时间内可变现的流动资产，但不包括存货。速动资产变现能力强则具有较强的偿债能力。速动比率为 1，一般被认为企业有较好的偿债能力。利用这个指标时也要因行业而异，没有统一标准。

(3) 资产负债率

$$资产负债率 = 负债总额 / 资产总额$$

它是衡量企业在清算时保护债权人利益的程度。资产负债率一般以 50% 左右为适宜。

7. 发展能力分析

美容企业的发展能力是指企业成长壮大的能力。分析指标主要是利润增长率，其计算公式为：

$$利润增长率 =（本期利润 - 基期利润）/ 基期利润$$

利润增长率越大，反映企业的成长性越高。

此外，反映企业发展能力的指标还有资本增值保值率、总资产增长率、固定资产增长率等。

8. 业绩平衡分析

业绩平衡分析是指美容院经营者要平衡好现金业绩、消耗业绩的关系。这是近年来美容企业在实际的财务管理中获取的行业特点。

美容院的业绩分为现金业绩、消耗业绩两项。

对于一家发展成熟的美容院来说，它的现金来源不仅包含会员卡储值、现金项目疗程购买，也包含了现金购买各类产品和单次项目护理。其中，会员卡储值和现金项目疗程购买由于尚未提供服务而均属于顾客预付款或项目定金，非营业收入，无法计算会计利润。而现金购买各类产品和单次项目护理，只要服务已经完成，均可计算为消耗业绩。

消耗业绩是指为客户提供了服务或产品而获取的收入。不论客户使用会员卡额扣取、疗程卡项目次数扣除，还是通过现金直接购买各类产品和单次项目护理，只要完成了服务或者领取了产品，均属于消耗业绩，是真正的营业收入，计算会计利润。

所以，美容院经营利润的核心来源为消耗业绩，客户购买疗程后，保障服务能力和项目效果，提升客户到店率，增加消耗业绩，从而带动营业收入的增长。

两大业绩相互关联，并且存在一个黄金比例，一般认为现金业绩和消耗业绩的最佳平衡比例为 10∶8，财务专家也在持续对最佳平衡值进行评估。

 案例讨论与分析：

阅读以下资料，分组讨论，能否这样控制成本。

赵女士从北方搬到南方居住，想重新选择一家美容院。她家附近有一家规模较大的美容生活馆正在进行体验价推销，赵女士就前去一试。傍晚，做完护理后换衣服时，她意外地发现：在进行卫生间、淋浴间清洁工作的，居然是刚才的美容师。赵女士方才的舒适感一下子烟消云散了，她下意识地摸摸自己的脸，心里疙疙瘩瘩起来：她就是用这双搞卫生的手在我脸上比比画画的！她立刻重新选择了另一家美容院。

成本控制在许多中小美容院都普遍受到重视，但成本节约应取舍有原则。美容师懂得操控美容器材，兼顾美容器材的清洁、整理工作情有可原；但兼及淋浴、卫生间的清洁工作，就变成了非专业的清洁工。这样的成本控制极大地削弱了消费者享受尊贵服务的感觉，美容院也为此付出了代价。

 学习总结与反馈：

企业经营的目标是获取利润，有效分配利润，保障企业持续经营。通过筹集资金、成本费用管理、存货管理、财务分析等更多有效手段保障利润实现最大化。

模块七 美容企业文化与形象管理

学习时间：6课时

 学习目标

1. 掌握美容企业文化的概念与内涵。
2. 了解美容企业文化的内容。
3. 了解美容企业形象建设的内容。
4. 熟悉美容企业形象建设的方法与路径。

电子课件

课程思政目标

在了解美容企业文化的概念、内涵与内容的基础上，引导学生深刻认识到高质量发展的美业是满足人民对美好生活的需求的重要行业，学习良好的美容企业文化，可以引导、激发学生的使命感、归属感、责任感、荣誉感，培养学生的团队合作精神，集体主义精神等高尚的道德风尚；通过对企业精神、企业道德的学习，引导学生形成对求实为核心的价值观念、真诚守信的经营理念、热情有礼的服务态度的高度认可；明确企业文化的内核和建设步骤，企业文化的运作管理，积极传播社会主义核心价值观为导向的企业文化建设的导向作用、凝聚作用、规范作用，激励作用，鼓励学生树立勇于进取、积极开拓的创业意识和百折不挠、艰苦奋斗的劳动者精神。

 学习方式

教师通过组织学生进行典型案例讨论的方式，引导学生对美容企业文化和企业形象建设的重要性有明确认识。学生分组进行目标门店的实境化调研，结合自学和面授教学所学习的企业文化与形象建设的相关内容，学生明确美容企业文化的概念与内涵、具体内容，并通过小组分工协作完成美容企业形象建设策划书，掌握美容企业形象建设的方法与路径，形成具体有效的举措。

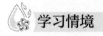 **学习情境**

多媒体教室或专业实训室,有网络环境,校企合作单位门店。

 **学习准备**

课程设置学习小组,每组 4~6 人,便于集中授课和分组讨论。

单元 17 美容企业文化管理

学习要点

企业文化的内容；企业文化的体系；企业文化的建设；美容连锁企业文化建设；企业文化的变革与创新。

学习难点

企业文化的层次结构；企业文化运作的主要机制。

企业文化（corporate culture），或称组织文化（organizational culture），是一个组织由其价值观、信念、仪式、符号、处事方式等组成的特有的文化形象，简单而言，就是企业在日常运行中所表现出的方方面面。美容企业文化体现了美容企业的价值文化与素质文化，它能够激发员工的使命感、凝聚员工的归属感、加强员工的责任感，同时赋予员工荣誉感与成就感。

一、企业文化的内容

根据企业文化的定义，其内容是十分广泛的，其中最主要的包括以下几点。

1. 经营哲学

经营哲学也称企业哲学，源于社会人文经济心理学的创新运用，是一个企业特有的从事生产经营和管理活动的方法论原则。它是指导企业行为的基础。一个企业在激烈的市场竞争环境中，面临着各种矛盾和多种选择，要求企业有一个科学的方法论来指导，有一套逻辑思维的程序来决定自己的行为，这就是经营哲学。例如，日本松下公司"讲求经济效益，重视生存的意志，事事谋求生存和发展"，这就是它的战略决策哲学。

2. 价值观念

所谓价值观念，是人们基于某种功利性或道义性的追求而对人们（个人、组织）本身的存在、行为和行为结果进行评价的基本观点。可以说，人生就是为了价值的追求，价值观念决定着人的追求行为。价值观不是人们在一时一事上的体现，而是在长期实践活动中形成的关于价值的观念体系。企业的价值观是指企业及其员工的价值取向，是指企业在追求经营成功过程中所推崇的基本信念和奉行的目标。从哲学上说，价值观是关于对象对主体有用性的一种观念。而企业价值观是企业全体或多数员工一致赞同的关于企业意义的终极判断。只有在共同的价值准则基础上才能产生企业正确的价值目标。有了正确的价值目标才会有奋力追求价值目标的行为，企业才有希望。因此，企业价值观决定着员工行为的取向，关系企业的生死存亡。只顾企业自身经济效益的价值观，就会偏离社会主义方向，不仅会损害国家和人民的利益，还会影响企业形象；只顾眼前利益的价值观，就会急功近利，搞短期行为，使企业失去后劲，导致灭亡。

3. 企业精神

企业精神是指企业基于自身特定的性质、任务、宗旨、时代要求和发展方向，并经过精心培养而形成的企业成员群体的精神风貌。

企业精神要通过企业全体职工有意识的实践活动体现出来。因此，它又是企业员工观念意识和进取心理的外化。企业精神是企业文化的核心，在整个企业文化中起着支配的地位。企业精神以价值观念为基础、以价值目标为动力，对企业经营哲学、管理制度、道德风尚、团体意识和企业形象起着决定性的作用。可以说，企业精神是企业的灵魂。

企业精神通常用一些既富于哲理又简洁明快的语言予以表达，便于员工铭记在心，时刻用于激励自己；也便于对外宣传，容易在人们脑海里形成印象，从而在社会上形成个性鲜明的企业形象。例如王府井百货大楼的"一团火"精神，就是用大楼人的光和热去照亮、温暖每一颗心，其实质就是奉献服务；西单商场的"求实、奋进"精神，体现了以求实为核心的价值观念和真诚守信、开拓奋进的经营作风。

4. 企业道德

企业道德是指调整该企业与其他企业之间、企业与顾客之间、企业内部员工之间关系的行为规范的总和。它从伦理关系的角度，以善与恶、公与私、荣与辱、诚实与虚伪等道德范畴为标准来评价和规范企业。

企业道德与法律规范和制度规范不同，不具有法律的强制性和约束力，但具有积极的示范效应和强烈的感染力，当被人们认可和接受后具有自我约束的力量。因此，它具有更广泛的适应性，是约束企业和员工行为的重要手段。中国老字号同仁堂药店之所以三百多年长盛不衰，在于它把中华民族的传统美德融于企业的生产经营过程之中，形成了具有行业特色的职业道德，即"济世养生、精益求精、童叟无欺、一视同仁"。

5. 团体意识

团体即组织，团体意识是指组织成员的集体观念。团体意识是企业内部凝聚力形成的重要心理因素。企业团体意识的形成使企业的每个员工把自己的工作和行为都看成是实现企业目标的一个组成部分，使他们对自己作为企业的成员而感到自豪，对企业的成就产生荣誉感，从而把企业看成是自己利益的共同体和归属。因此，他们就会为实现企业的目标而努力奋斗，自觉地克服与实现企业目标不一致的行为。

6. 企业形象

企业形象是企业通过外部特征和经营实力表现出来的，被消费者和公众所认同的企业总体印象。由外部特征表现出来的企业的形象称表层形象，如招牌、门面、徽标、广告、商标、服饰、营业环境等，这些都给人以直观的感觉，容易形成印象；通过经营实力表现出来的形象称深层形象，它是企业内部要素的集中体现，如人员素质、生产经营能力、管理水平、资本实力、产品质量等。表层形象以深层形象为基础，没有深层形象这个基础，表层形象就是虚假的，也不能长久地保持。流通企业由于主要是经营商品和提供服务，与顾客接触较多，因此表层形象显得格外重要，但这绝不是说深层形象可以放在次要的位置。北京西单商场以"诚实待人、诚心感人、诚信送人、诚恳让人"来树立全心全意为顾客服务的企业形象，而这种服务是建立在优美的购物环境、可靠的商品质量、实实在在的价格基础上的，即以强大的物质基础和经营实力作为优质服务的保证，达到表层形象和深层形象的结合，赢得了广大顾客的信任。

7. 企业制度

企业制度是在生产经营实践活动中所形成的，对人的行为带有强制性，并能保障一定权利的各种规定。从企业文化的层次结构看，企业制度属中间层次，它是精神文化的表现形式，是物质文化实现的保证。企业制度作为员工行为规范的模式，使个人的活动得以合理进行，内外人际关系得以协调，员工的共同利益受到保护，从而使企业有序地组织起来，为实现企业目标而努力。

8. 文化结构

企业文化结构是指企业文化系统内各要素之间的时空顺序、主次地位与结合方式，是企业文化的构成、形式、层次、内容、类型等的比例关系和位置关系。它表明了各个要素如何链接从而形成企业文化的整体模式，即企业物质文化、企业行为文化、企业制度文化、企业精神文化形态。

9. 企业使命

所谓企业使命，是指企业在全社会经济发展中所应担当的角色和责任，是指企业的根本性质和存在的理由，说明企业的经营领域、经营思想，为企业目标的确立与战略的制定提供依据。企业使命要说明企业在全社会经济领域中所经营的活动范围和层次，具体地表述企业在社会经济活动中的身份或角色。它包括的内容为企业的经营哲学、企业的宗旨和企业的形象。

企业文化的体系

1. 企业文化的层次结构

企业管理学把企业文化由表及里分为物质层、行为层、制度层和精神层四个层面。在这四个层面关系中，精神文化决定制度文化和物质文化，制度文化是精神文化与物质文化的中介，物质文化和制度文化是精神文化的体现，行为文化是行为层，包括员工和管理者的行为规范。四者密不可分，相互作用、相互影响，共同构成企业文化的完整体系。

(1) 物质层文化

物质层文化是由产品和各种物质设施等构成的器物文化，是一种以物质形态加以表现的表层文化。企业生产的产品和提供的服务是企业生产经营的成果，是物质文化的首要内容。此外，企业的生产环境、企业容貌、企业建筑、企业广告、产品包装与设计等也构成企业物质文化的重要内容。

(2) 行为层文化

行为层文化是指员工在生产经营及学习娱乐活动中产生的活动文化，具体指企业经营、教育宣传、人际关系活动、文娱体育活动中产生的文化现象，包括企业行为的规范、企业人际关系的规范和公共关系的规范等。企业行为包括企业与企业之间、企业与顾客之间、企业与政府之间、企业与社会之间的行为。

① 企业行为的规范：是指围绕企业自身目标、企业的社会责任、保护消费者的利益等方面所形成的基本行为规范。企业行为从人员结构上划分为企业家的行为、企业模范人物行为和员工行为等。

② 企业人际关系：分为对内关系与对外关系两部分。对内关系主要指企业内部不同部门和岗位之间在分工合作等工作中形成的关系；对外关系主要指企业经营面对不同的社会阶层、市场环境、国家机关、文化传播机构、主管部门、消费者、经销者、股东、金融机构、同行竞争者等方面所形成的关系。

③ 企业公关策划及其规范：是指企业在为持续提高品牌知名度、认知度、美誉度、忠诚度、顾客满意度，提升组织的品牌形象，改变公众对组织的看法，累积无形资产，并能从不同程度上促进销售的策划与实施途径中，所应遵循的基本原则。

④ 服务行为规范：是指企业在为顾客提供服务中所形成的行为规范，是企业服务工作质量的重要保证。

(3) 制度层文化

制度层文化主要包括企业领导体制、企业组织结构和企业管理制度三个方面。企业制度文化是企业为实现自身目标对员工的行为给予一定限制的文化。它具有共性和强有力的行为规范要求，它规范着企业的每一个人。企业工艺操作流程、厂纪厂规、经济责任制、考核奖惩等都是企业制度文化的内容。

① 企业领导体制：它是企业领导方式、领导结构、领导制度的总称。

② 企业组织结构：它是企业为有效实现企业目标而筹划建立的企业内部各组成部分及其关系。企业组织结构的选择与企业文化的导向相匹配。

③ 企业管理制度：它是企业为求得最大利益，在生产管理实践活动中制定的各种带有强制性义务并能保障一定权利的各项规定或条例，包括企业的人事制度、生产管理制度、民主管理制度等一切规章制度。企业的制度文化是行为文化得以贯彻的保证。

(4) 精神层文化

精神层文化是指企业生产经营过程中，受一定的社会文化背景、意识形态影响而长期形成的一种精神成果和文化观念，包括企业精神、企业经营哲学、企业道德、企业价值观念、企业风貌等内容，是企业意识形态的总和。

2. 企业文化的实践阶段

从企业文化建设宏观的角度来分析，企业文化的实践大致可以分为以下四个相互影响与提升的螺旋阶段。

(1) 不自觉的（无意识的）文化创造阶段

企业在创立和发展过程中逐渐形成一些行之有效、组织内部广泛认可的组织运营理念或者思想。这一阶段的基本特点就是具有鲜活的个性特征，是零散的而非系统的，在组织内部可能是"未经正式发布的或声明的规则"。在这一过程中，企业关注的是发展进程中那些难忘的、重大的事件或者案例背后所体现出的文化气质或者精神价值。这些事件或者案例往往是组织面临着巨大的利益的冲突和矛盾的情境下发生的，这种冲突和矛盾下的企业选择正是企业价值观的具体体现。

(2) 自觉的文化提炼与总结阶段

企业经过一段时间的发展，在取得一定的市场进步或者成功的时候，就需要及时地总结和提炼企业市场成功的核心要素有哪些。这些成功要素是企业在一定时期内成功的工具和方法，具有可参考或者复制的一般性意义。更加重要的是，企业往往在取得市场成功的同时，吸引了更大范围、更多数量的成员加盟。各种管理理念与工作方法交汇冲突，企业如果缺乏价值共识往往会发生内部离散效应。这一阶段对于企业而言最重要的就是亟待自觉地进行一次文化的梳理与总结，通过集体的系统思考进行价值观的发掘与讨论，并在共同的使命和愿景的引领下确定共同的价值认识。

(3) 文化落地执行与冲突管理阶段

日益庞大的组织规模和多元化的员工结构为文化的传播和价值理念的共享提出了新的挑战，前期总结和提炼的价值理念体系如何得到更大范围内组织成员的认同就成了这一阶段最为重要的事情。文化落地与传播的手段和工具不计其数，从实践来看，企业在文化落地阶段应该遵循"从易到难、由内而外、循序渐进"的原则开展文化落地建设。

① 文化传播平台和渠道的建设：企业首先要建设一个打通内外、联系上下的传播平台。所谓打通内外，就是要发挥好文化对内凝聚人心、对外传播形象的作用，既要在内部传播，更要重视对外的展示。所谓联系上下，就是要建立一套高层与员工能够平等互动的文化沟通管道。从实践来看，这样几个平台是必不可少的：信息交流与沟通平台、文化案例与杰出人物代表、日常活动建设以及专题活动建设等。

② 价值观的识别与管理：组织在确立自我的价值体系之后，要能有效地识别和管理组织内部的价值观。最重要的就是做好人才输入时的价值观甄选、组织内部日常的价值观检测以及员工的价值观培养与矫正等三项工作。首先，价值观测评是一个对人才进行有效甄选的工具和方法，用以保证进入的员工在价值观与理念方面与企业具有较强的一致性或较高的匹配度；其次，岗位素质模型也是落实文化理念与价值规范的良好载体。

(4) 文化的再造与重塑阶段

文化建设对于企业而言是一个没有终极答案的建设过程。关乎企业生存与发展的核心命题对于企业的领导者而言是一个需要不断思考、不断总结、不断否定与肯定的过程，任何一个阶段性的总结和提炼并不代表着企业的经营者们掌握了全部真相或绝对真理。因此，一个健康的组织一定有一个"活的"文化体系与之相伴相生，这个活的文化体系并不具备自动进化的智能，需要企业持续不断地进行系统思考，并根据组织内外的环境与组织发展的需要进行文化的更新、进化甚至再造。至于文化更新的频率有一个合适的时间。文化建设进程是企业主动进行的一个从实践到理论，再由理论指导实践的过程。文化落地阶段正是理论（总结提炼了的文化思想体系）指导实践的过程。只有牢牢把握价值观管理这个核心，企业文化的建设才不会出现大的偏差或者失误。

企业文化的建设

1. 企业文化的建设步骤

其一，企业内部要组建企业文化战略委员会等相关部门，由专人负责（最好是企业最高领导），并与专业咨询机构合作组建企业文化执行小组。

其二，调查分析企业现状、行业态势、竞争状况、企业最终目标等，得出企业存在的必要性、企业发展要求。

其三，科学性、艺术性归纳总结企业远景、企业使命、企业精神、企业理念、企业战略、企业口号等。

其四，依据已提炼出的理念和企业实际需求，设计企业行为规范，包括员工行为规范、服务规范、生产规范、危机处理规范、典礼、仪式等。

其五，进行企业形象系统规划，一般要请专业设计机构进行，以确保设计符合艺术性、国际化、高识别性、行业要求等。

企业在以上部分设计规划完成后，应该首先实施企业视觉形象系统的应用，视觉形象系统的实施可以使企业形象在极短的时间内发生巨大的变化，无疑会在社会中、行业中、该企业员工心里产生很大反响。员工对新的形象、新的理念、新的战略目标产生兴趣，油然而生自豪感。在这个时候，贯彻企业精神、企业理念、企业规章制度就会事半功倍。然后，再辅之以长期的培训、文化活动，表彰优秀代表人物，倡导英雄事迹，企业风气、企业环境气氛会焕然一新。员工个人目标必然会与企业战略目标走向一致。企业文化也逐步走向强势文化。但同时要求企业内要有一支勇于变革的领导团队，能够不断更新和改变企业文化（即企业文化的再定位），塑造尊重人才的高素质职业经理人，为人才创造良好的工作环境，使企业文化在企业战略执行、核心能力营造中始终发挥积极的作用。

2. 企业文化的运作管理

企业文化作为一种当代企业管理理论，在于把企业价值观渗透到企业经营管理的各个方面、各个层次和全过程，用文化的手段、文化的功能、文化的力量，去促进企业整体素质、管理水平和经济效益的提高。企业文化运作机制包括以下几点。

① 激励机制：企业文化管理的首要任务是调动人的积极性，其激励方式有目标激励、参与激励、强化激励、领导者言行激励。

② 纪律约束机制：要有明确的规范，确保落实上不走样，将企业理念贯穿到制度、纪律与行为规范中。

③ 凝聚机制：确立广大员工认同的企业价值观，确立企业目标、确立企业人际关系。

在企业文化管理上要处理好以下几点：一是处理好借鉴与创新的关系，把握企业文化的个性化、特色化；二是处理好用文化手段管理文化，坚持以文化引导人、培育人；三是处理好虚与实、无形与有形的关系，坚持内外双修、软硬管理相结合。

3. 企业文化的建设方法

(1) 举行晨会、夕会、总结会。

(2) 进行思想小结。

(3) 张贴宣传企业文化的标语。

(4) 树先进典型。

(5) 举办权威宣讲。

(6) 外出参观学习。

(7) 员工故事征集及展示。

(8) 建立企业创业、发展史陈列室。

(9) 举行文体活动。

(10) 引进新人,引进新文化。

4. 建设企业文化的 4R 路径

(1) 入眼 (R1)

入眼是指对企业文化的认知,主要是梳理、凝练企业文化的核心:愿景、使命、核心价值观,整理成体系(手册),让全员认识、感知自己的企业文化。企业文化是企业具有的,需要全体员工共同认知的。那么,如何达到共同认知呢?

① 氛围营造:包括企业文化手册设计、印刷,氛围营造、策划。

② 考核:组织全员进行企业文化考核,采取自下而上的考核。

(2) 入脑 (R2)

入脑是指对企业文化的认可,通过培训、研讨企业文化核心,让全体员工认可、感觉自己的企业文化。入脑的主要步骤和方法包括以下几种。

① 宣讲与培训:分别为高层领导、中层领导和基层员工提供企业文化基本知识的宣讲、企业文化核心理念的培训。

② 考试:借助一些活动,如知识竞赛、诗歌朗诵等,组织企业文化考试。

(3) 入心 (R3)

入心是指对企业文化的认同,通过讨论、研讨企业文化核心,让全体员工认同、感受自己的企业文化。具体措施如下。

① 讨论与研讨:分专题进行讨论,分层级进行研讨。

② 征文、演讲等比赛。

③ 故事征集。

④ 成果汇报。

(4) 入行 (R4)

入行是指对企业文化的践行,通过讨论、公开承诺,让理念变成行为,让全体员工践行、体验自己的企业文化。具体而言,可以从以下几个方面着手。

① 汇总讨论成果,形成行为规范。

② 汇总故事案例,形成故事集。

③ 对照行为准则、规范,修正自己的行为。

④ 理念变为行为。

⑤ 长期坚持,慢慢形成习惯。

5. 企业文化建设的作用

(1) 导向作用

播种一种观念，培育一种行为，从而收获一种结果；解决人们的观念、感情、情绪、态度方面的问题，要靠企业文化。

(2) 凝聚作用

认同感——凝聚人心，增强员工的归属感。

部门壁垒——协作成本。拆除部门壁垒，降低协作成本，把企业整合为一个统一的协调的整体，要靠企业文化。

(3) 规范作用

企业文化作为一种心理的约束，可以规范行为，并能代替部分的正规约束。

(4) 激励作用

企业文化可以合理调配物质激励、精神激励的比例和效用，降低管理成本。

(5) 社会影响

企业文化建设有助于企业成为社会的优秀成员，对社会乃至环境都有积极的影响作用。

四 美容连锁企业文化建设

美容行业是一个有着广阔发展前景的行业，在我国尤其如此。以民营企业占据主流的国内美容企业层次不一、规模不一。从行业属性来看，其服务行业的特征明显，美容院连锁经营为目前乃至今后发展的主要方向。美容企业的单体规模会日益壮大，随之而来的问题是，它们往往缺乏强大的、科学的管理体系作为支撑，更加缺乏对于长远的发展所需要的软性体系的认识。也就是说，连锁企业真正能做大做强需要有优秀企业文化的粘连，这样联结的个体才不至于连而不锁，才不会在竞争中被冲散、冲垮。

1. 国内美容行业美容连锁经营企业的现状

第一，总体呈现出表面繁荣与内在幼稚的行业发展特点。原有的起步较早的企业尚未建立牢固的市场地位，新的企业和品牌又层出不穷，企业的数量在大量增加，但因为进入市场的门槛较低，国家政策规范限制少（生活美容尤其如此），企业的规模和质量亟待提升。

第二，在美容经营上都向国际靠拢，进行概念炒作，如"基因美容""生物科技美肤"等名词，但在企业管理上总体来看呈现一种粗犷的、经验式的管理。这与美容行业从业人员的整体素质较低有直接的关系。

第三，美容行业人才流动频繁，人才对企业忠诚度普遍较低，从小的美容院到大的美容连锁企业都存在人力资源管理上的困惑和问题。

第四，美容企业基本是民营资本的天下，企业的体制多数不符合现代企业的特征，企业决策层的小老板意识明显，发展观念亟待更新。

2. 美容企业要重视企业文化建设

美容产业的地位提升需要有成熟的、成功的大型企业去树立形象，而没有文化的企业要树立良好的形象几乎是不可能的。同时,要想在美容行业内长远发展,并成为长盛不衰的优秀企业,就要从站稳脚跟后的发展之初开始为公司注入文化的血液,让符合现代企业经营理念的企业制度去规范企业,让企业步入良性发展的轨道。那么,企业文化对于美容企业尤其是现在规模日益扩张的连锁经营企业的发展而言有什么样的意义和作用呢?

第一,务实和独特的企业经营理念可以稳定企业最核心的人员和团队,起到增强凝聚力的作用。当然,这样的理念来自团队共同的愿望和认识,而非个人之独见。

第二,优秀的、正确的企业文化理念都体现了对于精神价值的追求和对顾客、社会的责任,这样的东西是赢得市场认同的良好前提。

第三,对于连锁经营的企业而言,企业固化的、标准化的行为方式正是体现了企业的信誉和现代商业精神,可以获得更多的认同并会加强维系加盟的纽带。

第四,符合企业理念的企业形象识别系统可以使企业迅速地在行业中树立良好的形象。

3. 美容连锁企业的企业文化内涵

提炼一个适合自己企业的企业文化核心理念不是一件简单的事情,需要考虑几个基本方面的因素,包括对所在行业特性与发展的理解、公司的远景战略、对公司员工团队文化层次和认识趋向的把握等几个方面。

美容行业从一定的历史时期看是一个主要为女性提供服务的服务行业,它基于人们对美的追求的需要和愿望,它的行业发展包含了越来越多的生物科技与医学技术,它带给女性越来越多的是一种全身心的美化。与此同时,美容行业为女性就业和创业提供了广阔的空间。这些行业特性是一个美容企业在企业文化创建时必须考虑的。这些东西引发我们思考关于美的概念、美的追求,女性的社会价值等一些问题,这些问题的答案是美容企业经营理念的源泉之一。另外,服务行业的属性要求现代的美容企业在面对顾客的时候,需要思考真正的价值怎样去创造,同时对于一个现代企业而言,诚信、合作的商业精神,社会伦理与道德,企业的社会责任感等都是企业文化应有的内涵。此外,在这样一个信息化的现代社会,企业文化的内涵中还要包含学习型组织、创新价值、文化包容的观念。

4. 美容连锁企业文化建设的关键、难点与困惑

(1) 美容连锁企业文化建设的关键

既然企业文化的建立是一个系统而长期的工作,那么,如何才能保证这样的工作富有成效呢?这里有几点需要作为前提和关键。

第一,企业领导者要摒弃个人陈旧的观念,勇于吐故纳新。因为美容企业的领导者多是创业者,观念坚定是其成功的重要品质,但容易在这里成为阻碍。

第二,要将企业文化的概念注入企业管理,成为习惯性的思考方式。

第三,营造和引导建立一种开放、平等的管理沟通环境是非常必要的,观念的统一首先需要经历交流和碰撞的过程。

第四,为了保证企业文化建立的体系完整和质量,在适当的时候,对应的组织部门建设是一个重要的、必要的环节。

(2) 美容连锁企业文化建设的难点和困惑

① 企业文化的构建是一个长期的过程,短期内无法量化其效果,只有坚持不懈才能终有成就。从美容企业的现状看,企业老板普遍存在发展上的短视现象,往往由于缺乏对企业文化

的深刻认识,即使有类似的企业文化部分体系的工作,那也多是为了展示给别人看的"样子文化""脸面工程",而且往往不能坚持下去,因为在他们看来,零碎的企业文化构建工作得不到经济上的回报,而这些工作都是需要投入人力和物力的。

② 容易做出虚假的所谓的企业文化,如只有形象的识别,缺乏真正的内核(价值观认同)和匹配的管理制度系统。提炼一些有关企业理念的词语是比较容易的事情,制作一套企业识别系统也不难办到,但事实上,许多公司的企业文化只是写在纸上的文件,是一部分人用来说事做宣传的噱头,这样的虚假文化实际上根本起不到应有的作用,而且也绝不会长久留存下来成为企业的精神财富。企业文化的意义和作用首先是对内的,等到足够优秀以后才有被别人学习和谈论的价值。

③ 企业文化中的价值、信念的东西也不是一成不变的僵化教条,它是随着时代的发展、企业的变化而更新的,更新的东西表现在对内容的补充和延伸的解释上面。对这些方面的把握是比较难的地方。比如,在对顾客、竞争、合作、人才这些概念的理解上,不同时期的含义和解释是不尽相同的,一个优秀的企业文化总是能不断前进和发展。可以说,企业文化的包容性和适应性有多大,企业的规模和地域就可能有多大,这也是许多百年老店式的公司可以遍布全球、长盛不衰的一个有力注解。

说到底,企业文化是人的文化,在企业发展的过程中,除关注经济效益以外,应留一只眼睛和一半大脑去关注人、思考人,经营企业的境界在于经营人的思想,古人讲"修身、齐家、治国、平天下",也是从做一个有品行、有道德的人开始的,然后才能延及其他。人如此,企业也是同理。构筑自己的文化,才能赢得未来的市场,而现在正是美容连锁企业大有作为的时候。

企业文化的变革与创新

"变革是唯一不变的真理",人的本性有求新的一面,也有惧变的一面。没有人会欢迎和自己利益无关的变革。但变革是没有选择的,抵抗、抵制、排斥变革不如早做准备找出应对办法。

在我们的生命中,有时必须作出艰难的决定,通过痛苦的更新过程,把旧的不良习惯和传统抛弃,再次振翅高飞。只要愿意放下旧包袱,愿意学习新技能,就能发挥潜能,创造崭新的未来。成就这一切,需要的是自我改革的勇气与再生的决心。

1. 企业文化的变革

科学技术的发展进步推动了社会、经济的飞速发展,特别是计算机和网络技术的普及应用,世界变得越来越小,知识和信息广泛传播共享使得创新和变革活动更加频繁。全球经济一体化使得市场竞争更加残酷,企业只有不断地变革创新,适应外部环境的变化,才能生存并获取竞争优势。因此,企业文化的变革势在必行。

企业为更好地满足市场需要,需要围绕企业的关键目标和核心竞争能力来设计工作流程。信息化使得企业中的沟通和协调更加充分,也使得组织结构扁平化,管理层级减少。企业中更多的权力被授予基层员工,员工也更多地参与到企业的决策管理中去,尊重和信任成为企业价值观的重要部分。企业中的管理实践的变革必然带来对传统经营方式的挑战,企业文化要随之改变，创造支持变革并使变革维持下来的企业环境。企业是人的组织，只有企业的价值观和行为方式改变了，企业才能实现真正的变革创新。

(1) 克服企业文化变革的阻力

企业文化要支持企业技术和观念意识的发展变革，与时俱进。但文化有很强的惯性力量，变革过程中会遇到各种障碍和阻力，因为现存的价值取向、行为模式、管理作风和基础结构都可能成为变革的对象。企业文化变革是人的变革，是人的观念和行为的改变。变革对员工意味着未来的不确定性，而人与生俱来的对变化的恐惧心理和反抗心理形成文化惯性阻力；同时，企业中的既得利益集团在利益受到损害时为维护自身的利益会反对变革。因此，企业文化的变革会遭遇来自各个层面和各个方向上的阻力。

企业文化的变革阻力是无法完全排除的，但在变革实践中人们探索出一套有效的策略，可以将变革的阻力减到最小，具体如下。

① 企业文化的变革只能是自上而下的，需要企业高层领导者的支持。因为只有企业的高层领导者才有改变企业价值观和深层结构的权力，同时他们必须以身作则，积极通过言行举止传达新的文化。

② 员工既是企业文化作用的客体，也是企业文化建设的主体。企业要进行广泛的沟通交流，让员工充分了解企业文化变革的目标、意义及其影响，取得员工的理解和支持，使员工积极参与到变革中来，共同努力改变不合时宜的价值观和行为。将新的员工引入企业，由他们带来企业变革所需要的新价值观和行为，对变革的过程有很大的帮助；而将那些不愿意接受变革的人调离，也会加速变革的进程。

③ 奖励对于价值观和行为的塑造具有重要意义。将奖励和报酬与那些有助于实现公司的任务目标的行为挂钩，让员工了解如何才能受到奖励，从而引导他们实现行为方式的转变。总之，企业文化变革的阻力来源于人和与人相关的利益关系，只有理顺和摆平这些关系，变革的障碍才能最终被克服。

(2) 企业文化变革的过程

① 需求评估：这一阶段需要外部专家对现存的文化进行诊断，因为企业内的成员不可能对他们的文化做清楚和无偏见的分析。其主要任务是收集数据，分析测定现存企业文化的现状及其与向往状态的差距。它如实反映了企业环境中的现状，提供了企业在为达到目标工作状态这一过程中有利的和不利的事物基线。企业文化变革的方向则体现在企业目标和如何实现这些目标中。需求评估是企业明确为达到目标需要加以改变的范围和需承担的义务，确定并公布企业环境中积极的方面和有必要加以保持的方面，承认并解决企业文化中形成的障碍。

② 解冻：打破已有的行为方法和程序，引导人们关注这些固定程序，在需求评估的基础上，告诉人们为何要发生变革。人们除了需要知道变革的内容，还要确切地知道为何要发生，以及它会在协作、成果等方面如何对他们形成期望。人们只有在接受了变革的需求后，才能自觉地加入变革中来，成为变革聪明的支持者和贡献者。

③ 变革：一旦现有的行为模式被解冻，就可以实施变革的过程了。企业文化的转变是企业管理制度、风格和共有价值观的重塑过程，是在高层管理者的领导支持下，全员积极参与，更新观念和行为，员工与企业重建心理契约的过程，该过程与企业文化的形成相似。

④ 评价：评价和衡量对于企业文化的变革至关重要。评价不仅是用作衡量成果的重要手段，本身也是一种干预手段，它使人们了解企业通往成功的过程中取得的进步以及企业如何正在取得进步。对于成果，评价能起到巩固提高的作用；而对于失误部分，评价能起到纠正指导作用。

⑤ 冻结：这是使行为稳定，保证人们有效运作的手段。如果个人或企业处于不断地变化状态下，其宗旨和目标是无法实现的。这就需要将变革产生的好的方法、行为稳定下来，固化为企业整体的心理程序，成为新的企业文化的组成部分。冻结是变革后企业文化的形成。

社会处于不断发展变化之中，企业的管理实践在不断地受到变革创新的挑战，企业员工追求的意义和价值也在变化。企业文化要适时地作出变革，创造出产生更高工作满意度和价值的企业生活方式。企业文化实现了对员工微妙的影响和控制，管理好企业文化的变革，企业就拥有了在知识经济中赢得竞争优势的利刃。

2. 企业文化创新

企业文化创新是指为了使企业的发展与环境相匹配，根据本身的性质和特点形成体现企业共同价值观的企业文化，并不断创新和发展的活动过程。企业文化创新的实质在于在企业文化建设中突破与企业经营管理实际脱节的僵化的文化理念观点的束缚，实现向贯穿于全部创新过程的新型经营管理方式的转变。

企业文化创新要以对传统企业文化的批判为前提，对构成企业文化诸要素包括经营理念、企业宗旨、管理制度、经营流程、仪式、语言等进行全方位系统性的弘扬、重建或重新表述，使之与企业的生产力发展步伐和外部环境变化相适应。

企业文化创新的基本思路体现在以下几个方面。

(1) 企业领导者应当加强自身修养，做好企业文化创新的领头人

从某种意义上说，企业文化是企业家的文化，是企业家的人格化，是其事业心和责任感、人生追求、价值取向、创新精神等的综合反映。他们必须通过自己的行动向全体成员灌输企业的价值观念。

企业文化创新的前提是企业经营管理者观念的转变。因此，进行企业文化创新，企业经营管理者必须转变观念，提高素质。

① 要对企业文化的内涵有更全面、更深层次的理解。要彻底从过去那种认为搞企业文化就是组织唱唱歌、跳跳舞，举办书法、摄影比赛等的思维定式中走出来，真正将企业文化的概念定位在企业经营理念、企业价值观、企业精神和企业形象上。

② 要积极进行思想观念的转变。要从原来的自我封闭、行政命令、平均主义和粗放经营中走出来，牢固树立适应市场要求的全新的发展观念、改革观念、市场化经营观念、竞争观念、效益观念等。

③ 要认真掌握现代化的管理知识和技能，同时要积极吸收国外优秀的管理经验，用于企业发展，并且在文化上要积极融入世界，为企业走国际化道路做好准备。

④ 要有强烈的创新精神，思维活动和心理状态要保持一种非凡的活力，双眼紧盯着国际、国内各种信息，紧盯着市场需求，大脑要能及时地将外界的信息重新组合构造出新的创新决策。

(2) 企业文化创新与人力资源开发相结合

人力资源开发在企业文化的推广中起到不可替代的作用。全员培训是推动企业文化变革的根本手段。企业文化对于企业的推动作用得以实现，关键在于全体员工的理解认同与身体力行。因此，在企业文化变革的过程中，必须注重培训计划的设计和实施，督促全体员工接受培训、学习。通过专门培训，可以增进员工对企业文化的认识和理解，增强员工的参与积极性，使新的企业文化能够在员工接受的基础上顺利推进。而采取诱致性变迁的方式，就是指基于员工自愿支持的观念更新与行为模式的转变。除了正式或非正式的培训活动，还可以利用会议以及其

他各种舆论工具，如企业内部刊物、标语、板报等，大力宣传企业的价值观，使员工时刻都处于充满企业价值观的氛围之中。

相应的激励和约束机制是企业文化创新的不竭动力。强制性的制度变迁过程往往会在下级组织中招致变相的扭曲或其他阻力，况且价值观的形成是一种个性心理的累积过程，这不仅需要很长的时间，而且需要给予不断的强化。因而新的企业文化的建立和运行过程必须通过相应的激励和约束机制予以强化和保障，使之形成习惯稳定下来。比如分配机制的变革就可以作为一个切入点，因为分配机制同时体现了激励和约束机制的有机结合。另外，也要注意精神激励的重要性，按照马斯洛的需求理论，在物质的满足达到一定程度后，对自我实现的评价将压倒其他因素。企业应该增强管理过程的透明度，公正对待员工。

现代企业间的竞争主要是人才的竞争，也是企业凝聚力的较量。这归根结底又是以人为本的企业文化的竞争。顽强的企业团队精神是企业获得巨大成功的基础条件。要把企业成千上万名员工凝聚起来，只靠金钱是不够的，企业必须具备共同的价值观、目标和信念。对价值观的认同会使员工产生稳定的归属感，从而吸引和留住人才。事实证明，企业只有形成了优秀的企业文化，才能打造一支战无不胜的员工队伍。

(3) 建立学习型组织

企业间竞争是人才的竞争，实际上应该是学习能力的竞争。如果说企业文化是核心竞争力，那么其中的关键是企业的学习能力。建立学习型组织和业务流程再造，是当今最前沿的管理理念。为了在知识经济条件下增强企业的竞争力，在世界排名前100家企业中，已有40%的企业以"学习型组织"为样本，进行脱胎换骨的改造。知识经济、知识资本成为企业成长的关键性资源，企业文化作为企业的核心竞争力的根基将受到前所未有的重视。成功的企业将是学习型组织，学习越来越成为企业生命力的源泉。企业要生存与发展，提高企业的核心竞争力，就必须强化知识管理，从根本上提高企业综合素质。

企业文化的创新与发展是一个大课题，需要有一个逐步探索、逐步深入的过程，要下很大的功夫，才能实现质的突破，才能在现代企业制度的环境下实现真正意义上的企业文化创新与发展，这是时代的要求，是企业追求的永恒主题。

案例讨论与分析：

阅读以下资料，结合企业文化的知识，分组讨论。

据报道，国内某美容美发有限公司在短短几年，奇迹般地从一家小型美容院发展成为集企业管理、美容美发、美容产品研发及形象设计专修学校为一体的大型连锁机构，并以每年十几家的直营店连锁发展而迅速扩张。

调查发现，该美容公司始终把服务和专业技术作为企业核心竞争能力，将服务理念放在第一位，靠服务文化提升核心竞争力，打造"优质、主动、真诚"的品牌服务文化，形成独特的服务文化体系，成功实现美容服务由传统向现代的延伸和跨越，赢得了顾客的忠诚，促进了跳跃式发展，创下了令人称美的发展速度。当前社会处在"感受消费时代"，真正能提高企业核心竞争能力的是文化。每个企业、每个人都处在服务经济中，要树立服务观念，要从服务和服务文化的角度思考问题、制定战略。

学习总结与反馈：

随着经济全球化和知识经济的发展，美容企业文化建设越来越受到美容企业界的广泛重视。美容企业文化建设对于一个美容企业来说不是可有可无的装饰品，而是树立美容企业形象，密切美容企业与社会、员工之间的关系，提高员工综合素质，解决美容企业可持续发展战略的重要手段。

单元 18　美容企业形象建设

学习要点　企业形象的构成和分类；企业形象识别系统的概念、要素和发展；导入企业形象识别系统的意义、效果及注意事项；企业形象设计的原则、方法；良好企业形象的表现；企业形象塑造的相关策略。

学习难点　导入企业形象识别系统的注意事项；美容企业的形象如何塑造。

企业形象是企业文化建设的核心。企业要在社会公众中树立良好的形象，首先要靠自己的内功，即为社会提供优良的产品和服务，其次还要靠企业的真实传播，即通过各种宣传手段向公众介绍、宣传自己，让公众了解熟知，加深印象。

一、企业形象的内涵

从心理学的角度来看，形象就是人们通过视觉、听觉、触觉、味觉等各种感觉器官在大脑中形成的关于某种事物的整体印象，简而言之是知觉，即各种感觉的再现。有一点认识非常重要：形象不是事物本身，而是人们对事物的感知，不同的人对同一事物的感知不会完全相同，因而其正确性受到人的意识和认知过程的影响。由于意识具有主观能动性，因此事物在人们头脑中形成的不同形象会对人的行为产生不同的影响。

印象形成以后，在此基础上，加入人们的判断，进而形成具有内在性、倾向性和相对稳定性的公众态度，多数人的肯定或否定的态度才形成公众舆论。公众舆论通过大众传播媒介和其他途径（如人们的交谈、表情等）反复作用于人脑，最后影响人的行为。企业形象有好与不好之分，当企业在社会公众中具有良好企业形象时，消费者就愿意购买该企业的产品或接受其提供的服务；反之，消费者将不会购买该企业的产品，也不会接受其提供的服务。企业形象的好与否不能一概而论，多数人认为某企业形象很好时，可能另有一些人感到很差，而这种不良的形象将决定他不会接受该企业的产品或服务。任何事物都不能追求十全十美，因此我们在这里必须把握矛盾的主要方面，从总体上认识和把握企业形象。

1. 企业形象的构成

企业形象指社会公众和企业员工对企业整体的印象和评价，它可以通过公共关系活动来建立和调整。企业形象的构成要素具体可表现为以下几种。

① 产品形象：指产品的质量、性能、价格以及设计、外形、名称、商标和包装等给人的整体印象。

② 员工形象：指员工的服务态度、职业道德、进取精神以及装束、仪表等给外界公众的整体印象。

③ 主观形象：指企业领导者想象中的外界公众对企业所持有的印象。

④ 自我期望形象：指企业内部成员，特别是企业领导者希望外界对本企业所持的印象。

⑤ 实际形象：指外界对企业现状所持有的印象，是企业的真正形象。

⑥ 公共关系形象：指企业通过公共关系活动的努力，在公众中留下的对企业本身的印象。

2. 企业形象的分类

企业形象的分类方法很多，根据不同的分类标准，企业形象可以划分为以下几类。

(1) 企业内在形象和外在形象

这是以企业的内、外在表现来划分的。好比我们观察一个人，有内在气质和外在容貌、体型之分，企业形象也同样有这种区别。内在形象主要指企业目标、企业哲学、企业精神、企业风气等看不见、摸不着的部分，是企业形象的核心部分。外在形象则是指企业的名称、商标、广告、厂房、厂歌、产品的外观和包装、典礼仪式、公开活动等看得见、听得到的部分，是内在形象的外在表现。

(2) 企业实态形象和虚态形象

这是按照主、客观属性来划分的。实态形象又可以叫作客观形象，指企业实际的观念、行为和物质形态，它是不以人的意志为转移的客观存在。诸如企业生产经营规模、产品和服务质量、市场占有情况、产值和利润等，都属于企业的实态形象。虚态形象则是用户、供应商、合作伙伴、内部员工等企业关系者对企业整体的主观印象，是实态形象通过传播媒介等渠道产生的映象，就好像我们从镜子中去观察一个物体，得到的是虚像。

(3) 企业内部形象和外部形象

这是根据接受者的范围划分的。外部形象是员工以外的社会公众形成的对企业的认知，我们一般所说的企业形象主要就是指这种外部形象。内部形象则指该企业的全体员工对企业的整体感觉和认识。由于员工置身于企业之中，他们不但能感受到企业的外在属性，而且能够充分感受到企业精神、风气等内在属性，有利于形成更丰满深入的企业形象；但是如果缺乏内部沟通，员工往往只重局部而看不到企业的全部形象，颇有"不识庐山真面目"的感觉。我们认为，内部形象的接受者范围更小，但作用却很大，与外部形象有着同等重要的地位，绝不可忽视。

(4) 企业正面形象和负面形象

这是按照社会公众的评价态度不同来划分的。社会公众对企业形象的认同或肯定的部分就是正面形象，抵触或否定的部分就是负面形象。任何企业的企业形象都是由正、反两方面构成的，换言之，企业形象应是一分为二的，公众中任何一个理智的个体都会既看到企业的正面形象，又看到企业的负面形象。对于企业来说，一方面要努力扩大正面形象，另一方面又要努力避免或消除负面形象，两方面同等重要。因为往往不是正面形象决定用户一定购买某企业产品或接受某项服务，而是负面形象一定使得他们拒绝购买该企业产品和接受其服务。

（5）企业直接形象和间接形象

这是根据公众获取企业信息的媒介渠道来划分的。公众通过直接接触某企业的产品和服务，亲身体验而得到的企业形象是直接形象，通过大众传播媒介或借助他人的亲身体验得到的企业形象是间接形象。对企业形象作这种划分十分重要，如果一个用户在购买某种商品时看到的是粗陋的包装、落后的设计，试用时这也有毛病、那也不如意，无论别人告诉他这产品如何好、这家企业如何不错，他也一定不去购买，因为直接形象比间接形象更能够决定整个企业形象。有些企业以为树立企业形象只能靠广告宣传，而不注重提高产品质量和服务水平，就是只看到间接形象而忽视了直接形象。

（6）企业主导形象和辅助形象

这是根据公众对企业形象因素的关注程度来划分的。公众最关注的企业形象因素构成主导形象，而其他一般因素构成辅助形象。例如，公众最关心电视机的质量（图像、色彩、音质等）和价格（是否公道合理），因而电视机的质量和价格等构成电视机厂的主导形象，而电视机厂的企业理念、员工素质、企业规模、厂区环境、是否赞助公益事业等则构成企业的辅助形象。企业形象由主导形象和辅助形象共同组成。决定企业形象性质的是主导形象；辅助形象对主导形象有影响作用，而且在一定条件下能够与主导形象实现相互转化。

企业形象识别系统

在企业形象识别系统 CI 推广传播活动中，人们不能准确地表述"CI 是什么"这个问题，同时又解释"CI 就是企业形象"。CI 真的就是企业形象吗？回答是否定的。CI 与企业形象紧密相关，但绝非同一概念。CI 的英文全称为 Corporate Identity，是企业识别的意思。企业形象的英文全称是 Corporate Image，虽然也简称 CI，但其英文的表述截然不同。此外，二者含义不同。企业形象是指社会公众和全体员工心目中对企业的整体印象和评价，是企业理念行为和个性特征在公众心目中的客观反映。而 CI 则是传播和塑造企业的工具和手段。我们说企业导入 CI 的目的是通过塑造优良的企业形象，提升市场竞争力和企业内在素质，但不代表 CI 就是企业形象。

1. 企业形象识别系统三要素

企业识别系统是 CIS（Corporate Identity System）的中文全称。企业形象识别系统主要由企业理念识别（Mind Identity，MI）系统、企业行为识别（Behavior Identity，BI）系统、企业视觉识别（Visual Identity，VI）系统三个部分构成。这些要素相互联系、相互作用，有机配合。CIS 运用整体传达系统将企业经营理念和精神文化的讯息传达给企业内部和社会大众，使其对企业产生一致的价值认同感和凝聚力。

（1）企业理念识别系统

MI 是整个 CIS 工程的核心与灵魂，它统领着整个 CIS 工程的走向和日后的发展，视觉识别和行为识别都是它的外在表现。MI 包括经营宗旨、经营方针、经营价值观三个方面内容。

(2) 企业行为识别系统

BI 主要包括市场营销、福利制度、教育培训、礼仪规范、公共关系、公益活动等内容。在 CI 的传播过程中，最重要的媒体不是电视、报纸、电台、杂志等信息载体，而是企业中的人！企业中的人是 CI 的执行者和传播者，他们在生产经营的过程中，通过自己的行为将企业自身形象展示给社会、同行、市场，展示给目标客户群，从而树立了企业的形象。BI 正是对企业人的行为进行规范，使其符合整体企业形象的要求。

(3) 企业视觉识别系统

VI 是 CIS 工程中形象性最鲜明的一部分，它将企业的品牌理念与核心价值通过视觉传播形式，有组织、有计划地传递给客户、公众及企业员工，从而树立起统一的企业形象。VI 包括核心要素（企业名称、企业标志、标准字、标准色、企业造型等）和应用要素（产品造型、办公用品、服装、招牌交通工具等），通过这些具体符号的视觉传达设计，直接进入人脑，留下对企业的视觉印象。

在企业形象识别系统的三个子系统中，理念形象是最深层次、最核心的部分，也最为重要，它决定行为形象和视觉形象；而视觉形象是最外在、最容易表现的部分，它和行为形象都是理念形象的载体和外化；行为形象介于上述两者之间，它是理念形象的延伸和载体，又是视觉形象的条件和基础。如果将企业形象比作一个人的话，理念形象好比是他的头脑，行为形象就是其四肢，视觉形象则是其面容和体型。

2. 企业形象识别系统的发展

CIS 的早期实践可以追溯到 1914 年德国的 AEG 电器公司首创 CIS。AEG 在其系列电器产品上，首次采用工业设计大师彼德·贝汉斯所设计的商标，开艺术设计美学引入工业设计之先河，成为 CI 中统一视觉形象的雏形。第二次世界大战后，国际经济复苏，企业经营者感到建立统一的识别系统以及塑造独特经营观念的重要性。自 1950 年开始，各大企业纷纷导入 CIS。其中，1956 年美国国际商用计算机公司的蓝色 "IBM" 的问世，是 CIS 正式诞生的重要标志。20 世纪 60 年代到 80 年代，企业 CIS 导入出现了潮流般的趋势，是 CIS 的全盛时期。美国广播唱片公司、可口可乐公司标志，成为当时 CIS 的代表作。70 年代 CIS 理论引入日本，并逐渐产生了功效。我国企业导入 CIS 是在 80 年代中期，广东太阳神集团被认为是中国最早导入 CIS 的企业，通过视觉元素的展现，较好地体现了企业经营理念和经营风格。此后，"健力宝" "李宁" "乐百氏" "等先后导入 CI 也获得成功，从而使之发展成为一个世界性的趋势，形成企业形象识别系统的三个子系统。

3. 导入企业形象识别系统的意义

(1) 导入企业形象识别系统是市场经济对企业提出的新要求

随着市场经济体制的完善和现代企业制度的建立，已完全进入市场角色的企业既要不断增强活力和迅速反应能力以适应市场环境变化，同时又要领先非技术、非价格因素造就企业的鲜明特色。这将迫使企业在经营管理中必须突出"人"的因素，此外还必须突出企业文化内涵，营造浓郁的文化气息，使消费者在获得物质享受的同时也获得精神享受。今后的企业将不再单纯推销产品与服务，而是向社会公众推出包括产品与服务在内的企业整体形象。

(2) 导入企业形象识别系统是经济全球化对企业提出的新要求

21 世纪经济全球化趋势将进一步增强，对开放的各国经济的渗透力也愈来愈强。受其影响,各国企业集团化经营、连锁化经营初露端倪,各国自己的企业集团不仅应走上规模效益型的轨道,而且应拥有自己的海外成员企业。在顺应这种经济全球化趋势的过程中,各国企业集团要通过集团整体形象塑造,运用企业形象系统与外国大型企业抗衡。有人把企业形象所产生的力量称为形象力,同人力、物力、财力相提并论,有些企业的企业形象甚至已成为其价值最大的资产。所以,形象力是衡量一家企业是否先进,是否具有开拓国际市场能力的主要指标。

(3) 国内率先导入企业形象识别系统的企业带来的压力和动力

国内率先导入企业形象系统的企业为我们揭示了企业形象系统的发展远景,给其他企业带来了压力,也带来了动力。

4. 导入企业形象识别系统的效果

企业形象是企业内在的各种文化信息所形成的凝聚力、创造力、吸引力和竞争力的综合体现。塑造良好的企业形象,可以给企业带来以下三方面效果。

(1) 能得到社会对企业的认同和好感

一个深得社会公众认同和好感的企业,总是能顺利地推销它的产品和开展它的新工作,即使与其他企业做相同的事,销售相同的产品,也容易得到较高的评价。如果在转换经营机制的过程中,不断完善自我形象,增强形象力,提高销售力,往往会有很多海外旅游者慕名而来。相反,如果一家企业形象不好,尽管其产品打折、优惠销售,也容易遭到社会公众的怀疑。

(2) 能减轻社会舆论对企业的压力

一家形象良好的企业,当它于无意之中犯过错时,往往能比企业形象一般的企业得到社会公众更多的谅解,从而减轻社会舆论对企业的压力。

(3) 能提升企业的有效竞争力

消费者对于形象良好的企业及其产品总会优先考虑使用,因此这类企业常常能击败竞争对手,夺得优胜。一般而言,有知名度、企业形象良好的企业总比没有知名度、没有良好形象的企业能销售更多的产品。

企业形象所能产生的上述三方面效果,可以说是企业生存与发展的关键。

5. 导入企业形象识别系统的注意事项

企业形象属于有价值的无形资产,企业经理应树立这样一种观念:为塑造企业形象而导入企业形象识别系统所花费的金钱不是"开支",而是"投资",是一种开发性的投资。既然是投资,就要有投资效应。为了使形象投资能力产生预期的效应,在导入企业形象识别系统之前,应注意以下几点。

(1) 认真编制形象塑造规划并敢于投资

在企业形象规划中,要制定企业形象发展目标与具体实施步骤,编制规划前应找出企业实际形象与期望之间的差距,同时应注意规划的可建设性与可操作性。此外,还应尽可能增加必要的投入,不能因为对企业形象的投资与对建筑物、设施设备、名人字画、古玩等固定资产的投资不同,便犹豫不决。如果一开始就不敢投资,往后的工作自然就无法进行。如果为了节省经费而删除某些必要的项目,或者花钱的项目一律砍去,就会使企业形象建设受阻或半途而废。

(2) 企业形象塑造要坚持从实际出发

企业形象如何建设，应根据不同企业不同的条件、优势、基础和需要来考虑。例如，有的企业可从视觉形象入手，重点抓企业标志、品牌或开展广告宣传大战；有的企业可注重行为识别的培育，着眼于提高企业整体素质，培养企业凝聚力和竞争力；还有的企业可以注重理念识别，倡导企业文化与企业精神，探索适应市场经济发展的经营之道。需要指出的是，企业形象建设应由一点入手，带动其余的方方面面，不能只顾一点，不问其余，否则极易使形象扭曲变形。

(3) 企业形象塑造要有特色

差别性是企业形象塑造最基本的特征。在市场经济条件下，企业应追求富有个性化的企业形象。个性化的形象可方便消费者识别，给企业带来较稳定的客源和生机。比如有两家大型企业，设施、规模、商品相同，但一家以"享受服务温情"的形象推向市场，而另一家则没有什么特色，这两家企业的销售结果就大不一样。

(4) 企业员工塑造企业形象

要着重提高全体员工的文化素质、业务素质与职业道德水平，企业要定期和不定期地对企业全体员工进行职业道德、思想素质、业务素质的培训与教育，要培养员工养成讲质量、讲信誉的品质，要培育员工爱店敬业、忠于职守、和睦团结的敬业精神。

三 美容企业形象设计

企业的发展成功与否和很多因素有关，众所周知，如果企业不进行形象设计，它就很难在社会公众心目中树立良好的形象。那么，如何为美容企业进行形象设计呢？

1. 企业形象设计原则

一个高端大气的企业形象，可以让企业保持很高的知名度，美容企业形象设计要遵循以下原则。

(1) 主题鲜明

美容企业进行形象设计的最终目的，并非要体现企业的超高的文化底蕴和内涵，而是要确保将企业形象又快又好地传达给消费者，让消费者能够轻松地去记忆，所以在对企业进行形象设计时必须以主题鲜明为首要原则。不论是企业的商标还是文字，都应该突出企业的主题，不少企业的形象设计都是将标志和文字结合在一起，两者互相结合之后得出一个企业商标，鲜明地展现企业的品牌和文化。

(2) 公众第一

美容企业的形象设计必须迎合现代审美并且遵从公序良俗，不能为了让消费者加深印象而使用一些特殊的图形或哗众取宠。总结不少美容企业形象设计的成功案例，我们发现在坚持公众第一、信誉至上的原则方面有殊途同归之妙。在对美容企业进行形象设计时，必须坚持从公众利益出发，主动接受公众监督，塑造良好的企业形象。

(3) 整体规划

企业形象设计是一项复杂的"软管理"系统工程，要顺利实现经营目标，必须运用管理学中的运筹谋略，成功地进行全系统、全方位布局，坚持整体规划的原则，重点应在建立企业形象设计的整体观念、确立企业形象的统一标准、制定科学统一的传播策略上下功夫。

(4) 坚持不懈

一旦将企业形象设计的成品作为推广使用，就是一项长期复杂的系统工程，所以企业形象的推广不能刻意追求时效性，应有计划、分阶段地实施宣传，国外众多知名企业都是将企业形象广告作为一项长期的无形资产来投资经营。

2. 企业形象设计的方法

对美容企业进行形象设计是一项循序渐进的计划性作业，整个计划的进行与推展，综合国内外企业形象设计的经验，其作业流程大约可分为下列五个阶段。

(1) 企业实态调查阶段

美容企业在进行企业形象设计的早期，就应先对企业进行实态调查，提前把握公司的现况、外界认知和设计现况，并从中确认企业给人的形象认知状况。

(2) 形象概念确立阶段

此阶段以调查结果为基础，分析企业内部和外界认知、市场环境与各种设计系统的问题，来拟定公司的定位与应有形象的基本概念，以此作为美容企业形象设计规划的原则依据。此阶段重点解决美容企业"形"与"实"的协调与和谐问题，并且能够准确地体现企业的宗旨，能够在社会公众心目中成功地塑造企业美好形象。

(3) 设计作业展开阶段

根据企业的基本形象概念，将其转变成具体可见的信息符号，并经过精致作业与测试调查，确定完整并符合企业的识别系统。对美容企业进行形象设计，首先要明确企业独特的经营理念并拥有属于自己的设计理念。经营管理理念具体包括经营过程中的设计、科研、生产、营销、服务、管理等。设计理念包括多个方面，有企业的信条、企业价值观、企业宗旨、企业的经营方向等。

(4) 完成与导入阶段

这一阶段主要是关于美容企业文化形象的传播，通过推广企业形象，让更多人了解企业。本阶段重点在于排定导入实施项目的优先顺序、策划企业的广告活动及筹组企业形象执行小组和管理系统。并将设计规划完成的识别系统加以制成标准化、规格化的手册或文件。

(5) 监督与评估阶段

企业形象的设计规划仅是前置性的计划，如何落实建立企业的形象，必须时常监督评估，以确保符合原设定的企业形象概念，若发现原有设计规划有所缺陷，应提出检讨与修正。良好的企业形象不是一蹴而就的，要维持企业的美好形象，必须不断总结经验，弥补不足，这也是美容企业形象设计不可忽视的一点。

3. 良好企业形象的表现

考察一个公司的企业形象，可以洞察文化的系统概貌和整体水平，也可以评估它在市场竞争中的真正实力。一个企业良好的形象主要表现在企业环境形象、产品形象、领导和员工的形象等方面。

(1) 科学的企业理念，是塑造良好企业形象的灵魂

当前，企业理念已成为知名企业最深入人心的概念，已在悄悄地引起企业经营管理观念的革命。在这种情况下，许多企业都制定了本企业的口号，反映企业的理念，显示企业的目标、

使命、经营观念和行动准则，并通过口号鼓励全体员工树立企业良好形象。"口号"通常指企业理念的表现形式。比如，海尔集团"日事日毕、日清日高"和"有缺陷的产品就是废品"、三洋制冷有限公司"创造无止境的改善"等，都说明精神理念在企业中的重要性。实践证明，培育和弘扬企业精神，是塑造企业良好形象的一种很有效的形式，对企业的发展能起到不可低估的作用。当然，培育企业精神不能单一化，要与现代企业制度建设、企业的经营管理目标，过细的思想政治工作结合起来，使其成为企业发展的精神动力。

(2) 优美的环境形象，是塑造良好企业形象的外在表现

企业环境代表着企业领导和企业员工的文化素质，标志着现代企业经营管理水平，影响着企业的社会形象。

第一，企业环境是企业文化最基本的反映。如果说企业是员工赖以劳动和生活的地方，那么，就要有一个适合员工劳动和生活的保障设施，使员工能够合理、安全、文明地进行劳动和生活。

第二，建设优美的企业环境，营造富有情意的工作氛围是塑造企业形象的重要组成部分。企业的厂区、生活区、办公设施、生产车间、产品、现场管理、生产服务等都是企业形象的窗口。因此，每个企业要精心设计厂区的布局，严格管理厂区的环境和秩序，不断提高企业的净化、绿化、美化水平，努力创造优美高雅的企业文化环境，寓管理于企业文化建设之中，陶冶员工情操，提高企业的社会知名度，为企业增光添彩。

(3) 优质的产品形象，是塑造良好企业形象的首要任务

产品形象是企业形象的综合体现和缩影。在现代企业制度中，企业自己掌握自己的命运，自谋生存，自求发展。而生存发展的出路，则往往取决于企业的产品所带来的社会效益的好坏。首先，企业要提供优质产品形象，就要把质量视为企业的生命。产品的好坏不仅是经济问题，而且是关系到企业声誉、社会发展进步的政治问题，是企业文化最直接的反映。抓好产品形象这个重点，就能带动其他形象的同步提高。要把抓产品形象渗透到质量管理体系当中去，在领导和员工中形成人人重视质量、个个严把质量关的良好风气。其次，要在竞争中求生存、创名牌，增强企业的知名度，创造出企业最佳效益。在市场经济中，随着统一、开放、竞争、有序的全国大市场的逐步形成，企业必须自觉地扩大自己的知名度，强化市场竞争。多出精品，使产品在市场中形成自身的文化优势；同时，要加强产品的对外宣传，富于个性的宣传是塑造企业形象的重要手段。

(4) 清正的领导形象，是塑造良好企业形象的关键

企业领导在企业中的主导作用和自身示范能力是领导形象的具体体现，也是塑造良好企业形象的关键。首先，企业领导的作风是企业形象的重要标志。有什么样的领导者，就有什么样的企业文化和企业形象。因此，企业领导干部要不断提高自身素质，既要成为真抓实干、精通业务与技术、善于经营、勇于创新的管理者，也要成为廉洁奉公、严于律己、具有献身精神的带头人。其次，要提高企业领导对企业文化的认识程度，企业领导要成为企业文化建设的明白人。一是企业领导要将自己塑造成具有高品位文化素养和现代管理观念的企业家，适应市场经济的需要，使企业在竞争中立于不败之地；二是企业领导要把握好企业文化的方向和基本原则，在学习、借鉴优秀企业经验的基础上，拓宽视野、不断创新。

(5) 敬业的员工形象，是塑造良好企业形象的重要基础

员工的整体形象是企业内在素质的具体表现，把培养有理想、有道德、有文化、有纪律的"四有"新人作为企业文化建设的重要内容：培养员工干一行、爱一行、钻一行、精一行的爱岗敬业精神；树立尊重知识、尊重人才的观念；创造一种有利于各类人才脱颖而出的环境和平等、

团结、和谐、互助的人际关系，从而增强企业的凝聚力、向心力，以员工良好的精神风貌赢得企业良好的社会形象和声誉。

坚持"以人为本"的原则，使企业文化建设为提高全员素质、调动全员积极性服务。豪华的装修、雄厚的财力并不能解决企业发展问题，其关键还是人。发动员工全员参与企业文化的实践，应做到"三个满足"，即满足员工参与民主管理的需要，满足员工渴望成才的需要，满足员工物质文化生活的需要，以此适应职工实现个人价值和物质、精神需要的意向，创造一种适应企业发展的良好文化氛围。企业要不失时机地采用岗位练兵、技术竞赛、脱产轮训和党校、政校学习等形式，从政治、技术、业务上培训员工，进一步健全以基础教育、技术等级教育、学历教育为主要内容的全员培训网络和考核管理办法。同时，要开展各种有益于员工身心健康的娱乐活动，达到寓教于乐的目的，努力造就一支适应市场经济需要的思想好、纪律严、业务强、作风硬的员工队伍。

4．企业形象塑造的相关策略

企业要赢得顾客的忠诚、合作伙伴的信任和政府的支持，除有技术领先和质量可靠的产品外，建立和巩固良好的企业形象尤为重要，一套行之有效的企业形象塑造策略是必要手段。特别是对于目前的美容企业，典型地表现为管理基础薄弱、资源不足、生存压力大，因此企业形象塑造策略和产品市场推广就是一个矛盾的问题。怎样与公众沟通？怎样使其愉悦？怎样保持适度距离和互动性？怎样使其感动和产生欲望兴趣？

企业形象塑造一般可以概括为精干高效的队伍形象、品质超群的产品形象、严明和谐的管理形象、优美整洁的环境形象、真诚奉献的服务形象。我们可以从企业人物、文化和"危机"三个方面来进行塑造。

（1）人物形象宣传

在有别于个人树碑立传式的公司形象建设中，应把企业领导层个人宣传和企业的战略目标、公关目标结合起来以达到好的宣传效果。

塑造企业形象要谨防急功近利的暴发心理，期望短期内树立良好企业形象是不现实的。一些人以怪异手法和老总们"传奇式"的故事推销形象，希望能博得一时轰动和惊叹，力度过大则会引起人们反感，这时可以采用模式化管理。

在企业领导人形象管理中，虽然有其需要按照本人特质加以表现的地方，但同时更需要根据自己所面对的客户来调整与完善自己。而且，客户本身是多种类与多层次的，需要确定实现其平衡性的规则和需要着眼的重点。这里包含三个模块：一是依据个人特质（知识、能力、情绪、行为表现等）、常规表现（从员工、消费者、商业合作伙伴等角度）、关联表现方面的测评而形成的现有形象模块；二是依据不同类型受众（家庭、员工、管理层、合作关系、消费者、公众）期望开发而形成的理想形象模块；三是基于负责人个人条件分析与其他案例的最佳实践结合而成的形象改进与提升策略模块。

借助于这种三合一工作方式与持续跟踪测评、形象塑造和传播规划、事件管理，并有效地借助于受众控制原则，使企业负责人的形象处在科学管理模式之下。

同时，由于企业员工是直接与各类客户零距离接触，因此企业员工的形象会更多地影响到企业的形象，这又与一个企业的文化有关系。

（2）文化形象宣传

企业成功的形象宣传必须将企业本身所代表的意念和文化深植于客户的观念之中，才能借以提升客户对企业产品、服务的忠诚度。企业文化是作为一个观念系统存在的，要传达到企业员工、社会和公众是存在一些困难的。因此，将企业文化特质形成一个统一概念，通过个性化、鲜明的视觉形象（图形、图案）表达出来，再传导给社会更有效率、效果。

在协调外部关系的工作中，建立良好的政府关系和争取有影响力人士的支持非常重要。要制订具有前瞻性的政府关系计划，与影响力大的人士建立紧密的联系，从而帮助企业通过与其有效的沟通获得良性的监督、理解和支持，以提升企业信誉度。

当然，企业文化的建立少不了员工形象的规范化管理。工作期间统一着装、员工礼仪的要求、员工之间的礼貌用语等都要规范化。

在实施过程中一般会有一种错误的认识，认为员工都是自觉的，只要把道理讲清楚了，制度就能得到实施。这种假定是不现实的。

(3) "危机"形象宣传

任何一次失误对于发展中的企业而言，不仅是对整个利益体系的打击，更主要的是对于辛苦建立的企业形象会产生一个比较重大而长远的影响。由于资金的约束，注定它不可能通过大额赔偿金等来弥补损失，因此建立一套完整的危机处理系统来及时应变，不仅可以妥善解决问题，更可以充分利用这种"机会"达到企业形象宣传的目的。

企业首先要对自身潜在的危机和事件有一个充分的了解和认识，并能随着形势的变化和发展对一些潜在的新问题、新现象加以分析、研究和解决；在日常的危机管理工作中多做准备，如总结中外危机管理的经验和准备具体的危机事件资料研究与分析，寻找最佳实践模式进行连续不断的危机管理培训和模拟演练；把企业可能面临的所有潜在事件和危机都列出来，找出解决危机的相应对策，包括关键信息、应对媒体采访的问答等，做好从容应对危机发生时来自各方面的种种提问的准备工作。

只有在危机出现时作出快速的反应，明确自己所要传递的信息和信息传递渠道，及时充分地与新闻媒介沟通，通过媒体随时跟踪舆论导向、观点以及外界对公司的看法，及时掌握市场上新的舆论导向和观点，才能真正利用"危机"，使其起到宣传企业形象的作用。

① "危机"形象宣传中需要管理者注意的问题。如果我们星期天上午9：00遇到危机，需要多长时间消息传达到每一位相关责任人？

如果某一个心怀不满的员工或股东的诉讼案、政府调查或者新闻调查被公之于众，公众的反应将是如何？

我们将如何作出解释以降低事件对公司经营和公司财务的影响？

如果出现危机，谁将是发言人或者由谁去向大家沟通？

② 美容企业与媒介沟通的三条"防线"。

一是平时树立正面形象。这条"防线"包含两个层面：对内要加强管理，防止负面的东西出现，给媒介以炒作的把柄；对外要有一些正面的新闻出现在当地的媒体上，如助学、敬老等，借助一些节日或事件打造企业的正面形象。这两个层面需要美容企业日积月累地去做，防患于未然。

二是与当地媒体单位建立良好关系。美容企业是一个比较依赖当地媒介的企业，要与媒介建立比较好的关系。

其一，企业在做活动的时候，邀请报社和电视台的记者参加，建立第一次关系。在报社和电视台分别挑选一位记者，着重培养感情。其方式包括赠送小礼品，邀请参加企业内部的活动，注意有些活动并不要求记者发稿子。邀请记者参与策划企业对外的公关活动。

其二，通过记者与其主管领导建立关系。这一层面的人物大概是新闻部主任、总编室主任、专题部主任等。

其三，通过中层与报社或电视台的高层建立关系。这一层面大概是报社和电视台的第一、二把手，人不要多，每个单位一个人足矣。

其四，制定与媒介交往的制度。指定专人与他们交往，确定是每个节日送什么东西，还是一起聚会，并注意收集媒介人物的背景资料，通过电脑建立档案。美容企业的负责人要掌握，在企业的媒介主管离开本企业时，有人可以根据档案接替，而不至于由于人员流失而带来媒介资源的流失。在这个环节需要特别注意的是，一定要把媒介的记者或领导当成客户，按照对待客户的原则来管理。在当下的经营过程中，客户是带给企业财富的很重要的来源，媒介也一样，用好媒介同样可以带给企业财富。

三是危机公关。出现危机了，如果企业前面两项做得很好，先找自己熟悉的记者，看能否化解；若不行，直接找到自己熟悉的报社或电视台的核心领导，请其出面帮忙。如果没有前面两项工作的准备，可以采取下面的步骤。

第一，事情不大，置之不理，避免越描越黑。

第二，美容企业负责人不要回避，态度要和蔼，并以谋求解决问题的姿态面对记者，不要出现记者来了却见不到负责人的现象。

第三，对前来采访的记者以礼相待的同时，迅速找与媒介有联络的人，寻求帮助。

第四，化敌为友。不打不相识，出现危机，不要慌张，正确对待，有错就改正，诚恳很重要。

案例讨论与分析：

> 阅读以下资料，分组讨论，如何对小型美容企业开展形象塑造。
>
> 美容沙龙从营销上讲属于营销终端，同时又是构成街市的重要风景，在一定程度上反映了一个地区的经济发达程度。在许多城市，往往有一些规模不大的美容院星罗棋布。再加上近些年各地下岗的失业人员增多，农业剩余劳动力向城市流动，造成同类小型美容沙龙增多，生意日益难做。尤其是近年来雨后春笋般涌现出的装修豪华、功能齐全、服务周到、所处地区交通便利的大型美容沙龙对于小型美容沙龙来说，更是一个巨大的冲击，但如果经营得法，小型美容沙龙也能生意兴隆、财源滚滚。因此，如何吸引大众的目光，获得较多光顾，增加人气，对于有着明确服务对象、较窄经营范围的小型美容院而言，是一个值得探讨的问题。
>
> 小型美容沙龙在宣传推广中存在的问题如下：
>
> ① 广告宣传投入普遍偏少。一些小型美容沙龙广告投入偏少，即使一些精品特色店，也是如此。
>
> ② 宣传利用渠道单一。利用当地报纸，而且偏重于晚报，偶尔有利用广播的，还有少数美容沙龙只在自家门口做几个灯箱广告。
>
> ③ 宣传频率低。一些店铺只有在开张之时，才注意做一些装饰、促销或散发传单之类的事情，而其他时间则主要忙于业务。
>
> ④ 宣传的行业面窄。沙龙位置主要集中在生活小区附近，没有一个叫得响的店铺名称，只是简单挂一块招牌，多数写着"美容美发"之类，有些即使有名称，却往往雷同，如"靓丽美容院"等。一些店铺由于商住合一，生活色彩较浓厚，有的地方随处可见锅碗瓢盆，有的忙于缝缝补补，有的地方四处悬挂衣服，这些对顾客往往有很大的影响。

以上问题总体反映了相当一部分经营者品牌意识不强，还没有认识到搞好宣传推广对于美容院经营的重要性。

① 增强品牌意识。从观念上树立品牌推广的重要性。品牌宣传不仅对于大型美容院很重要，对于小型美容院同样能产生很好的利益推动作用。

② 加大宣传投入。适当利用报纸、电台、电视、户外、媒体或印发一些宣传资料，把一些促销信息、产品信息及特色服务的信息及时传递出去，尤其在销售旺季到来时，更应该这样做，以广泛吸引消费者。

③ 注重店名的设计。力求雅俗共赏，富有亲切性、亲和力，做到从店名上就能吸引人，如同样是美容美发沙龙，有的就命名为某某形象设计中心、某某皮肤护理中心，这就把对问题的理解提高了一个层次。一个完整的牌匾设计内容应包括店铺名称、属性、经营种类范围、门牌位置、联系电话，还应该有广告语，体现经营理念与作风，当然字的大小可以根据设计需求适当调整。

④ 讲究店面店内装饰。店面是一家店铺的形象，设计得整洁美观会给人留下很深的印象，让人闲逛时也愿意进去，成为吸引人气的不可偏废的一笔。例如，在书报栏上摆几本新出版的时尚类刊物，店铺内部多张贴几张产品宣传画，布置出其乐融融的气氛，写出欢迎用语之类，不用很大的投资就可以使顾客有个好心情。

⑤ 经常开展一些促销活动，这样有助于吸引新的顾客。例如，节假日打折、降价、每日有特价服务，在节日如情人节、妇女节、母亲节时有礼品赠送或相应的折扣。

⑥ 改进与加强服务。除地理环境处于闹市区之外，一些店铺的服务对象便呈现出明显的区域性，即有一个辐射半径，应着重通过搞好服务，加强与所在社区及周边单位的关系，吸收回头客，以此作为一种促销手段。

小型美容院在经营过程中，突出宣传推广的整体性、情感性、广泛性、时代性，对自身的发展是大有裨益的。

  学习总结与反馈：

企业并不是一成不变的。企业必须随着环境的变迁、社会价值观的改变，通过重新定位、调整经营理念来塑造新的企业形象，以适应环境的变化和自身发展的需求。大量的企业是因其形象不适应于正在发展的信息时代形象竞争日趋激烈的需要，才求助于 CI 这一系统手段。这也正是 CI 产生和发展的深厚基础。

参考文献

[1] 刘卉. 美容企业管理与营销 [M]. 北京：化学工业出版社，2015.
[2] 申泽宇. 美容行业企业认知 [M]. 上海：复旦大学出版社，2019.
[3] 杨家林，黄丽娃，钱俊轩. 美容企业经营与管理 [M]. 武汉：华中科技大学出版社，2018.
[4] 梁娟. 美容业经营管理学 [M]. 北京：人民卫生出版社，2010.
[5] 申芳芳. 美容业经营与管理 [M]. 北京：人民卫生出版社，2019.
[6] 陈基纯. 美容行业与企业认知 [M]. 广州：广东高等教育出版社，2017.
[7] Milady. 国际美容护肤标准教程 [M]. 马东芳，译. 北京：人民邮电出版社，2016.
[8] 中国就业培训技术指导中心. 美容师（初、中、高级）[M]. 北京：中国劳动社会保障出版社，2006.